法哲学与法社会学论丛

Archives for Legal Philosophy and Sociology of Law
Archiv für Rechtsphilosophie und Rechtssoziologie

法哲学与法社会学论丛

(2018年卷·总第23卷)

郑永流 主编

图书在版编目（CIP）数据

法哲学与法社会学论丛.第23卷/郑永流主编.—北京：商务印书馆，2021
ISBN 978-7-100-19606-2

Ⅰ.①法… Ⅱ.①郑… Ⅲ.①法哲学—文集②社会法学—文集 Ⅳ.① D90-53

中国版本图书馆 CIP 数据核字（2021）第 035375 号

权利保留，侵权必究。

法哲学与法社会学论丛
（2018年卷·总第23卷）
郑永流　主编

商　务　印　书　馆　出　版
（北京王府井大街36号　邮政编码100710）
商　务　印　书　馆　发　行
江苏凤凰数码印务有限公司印刷
ISBN 978-7-100-19606-2

2021年3月第1版　　开本 787×1092 1/16
2021年3月第1次印刷　　印张 16

定价：98.00元

编辑委员会

主编　Chief Editor

郑永流　　Zheng Yongliu　　中国政法大学 China University of Political Science and Law

副主编　Vice Chief Editors

范立波　　Fan Libo　　中国政法大学 China University of Political Science and Law
陈景辉　　Chen Jinghui　　中国政法大学 China University of Political Science and Law

学术委员　Academic Editors

陈弘毅　　Albert H. Y. Chen　　香港大学 The University of Hong Kong
方流芳　　Fang Liufang　　中国政法大学 China University of Political Science and Law
霍　恩　　Norbert Horn　　德国科隆大学 Universität zu Köln, Deutschland
马丁内克　Michael Martinek　　德国萨尔州大学 Universität des Saarlandes, Deutschland
诺伊曼　　Ulfrid Neumann　　德国法兰克福大学 Universität Frankfurt am Main, Deutschland
戚　渊　　Qi Yuan　　中央财经大学 Central University of Finance and Economics
胜雅律　　Harro Von Senger　　瑞士联邦比较法研究所 Schweizerisches Institut für Rechtsvergleichung, Schweiz
舒国滢　　Shu Guoying　　中国政法大学 China University of Political Science and Law
颜厥安　　Chueh-An Yen　　台湾大学 Taiwan University
应　星　　Ying Xing　　中国政法大学 China University of Political Science and Law
朱景文　　Zhu Jingwen　　中国人民大学 Renmin University of China
庄世同　　Shih-Tung Chuang　　台湾大学 Taiwan University

编辑　Editors

陈林林　　Chen Linlin　　浙江大学 Zhejiang University
陈　锐　　Chen Rui　　西南大学 Southwest University
李学尧　　Li Xueyao　　上海交通大学 Shanghai Jiao Tong University
刘叶深　　Liu Yeshen　　北方工业大学 North China University of Technology
王鹏翔　　Peng-Hsiang Wang　　台湾"中央研究院"Academia Sinica
朱　振　　Zhu Zhen　　吉林大学 Jilin University
张青波　　Zhang Qingbo　　中南财经政法大学 Zhongnan University of Economics and Law
郑玉双　　Zheng Yushuang　　中央财经大学 Central University of Finance and Economics

学术秘书　Assistant

孟媛媛　　Meng Yuanyuan

目录

专题研讨：同案同判

专题絮语 …………………………………………… 孙海波（3）
论异案同判 ………………………………… 弗雷德里克·肖尔（5）
同案必须同判？ …………………………………… 安德瑞·马默（17）
类似情况必须类似对待吗？ ……………………… 大卫·施特劳斯（27）

论文

重访法律解释中的建构性与客观性
　　——对德沃金理论的批判性考察 ………………… 赵英男（45）
基层法院院长角色的实证研究
　　——以结构化理论为视角 …………………………… 李东澍（69）

译文

法治及其美德 ……………………………………… 约瑟夫·拉兹（87）
为什么解释？ …………………………………… 约瑟夫·拉兹（104）
《不可比较、不可通约与实践理性》导论 ……………… 张美露（120）
法律可以让我们变得道德吗？…… 金柏莉·布朗利　理查德·蔡尔德（157）

纪念加德纳

导言 …………………………………………………………（179）

法哲学五问：约翰·加德纳专访 ……… 约翰·加德纳　莫滕·尼尔森（181）

约翰·加德纳的学术生平与思想述评 …………………… 刘继烨（193）

论学

如何成为一位法理学者？ …………………………………… 范立波（217）

稿约 ……………………………………………………………（248）

专题研讨：同案同判

专题絮语

孙海波[*]

类似情况应类似处理(similar cases should be decided similarly)与形式正义原则是内在地联系在一起的。20世纪末,围绕形式正义或平等对待是不是空洞的(empty)这个问题,哲学界曾有过一场激烈的争论。在法学领域,这一原则性要求主要体现在司法层面,要求裁判者应对类似案件作出类似判决,即人们通常所谈论的"同案同判"。

"同案同判"是司法裁判所要追求的重要目标,同时也是人们用来检验司法是否做到公正的衡量标准。在"同案同判"是重要的这一观点上,人们似乎没有太大分歧,几乎很少会有人质疑它对于司法所具有的重要意义。然而,这种重要性能够达到一种怎样的强度,是否强到足以将其上升为一种法律义务,对此学者们之间产生了激烈的分歧。一种比较典型的观点认为,"同案同判"只能是对法官提出的一种道德要求,在实践中可以基于其他更强的理由而被凌驾。另一种观点则针锋相对,它主张"同案同判"是一项法律原则,它所施加给法官的应当是法律义务。

以上争论,所触及的其实是"同案同判"与司法的性质之间有着怎样的内在联系这个议题。为了澄清学者们关于这一议题的争论,本专题精心选取了三篇文章,作者们虽说角度略有差异,但他们都聚焦于"同案同判"与司法的深层关系之上。马默指出,在有些情况下裁判可能不受理由(reason)的决定,比如面临着在不可通

---

[*] 孙海波,中国政法大学比较法学研究院副教授。

约的价值之间作出选择,此时"同案同判"会经受挑战。相应地,施特劳斯则主张"同案同判"只是对司法裁判所提出的局部性要求,难以成为能够发挥普遍效力的一般性标准。可以说,这两位学者的基本立场一致,均认为"同案同判"只是约束法官的一种道德要求,而难以被普遍化为一种司法义务。肖尔的文章虽说是在普通法的语境中剖析"异案同判",但其实他主要讨论的仍然是"同案同判"。肖尔指出,"同案同判"这一要求并不具有独立的道德力量,实践中一些特定的情况下类似的案件并不必然要求类似对待,这其实引出了另外一个重要问题,即司法实践中的差异化判决。

以上三篇文章,关注的中心问题基本上是一样的,只不过作者的出发点和具体思路会有所不同,个别文章中的观点甚至对我们长久以来所形成的经验非常具有冲击性。我相信它们都能够增进我们对于"同案同判"的理解,以及促使我们更加深刻地认识司法的深层运作逻辑。

论异案同判*

弗雷德里克·肖尔** 著　韩振文*** 译　成　亮**** 校

也许我们应该责怪亚里士多德。在《尼各马可伦理学》关于正义的持久讨论中，亚里士多德提出了一条如今普遍流传的格言：类案类判。①尽管多年来有许多学者揭露了"类案类判"格言几乎完全是空虚的，②但它依旧存

---

* 原文出处：Frederick Schauer, "On Treating Unlike Cases Alike", *Constitutional Commentary*, Vol. 33, 2018。——译者注

** 弗雷德里克·肖尔（Frederick Schauer），弗吉尼亚大学大卫和玛丽·哈里森杰出法学教授。本文是为2018年4月20日至21日在里士满大学法学院举行的研讨会而准备，此研讨会为纪念和讨论兰迪·科泽尔的《确定性与正确性》（*Settled Versus Rights*, Cambridge University Press, 2017）而召开。

*** 韩振文，浙江工商大学法学院副教授，浙江大学法学院博士后。本文为国家社会科学基金青年项目"庭审实质化语境下法官认知风格的测验及其改善研究"（18CFX004）和浙江省哲学社会科学规划课题项目"论认知风格对法官决策差异形成的影响"（17NDJC195YB）的研究成果。

**** 成亮，中国人民大学法学院法学理论专业博士研究生。

① Aristotle, *Ethica Nicomachea* 5.1131a10 – b15, W. D. Ross trans., Oxford University Press, 1925. See also Aristotle, *Magna Moralia* 1.1193b – 1194b, W. D. Ross trans., Oxford University Press, 1925; Aristotle, *Politics* 3.1280a8 – 16, 1282b18 – 23, Ernest Barker trans., Oxford University Press, 1946; Wolfgang von Leyden, *Aristotle on Equality and Justice: His Political Argument*, 1985.

② E. g., Larry Alexander & Emily Sherwin, *The Rule of Rules: Morality, Rules, and the Dilemmas of Law* 136 – 56 (2001); H. L. A. Hart, *The Concept of Law* 159 (Penelope A. Bulloch, Joseph Raz, & Leslie Green eds., 3d ed. 2012) (1961); David Lyons, "On Formal Justice", in *Moral Aspects of Legal Theory: Essays on Law, Justice, and Political Responsibility* 13 (1993); Joseph Raz, *The Morality of Freedom* 239 – 44 (1986); Christopher J. Peters, "Foolish Consistency: On Equality, Integrity, and Justice", in *Stare Decisis*, 105 *Yale L. J.* 2031 (1996); Adam Samaha, "Randomization in Adjudication", 51 *Wm. & Mary L. Rev.* 1 (2009); Peter Westen, "The Empty Idea of Equality", 95 *Harv. L. Rev.* 537 (1982); Kenneth I. Winston, "On Treating Like Cases Alike", 62 *Calif. L. Rev.* 1 (1974); Benjamin Johnson & Richard Jordan, "Should Like Cases Be Decided Alike? A Formal Analysis of Four Theories of Justice", available at https://papers.ssrn.com/sole/papers.cfm? abstract_id = 3127737 (2018); 对此我的文献贡献参见 Frederick Schauer, "Precedent", in *The Routledge Companion to Philosophy of Law* 123 (Andrei Marmor ed., 2012); Frederick Schauer, "Precedent", 39 *Stan. L. Rev.* 571 (1987).

在,③并且经常蒙蔽那些看到它或使用它的人。因为,在适用这一格言时,实质的相似性标准是必要的,否则它就成了基本上无用的同义反复。④鉴于世界上任何两个事物都具有各自的某些但不是全部的属性,都可以被认为在某些方面是相似的,而在另一些方面则是不相似的,因此仅仅相似或不相似的观念就显得毫无用处。

尽管有必要确定一些相似性标准(反之,也有相异性标准),以填补这个基本空虚的"类案类判"格言,但该格言往往是建立先例制度的主要理由之一。⑤在这种制度中,决策者有义务去遵循先前的"类似"决定,即使他们发现这些决定有误。⑥尽管在一些特殊的例子中,向当前法院提出的问题与前几次向同一法院提出的问题确实相同,⑦但是这些例子非常罕见,以至于"类案类判"格言不能成为约束规范或先例制度的令人满意的基础。诚然,为了稳定性、可预测性、约束决策者,这种规范或制度是很重要的,但是,或许更重要的是系统完整性或内部融贯性。此时,规范甚至(假定地⑧)要求决策者忽视相关的差异,从而做到异案同

---

③ 例如参见 Marvin Ammon, "First Amendment Architecture", 2012 *Wis. L. Rev.* 1, 74 (2012); Joseph William Singer, "Normative Methods for Lawyers", 56 *UCLA L. Rev.* 899, 948 (2009)。

④ 参见 Frederick Schauer, "Profiles, Probabilities, and Stereotypes" 199-223 (2003)。虽达到同样效果,但更间接阐述的是 Hans Kelsen, "Aristotle's Doctrine of Justice", in *What is Justice? Justice, Law, and Politics in the Mirror of Science* 110 (1957), 以及 Richard Wasserstrom, "The Judicial Decision: Toward a Theory of Legal Justification" 112-113 (1961)。

⑤ 参见例如 Rupert Cross, *Precedent in English Law* 4 (3d ed., 1977); Neil MacCormick, *Legal Reasoning and Legal Theory* 73-99 (1978); Alfonso Ruiz Miguel, "Equality Before the Law and Precedent", 10 *Ratio Juris* 372 (1997)。一个重要的反驳是 David Lyons, "Formal Justice and Judicial Precedent", in Lyons, supra note 2。

⑥ 一个源自先例的真正论证并不依赖遵循先例之人关于先例判决的正确性之信念,关于理解这一点的重要性可参见 Kimble v. Marvel Entertainment, LLC, 135 S. Ct. 2401, 2409 (2015); Richard A. Wasserstrom, supra note 4, at 52。

⑦ 参见 Causeway Medical Suite v. Ieyoub, 109 F. 3d 1096, 1113 (5th Cir. 1997) (Garza, J., 赞同)(遗憾的是,一个直接适用的先例强迫他作出一个他认为"对宪法有害"的决定)。

⑧ 从理论上讲,先例的效力可能是决定性的,以至于忽视(或推翻)一个先例是不被允许的。这很可能是 1966 年以前英国的惯例。当时的观点是,一个法院为了议会去否决或推翻自己的先例,却不是为了最初决定它的法院。这种对先例无限重要性的理解在 1966 年著名的惯例声明中被改变了(参见 Cross, supra note 5, at 109-13; R. W. M. Dias, *Jurisprudence* 127 [5th ed., 1985]),而英国现在已经和普通法世界的其他国家一样,认为即使简单地适用先例也是视为推定的而非绝对的。然而,如果先例的推定并不要求比在一审中得出不同的结果要有更好的理由而被推翻或忽视,那么先例的推定效力就消失了。参见 Frederick Schauer, "Playing By the Rules: A Philosophical Examination of Rule-Based Decision-Making", in *Law and in Life* 181-87 (1991); Wasserstrom, supra note 4, at 52-53。

判。这是我试图建立的论点。在这样做的时候,我将以兰迪·科泽尔提出的关于先例制度⑨的重要证成(justification)作为分析的基础。

一

在为美国最高法院遵循先例制度(水平先例⑩)的可取性(desirability)辩护时,科泽尔提供了一个大体上规范性多于描述性的解释。⑪ 作为一种经验描述,强有力的先例约束很少在最高法院决策的特征上表现出来。⑫ 索尔·布伦纳与哈罗德·斯佩思的《不屑一顾》⑬一书的标题绝妙,很好地捕捉到对最高法院决策的大多数实证研究结论——尽管最高法院的意见充斥着所谓的对先前判决的依赖,并且大多数大法官在多数情况下都声称在得出结论时会受到先例的

---

⑨ Randy J. Kozel, *Settled Versus Right: A Theory of Precedent* (2017).
⑩ 即使法院现在由不同的法官组成,垂直先例即法官在司法等级中遵循其上级裁决的义务,与水平先例(或遵循先例)即法官遵循自己法院先前裁决的义务之间仍存在着区别。参见 Frederick Schauer, *Thinking Like a Lawyer: A New Introduction to Legal Reasoning* 36 – 41 (2009); Larry Alexander, "Constrained By Precedent", 63 *S. Cal. L. Rev.* 1 (1989)。
⑪ 科泽尔在他的书中把第一章称为"描述性的"(第7页),但实际上第一章是对历史、理论和先例原则的描述。它不是对该理论和原则实际上在多大程度上影响司法裁决的描述。
⑫ 总结了大量的实证研究请见 Frederick Schauer, "Stare Decisis and the Selection Effect", in *Precedent in the United States Supreme Court* 121 (Christopher J. Peters ed., 2013); Frederick Schauer, "Has Precedent Ever Really Mattered in the Supreme Court?", 25 *Ga. St. L. Rev.* 217 (2008)。
⑬ Saul Brenner & Harold J. Spaeth, *Stare Indecisis: The Alteration of Precedent on the Supreme Court*, 1946 – 1992 (1995). 也参见 Jeffrey J. Segal & Harold J. Spaeth, *Majority Rule or Minority Will: Adherence to Precedent on the United States Supreme Court* (1991); Jeffrey J. Segal & Harold J. Spaeth, "The Influence of Stare Decisis on the Votes of Supreme Court Justices", 40 *Am. J. Pol. Sci.* 971 (1996)。关于最高法院先例的作用的实证文献有很多,而且文献数量还在不断增长。一个重要的概览和分析是 Thomas G. Hansford & James F. Spriggs, *The Politics of Precedent in the U. S. Supreme Court* (2006)。以及也参见 *The Various Contributions in Precedent in the United States Supreme Court* (Christopher J. Peters ed., 2013)。对于先例所起作用的更微妙的分析,特别是在美国最高法院之外的法院,参见 Richard A. Posner, *How Judges Think* 43 – 51 (2008); Frank Cross, "Appellate Court Adherence to Precedent", 2 *J. Empirical Legal Stud.* 369 (2005); Stefanie A. Lindquist & Frank B. Cross, "Empirically Testing Dworkin's Chain Novel Theory: Studying the Path of Precedent", 80 *NYU. L. Rev.* 1156 (2005)。

约束，⑭但事实上，无论是对整个法院还是对大法官来说，他们很少受到遵循先例的约束，遵循先例原则也很难解释最高法院的大多数判决结果。⑮ 当然，这种概括也有例外。波特·斯图尔特大法官在罗伊诉韦德案⑯中表示赞同，而在格里斯沃尔德诉康涅狄格州案⑰中则表示反对，这只能被理解为，正如斯图尔特大法官在罗伊案的意见书中明确指出的，在很大程度上取决于他是否认同一个他不同意的判决具有先例效力。这些年来，大法官约翰·哈伦⑱、拜伦·怀特⑲、安东尼·肯尼迪⑳也作出了一些这样的刑事诉讼判决。但这些都是例外而不是规则。总的来说，大法官们似乎世世代代都重视宣布先例的重要性，但实际上却不怎么受到先例约束。㉑

然而，比起描述最高法院的实践，科泽尔更关心的是规定它应该是什么。在这里，他提出了一个重要论点，即遵循先例是在不同时期的法官（和法院）之间以及同一法院内的法官之间存在分歧时（第45—49、171—172页），实现法律一致性的次

---

⑭ 在确定先例效力的经验主义问题中，有很大一部分是关于最高法院意见中对先例或遵循先例的重要性的典型参考，这是由大法官提供的，实际上他同意先前的决定。例如，City of Akron v. Akron Center for Reproductive Health, Inc., 462 U.S. 416 (1983)，是由在最初判决时不在法庭的大法官提出的，因此他们很可能已同意了先前的判决，并作为头等大事，例如，Planned Parenthood of Southeastern Pennsylvania v. Casey, 505 U.S. 833 (1992)（奥康纳、肯尼迪与苏特的共同意见），或在大法官拒绝遵循先前判决的过程中被草率地承认和驳回。例如，Leegin v. Creative Leather Products, Inc. v. PSKS, Inc., 551 U.S. 877 (2012)。

⑮ 参见注释13中的参考资料。还有不幸被忽视的 Maurice Kelman, "The Forked Path of Dissent", 1985 Sup. Ct. Rev. 227。

⑯ 410 U.S. 113, 170 (1973)（Stewart, J.，赞同）。

⑰ 381 U.S. 479, 530 (1965)（Stewart, J.，反对）。

⑱ See Henry J. Bourguignon, "The Second Mr. Justice Harlan: His Principles of Judicial Decision Making", 1979 Sup. Ct. Rev. 251, 279.

⑲ 比较 Edwards v. Arizona, 451 U.S. 477 (1981)（怀特持赞同意见）和 Miranda v. Arizona, 384 U.S. 436, 504 (1966)（哈伦、斯图尔特和怀特持反对意见）。论米兰达案真正的判例效力，亦参见 Dickerson v. United States, 530 U.S. 428 (2000)。尽管首席大法官伦奎斯特的意见对于法院来说听起来有先例约束的意味，但这一问题之所以复杂，是因为在迪克森案中的法院显然希望能够重申其自身的解释权（事实上是最高解释权）——反对国会的侵犯——反对国会关于其有权否决法院宪法裁决的主张。

⑳ 比较 Ring v. Arizona, 536 U.S. 584, 613 (2002) (Kennedy, J., concurring) 和 Apprendi v. New Jersey, 530 U.S. 466, 524 (2000) (O'Connor, J., dissenting, joined by Rehnquist, C. J., Kennedy, J., and Breyer, J.)。

㉑ 如前引19所述，一个比较复杂的例子是 Dickerson v. United States, 530 U.S. 428 (2000)。的确，至少有一些大法官同意法院的意见，不允许国会试图推翻 Miranda v. Arizona, 384 U.S. 436 (1966)。如果他们当时在法庭上，很可能会是米兰达案的反对者，但法院在迪克森案中宣称司法解释至上，可能为拒绝允许国会推翻提供了重要的理由，尽管法院引用了遵循先例的原则。因此迪克森案涉及三种不同的需求——坚持过去的决定，对于一阶命令宪法实质问题作出正确决定，以及重申法院作为国会的宪法解释者的作用，这三种需求在此案和其他案件下可能会发生冲突。

佳协调手段。科泽尔认为,如果法官们愿意压抑自己的个人观点,而尊让之前和之后的裁判,那么法院将能够更好地达到跨个人、跨法庭和跨时间的一致性,科泽尔相信这对法院的社会学正当性(sociological legitimacy)来说至关重要。㉒

科泽尔明智地认识到,他对遵守先例的价值所做的规范性说明取决于对什么是先例的理解,即现在法院正在审理的案件有哪些潜在决策实际上属于过去某项决策的范畴,因此强化决策之间的一致性是先例约束的标志性特征(hallmark)。在这里科泽尔提供了一种解释,主要依赖于裁判要点与附带意见(holding and dicta)之间的区别(第70—94页),使他的解释在很大程度上偏向传统。㉓ 当然处于传统解释范畴内并没有什么错,然而,许多法律现实主义论者却被判例的传统解释所扰乱。先例的现实主义图景,包括杰罗姆·弗兰克㉔、赫尔曼·奥列芬特㉕、卡尔·卢埃林㉖以及其他人的贡献㉗,并且在爱德华·列维的《法律推理导论》㉘中达到了成熟度的顶峰。这种图景主要关注法官审理待决案件(即期案件)的能力:在大量可用的先例案件中找到一些东西,㉙来证成法官的结果偏好。依据现实主义者的说

㉒ 对于社会学的和道德的(或政治的)正当性之间的神圣区别,有价值性的描述与应用,参见 Richard H. Fallon, Jr., *Law and Legitimacy in the Supreme Court* (2018); Richard H. Fallon, Jr., "Legitimacy and the Supreme Court", 118 *Harv. L. Rev.* 1787 (2005)。亦参见 Deborah Hellman, "The Importance of Appearing Principled", 37 *Ariz. L. Rev.* 1107 (1995)。

㉓ See Cross, supra note 5, at 38 – 102; Edmind M. Morgan, *An Introduction to the Study of Law* 155 (1948); Edwin W. Patterson, *Jurisprudence: Men and Ideas of the Law* 300 – 10 (1953); Eugene Wambaugh, *The Study of Cases* (2d ed., 1894); Glanville Williams, *Learning the Law* 62 – 68 (10th ed., 1978)。

㉔ Jerome Frank, *Law and the Modern Mind* (1930)。

㉕ Herman Oliphant, "A Return to Stare Decisis", 14 *A. B. A. J.* 71, 159 (1928)。一个特别有价值的历史的和法学的分析,存在于先例传统主义者如沃巴夫与先例现实主义者如奥列芬特的论述中,参见 Charles W. Collier, "Precedent and Legal Authority: A Critical History", 1988 *Wis. L. Rev.* 771。

㉖ 参见 Karl N. Llewellyn, *The Theory of Rules* 124 – 25 (Frederick Schauer ed., 2011) (1938 – 1939)。比较谨慎的是 Karl Llewellyn, *The Case Law System in America* 68 – 69 (Michael Ansaldi trans., Paul Gewirtz ed., 1989) (1928 – 1929)。亦参见 Karl N. Llewellyn, "The Rule of Law in Our Case-Law of Contracts", 47 *Yale L. J.* 1243, 1244 – 46 (1938); William Twining, *Karl Llewellyn and the Realist Movement* 203 – 69 (2d ed. 2012) (1973)。

㉗ See Felix S. Cohen, *Ethical Systems and Legal Ideals* 33 – 40 (1933); Brian Leiter, "Naturalizing Jurisprudence: Essays on American Legal Realism and Naturalism", in *Legal Philosophy* 107 – 09 (2007)。

㉘ Edward H. Levi, *An Introduction to Legal Reasoning* (2013) (1949)。

㉙ 值得注意的是,对关于先例约束力的传统观点,现实主义对其挑战有两个不同的方面。一种观点认为,个别先例是用模糊的和/或非规范的语言写成的,因此在随后的案例中是可塑的。参见 Llewellyn, *The Case Law System in America*, supra note 26, at 3 – 4。另一种观点认为普通法体系特别是美国这样的联邦体系,提供了一个巨大的潜在的先例菜单,因此法官有权选择使用哪些先例,根据现实主义者的观点,一个选择的作出通常是基于法官的结果偏好。

法,这种偏好是由与先例不同的原因而确定的,而且通常是先于先例的。㉚ 因此,根据现实主义的观点,先例在很大程度上是法律创造或一阶结果偏好在法律术语中的体现,而非受法律约束的表征。

  先例的现实主义图景,更普遍地说,就像许多现实主义规划一样,是经验性的而非规范性的。㉛ 尽管现实主义的作品中普遍存在着关于法官应如何裁决案件、法官应如何证成其决策以及律师应如何向其客户提供建议等规定,但其中大部分都出自现实主义的关注——因此自我命名为"现实主义者"——用来描述作为实际存在的法律,尤其是司法决策作为它的实际存在。因此,法官"真正"做什么的现实主义观点对科泽尔主要关于法官应该做什么的规范性或规定性论点并没有产生太大的阻碍。显然科泽尔并没有天真到认为,不愿去遵循先例的法官,会受到他规范性论点的很大影响。但是他仍然可能相信,对先例约束这一理念具有广泛的事先同情(broad antecedent sympathy)的法官,会发现他的指导很有价值。更重要的是,科泽尔的论点可能被理解为是针对法官、律师、法律学者、判例汇编的编辑、专家、博客作者、政治家㉜,以及非法律媒体精英等混合体这个群体的集体意见,涉及应予赞扬的司法行为的形式,以及应予指责的不仅反映而且构成司法决策准则的形式。㉝ 因此,对科泽尔的论点最好也最重要的理解是,他为对创建基于先例的法律推理与司法公正等规范提供了一种可能的辩护。而且,

---

㉚ 参见 Frederick Schauer, *Thinking Like a Lawyer: A New Introduction to Legal Reasoning* 36 – 60 (2009)。

㉛ Leiter, supra note 27, at 53 – 57; Schauer, supra note 30, at 138 – 42; Frederick Schauer, Foreword, in Twining, supra note 26, at ix, xii; Frederick Schauer, "Legal Realism Untamed", 91 *Texas L. Rev.* 749 (2013); John Henry Schlegel, "American Legal Realism and Empirical Social Science" (1995); John Henry Schlegel, "American Legal Realism and Empirical Social Science: The Singular Case of Underhill Moore", 29 *Buff. L. Rev.* 195 (1980); John Henry Schlegel, "American Legal Realism and Empirical Social Science: From the Yale Experience", 28 *Buff. L. Rev.* 459 (1979); Walter W. Cook, Scientific Method and the Law, 13 *A. B. A. J.* 303 (1927).

㉜ 尤其是司法确认程序中的美国参议院的议员。

㉝ 对于有法理倾向的人来说,文本中的陈述可以被理解为参考了哈特所称的"终极承认规则"的来源。Hart, supra note 3, at 100 – 10. 正如在法律文化中,终极承认规则决定了什么是法律与什么不是法律,同样的漫无定型的过程(参见 Frederick Schauer, "Is the Rule of Recognition a Rule?", 3 *Transnational Legal Theory* 1 [2012]; A. W. B. Simpson, "The Common Law and Legal Theory", in *Oxford Essays in Jurisprudencs* [Second Series] 77 [A. W. B. Simpson ed., 1973])也基本决定了,在法律文化中哪些形式的法律论证、法律推理和法律决策将被认为是有效的或正当的,而哪些形式则不是。

科泽尔也许是在说,这些规范对美国最高法院来说尤其重要。㉞

二

然而,除了面对更基本的现实主义挑战之外,确实还有其他替代方法可以区分裁判要点与附带意见,以作为确定先例施加的约束范围的一种方式。例如,在几代人之前,亚瑟·古德哈特质疑过英国的主流观点,即判决主文(ratio decidendi)(或多或少是裁判要点,或者是背后的理由)决定了先前判例适用的范围。㉟ 对于古德哈特来说,一个先例案件的"意义"并不在于它的判决理由(ratio),而是在于该案件的实质事实。当这些事实与先前案件结果相结合时,该案的事实使得先例案件有意义。古德哈特的论点引发了激烈的论辩。㊱ 最近,拉里·亚历山大㊲以及其他追随者㊳,坚持认为先例的运作与制定的教义规则非常相似。因此,至少对那些致力于受先例约束理念的法官们来说,先例以规则的方式运作而约束后续结果,这才是对先例的确切表述。与前一代的古德哈特一样,亚历山大的论点也受到批评,并成为后续论辩的主题。㊴

这些关于先例范围的分析和论辩的确很重要,因为除非我们知道先例是什么,否则我们就无法开始理解先例到底是如何运作的,也就不能理解先例制度之所以可取(或者不可取)的理由。不过,重要的是要认识到,所有相互竞争的解释都在我

㉞ 然而,科泽尔对最高法院的关注有可能使事情倒退。鉴于法院的政治属性日益增加,甄选和确认程序的政治性越来越强,以及法院案件摘要的许多内容都带有意识形态色彩,指望法院经常认真对待先例可能只不过是一厢情愿的想法。然而,在审理非自由裁量和意识形态上不那么突出的案件的上诉法院,包括美国上诉法院、一些州的最高法院,以及在那些州最高法院确实有自由裁量案件的所有中级上诉法院,对先例的坚定承诺往往会产生更大的影响。

㉟ Arthur L. Goodhart, "Determining the Ratio Decidendi of a Case", 40 *Yale L. J.* 161 (1930).

㊱ 参见 J. L. Montrose, "Ratio Decidendi and the House of Lords", 20 *Mod. L. Rev.* 124 (1957); J. L. Montrose, "The Ratio Decidendi of a Case", 20 *Mod. L. Rev.* 587 (1957); A. W. B. Simpson, "The Ratio Decidendi of a Case", 20 *Mod. L. Rev.* 413 (1957); Julius Stone, "The Ratio Decidendi of the Ratio Decidendi", 22 *Mod. L. Rev.* 597 (1959)。古德哈特的反驳意见是 A. L. Goodhart, "The Ratio Decidendi of a Case", 22 *Mod. L. Rev.* 117 (1959);以及参见 Geoffrey Marshall, "What is Binding in a Precedent?", in *Interpreting Precedents: A Comparative Study* 503 (D. Neil MacCormick & Robert S. Summers eds., 1997)。

㊲ Alexander, supra note 10; Larry Alexander & Emily Sherwin, "Judges as Rule Makers", in *Common Law Theory* 27 (Douglas E. Edlin ed., 1997).

㊳ 包括我自己。Schauer, supra note 30, at 50-54.

㊴ See Grant Lamond, "Do Precedents Create Rules", 11 *Legal Theory* 1 (2005).

们可能称之为"非同一性"的领域内运作。如果当前个案中提出的法律问题与先例案件中提出的法律问题之实践目的相同,那么法官或其他决策者接受先例的约束,㊵就会产生一个假定,即赞成以同样的方式对同一问题作出裁决,即使当前法院相信在判例案件中作出的裁决是错误的。例如,如果出现在一些当前个案中的问题是,一个州是否可以根据宪法制定全面的禁止堕胎的法令(实际上确实有这种情况),那么罗伊诉韦德案㊶可以被理解为一个先例,以否定态度回答了这个严谨的问题。这并不是说在先例中与当前案件中提出的问题是相似的,也不是说它们是类似的,而是说它们是同一个问题。㊷ 就像是说你的 2008 年款深蓝色"斯巴鲁傲虎"与我的 2008 年款深蓝色"斯巴鲁傲虎"相似(similar)似乎很奇怪一样。更常见的是你会说"我有一样的车",尽管这当然不是字面上的或逻辑上的或经验上的同一辆车。2018 年提出的问题为是否一个州可以完全禁止堕胎,与 1973 年罗伊诉韦德案㊸中提出的问题是相似的,这样说似乎也很奇怪。这些问题并不相似,它们实际上是同一个问题。

当然,更常见的是,当前案件提出的问题与先例案件提出的问题并不相同,或者当前案件中的事实可能与先例案件中的事实在某些潜在的相关方面有所不同。如果存在这些差异,那么问题在于,当前案件中的问题与先例案件中被问及并回答的问题是否具有相似性关联——类比㊹,或者当前案件中的事实是否与先例案件中的事实存在相似性关联。但相似性不等于同一性,因此,要确定当前案件中的问题或事实与先例案件中强调的问题或提出的事实具有相关相似性,也就是确定哪些不相同的问题(或议题,或事实,或其他任何方面),将被视为(treated)相同的来对待,以达到施加或适用先例约束的目的。

最基本的一点是,只有对那些认为不同行为、不同事件、不同人造物体和不同非自然种类之间存在天然相似之处的人来说,才会引起争议。如果这算是一种先

㊵ 虽然与科泽尔的著作或本文没有直接关系,但值得注意的是,垂直和水平先例都可能是非司法决策领域决策规范的一部分。例如参见 Trevor W. Morrison, "Stare Decisis in the Office of Legal Counsel", 110 *Colum. L. Rev.* 1448 (2010)。

㊶ 410 U. S. 113 (1973).

㊷ 关于同一个问题与仅仅相似的问题之间的区别,以及关于严格意义上的先例约束与类比推理之间的区别,参见 Frederick Schauer, "Why Precedent in Law (and Elsewhere) is not Totally (or Even Substantially) about Analogy", 3 *Perspectives on Psych. Sci.* 454 (2008)。

㊸ 410 U. S. 113 (1973).

㊹ 关于法律中的类比推理,已有大量著作探讨,其中有些对此表示赞赏,有些则是要求限制。对这些问题的概述,以及一系列传统观点的补充,参见 Frederick Schauer & Barbara A., "Spellman, Analogy, Expertise, and Experience", 84 *U. Chi. L. Rev.* 247 (2017)。

例性约束的话,那么它的实际存在和应该存在,就不是关于类案类判了。相反,先例约束是为了达到先例约束的目的,将有些相似而又有些不同的案例视为类案。它是将相似点视为相关的,将差异视为无关的,并决定哪些相似点重要以及哪些不重要。因此,识别先例是什么,是为了归因(attributing)或归属(ascribing)相似性是什么;而不是为了发现、定位或挖掘相似性。确定先例相似性,从而确定哪些不同的事件、行为或问题,尽管存在着些许差异,仍将被视为相似,这就需要决策者考虑在当前案件中规定(deems)哪些是相似的,而不是在某种深层的本体论意义上考虑实际的相似之处。㊺

三

理解相似性的归属(ascriptions)远比提取(extractions)更能说明问题,这让我们可以重新构建(而非抛弃)科泽尔的规范性论证,即关于遵循先例准则的采纳或加强。科泽尔的规范性论证的核心是,相信不同的法官可能有不同观点、不同看法、不同政治主张,从而也有不同的结果偏好。但科泽尔认为,通过要求这些意见分歧的大法官遵循以往案件的判决,即使他们不同意这些判决意见,我们也能缓和同一时间开庭的九名大法官之间,以及不同时代的法官之间的差异和分歧,从而减少不同法院之间的分歧。使用一个稍微带有倾向性的词,尽管这个词会吸引像大法官斯卡利亚这样遵循先例的怀疑论者,㊻但总的来说,先例制度尤其是遵循先例会抑制(suppresses)差异。它不仅抑制了不相关的差异,而且更重要的是,抑制了相关的

㊺ 一旦我们认识到,为了先例推理的目的而赋予相似性,主要是将不同的行为、不同的事件、不同的事实与不同的问题视为相似,我们就可以看到先例主题与法律拟制主题之间的关系。概括地参见 *Legal Fictions in Theory and Practice* (Maksymilian Del Mar & William Twining eds. , 2015)。许多经典的拟制,与其说是真实的,不如说是虚构的,因为在某些或许多方面尽管明显不同,但出于某些法律目的却被视为相似的事物,就像在各种法律学说中,把公司视为自然人一样;或者将已婚妇女所生的孩子视为婚生子女,即使丈夫不是生物学意义上的父亲;或者出于管辖目的而将米诺卡岛视为在伦敦,如在著名的"莫斯蒂恩诉法布里格斯案"中(参见 Lon L. Fuller, *Legal Fictions* 18-21 [1967])。

㊻ 参见 Lawrence v. Texas, 539 U. S. 558, 586 (2003) (Scalia, J. , dissenting); Antonin Scalia, "A Matter of Interpretation: Federal Courts and the Law" 139 (Amy Gutmann ed. , 1997) ("[遵循先例]的全部功能就是让我们说,在恰当分析之下,错误的东西必须被认为是正确的")。对于斯卡利亚大法官关于遵循先例观点的探讨,更多地出现在非司法文书和演讲中,而不是在司法意见书中,参见 Amy Coney Barrett, "Originalism and Stare Decisis", 92 *Notre Dame L. Rev.* 1922 (2017); David A. Strauss, "Tradition, Precedent, and Justice Scalia", 12 *Cardozo L. Rev.* 1699 (1991)。

差异。堕胎与避孕之间有明显的区别,但当大法官斯图尔特基于格里斯沃尔德案㊼遵循先例的理由,对罗伊案作出判决时(尽管他没有使用确切的短语),人们最能理解他的意思是,尽管堕胎和避孕有明显的差异,但堕胎被认为与避孕相似,属于同一类别。

对科泽尔来说,这种对差异的抑制,总的来说是件好事。对相关差异的抑制甚至不仅产生了人们所熟悉的先例优点——依赖、稳定、可预测性以及其他优点表现㊽——而且还加强和提高了最高法院的正当性。但并不是像有些人所以为的那样,法院通过释放发现而非制定法律的(虚假)信息来加强和提高正当性。㊾ 相反,如科泽尔看到的,严格地遵循先例制度的法院会释放(真实)信息,即如果法院在此机制下运作,事实上将会在裁决时再次(以及再再次)得到抑制而去发现法律并受到约束,至少我们会考虑把先前裁决的案件视为法律。

然而,科泽尔更重要、更新颖的观点是,遵循先例制度服务于与罗纳德·德沃金(Ronald Dworkin)的整全性(*integrity*)观念密切相关的目标。㊿ "整全性"当然是一个既含糊又狡猾的名词,而且这里肯定不是从事德沃金主义诠释的时机或场合,但基本思想是,整全性是各种不同特殊性(particulars)之间的融贯性或内聚性(cohesiveness)的一种形式。例如,想想《独立宣言》中关于"人人生而平等"的声明。先暂且不谈只是在这个特定的背景下才提及"人人",并且撇开《独立宣言》创制者与奴隶制的持续存在相一致的"平等"信念,这一声明并不是人们(生而)在事实或经验上平等的背景下提出的。有些人更聪明,更友好,更健康,更勤奋,在德性上更好,而且比其他人好得多,而《独立宣言》的创制者清楚知道这一点。但声明的

㊼ 参见前注 16—17 与附文。

㊽ See Daniel A. Farber & Suzanna Sherry, *Judgment Calls*: *Principle and Politics in Constitutional Law* 63 – 84 (2009).

㊾ 关于这一立场的评论,通常与"宾夕法尼亚州东南部计划生育案"(505 U. S. 833[1992])相关,涉及最高法院应通过其意见促进宪法以及最高法院的裁决不取决于法院的组成等观点,参见 Deborah Hellman, "The Importance of Appearing Principled", 37 *Ariz. L. Rev.* 1107 (1995)。亦参见 Jason Iuliano, "The Supreme Court's Noble Lie", 51 *U. C. David L. Rev.* 911 (2018)。但是,如果在任何特定时期法院裁决实际上都严重依赖法院人员配置的话,那么这一立场会缩减为这样一种说法,即法律面前大法官的社会的、政治的、道德的态度在决定大法官投票方面起到主导(但不是排他性)的作用,从而决定了法院的裁决结果,但公众仍未意识到这在多大程度上有益于法院的正当性。

㊿ Ronald Dworkin, *Law's Empire* 400 – 03 (1986). See also Ronald Dworkin, *Justice for Hedgehogs* 260 – 64 (2011); Ronald Dworkin, *Justice in Robes* 176 – 78 (2006); Ronald Dworkin, *Freedom's Law*: *The Moral Reading if the American Constitution* 10 – 11 (1996); Stephen Guest, *Ronald Dworkin* 101 – 23 (ed., 2013).

归属(ascriptive)维度不是指人们在描述意义上是平等的,而是指他们应该被平等对待,尽管事实并非如此。

这种把不同事物分组的观念——将差异视为无关,将不同之处视为相似——存在于生活的许多维度中。例如,考虑下及格/不及格评分系统。与此相反,即使假设当及格/不及格系统实施时,确实有一些学生不及格了,但仍存在及格成绩的学生中有很大差异这种情况。有些及格者比其他人好,甚至可能更好,但是非常好的及格与勉强及格都得到相同的分数。这种方法通常有很好的理由,不过,它正是出于通常有价值的规范性或制度性目的,而以类似方式对待不同人的例子。(51)

增加这几个例子不需要太多的想象力,但现在问题应该很清楚了。一旦我们在一定程度上意识到先例制度是关于不同项目的分组,我们就可以看到,采用先例制度是在创建一个决策的共同体(52)和决策者的共同体,正如任何其他共同体的创建一样,是在抑制共同体成员之间的差异,以服务于共同体本身的优势发挥。

四

这里提供的说明不是对科泽尔的挑战。相反,这是对科泽尔自己在最高法院遵循先例所作证成的一种解释。尽管科泽尔的观点在语言上与我的略有不同,但他关于分歧的论点与我在这里提供的关于差异的更一般说法是完全一致的。太多关于先例的文献,尤其是在遵循先例的文献中长期以来都背负着“类案类判”的范式,这种范式邀请那些接受或遵循它的人去想象,他们是在识别相似性而不是在创造相似性。先例的观念,无论是垂直的还是水平的,从根本上来说都是归属性的而不是描述性的,而归属性(ascriptiveness)——“规定”(deeming)的行为——使那些在先例制度下作出决策的人能够参与到一个决策共同体的创建中。召集一组关于不同事实与不同问题的类似决策“共同体”,这或许不仅仅是一个小小的隐喻,而是一个我认为在较少隐喻意义上与政治共同体存在某种关系的决策共同体,因而也融入了决策者的共同体中。共同体不是像一个决策

(51) 我很感谢沃尔特·辛诺特-阿姆斯特朗提出的这个例子。

(52) 关于用德沃金式整全性来巩固共同体和创建共同体的想法,参见 Stephen Guest, supra note 51 , at 101-23 (3d ed., 2013)。

者一样作出相似决定的共同体,而是由具有不同观点的不同决策者组成的共同体,这些决策者受到先例制度的强迫而作出类似的决定。因此,决策共同体和决策者共同体就是将不相似的事物进行相似对待的例证与产物,正如科泽尔有价值地帮助我们所理解的那样。

同案必须同判？ *

安德瑞·马默** 著　王重尧*** 译　朱慎独**** 校

"同案同判"(like cases should be treated alike)是法律界熟悉的口号。这一观念常与另两者混淆:司法裁判中的类推原理(analogical reasoning),以及融贯性的价值。我希望至少暂时地将这三个议题分开讨论。同案同判观念的独特之处是什么?对此,我认为,有意义的是那些裁判结果无法完全由理由决定的案件。(本文中的"案件"[case],仅指司法案件。)倘若应当适用的理由就能完全决定两个类似案件的结果,则没必要援引同案同判原则:决定案件的理由就足以证成类似规则的适用了。这就是为什么同案同判原则面临着独特问题,且独立于类推和融贯性。例如,就类推而言,若有好理由在情况 C1 中决定了裁判结果 X,且现在面临类似案件 C2,则在 C1 中决定 X 的理由也会在 C2 中决定(或支持)X。易言之,类推通常诉诸先前裁判依据的理由,并将这些理由扩展到新案件。①(最后一节将具体说明这一点。)

---

* 本文原载于 *Legal Theory*, Vol. 11, No. 1, March 2005, pp. 27-38。标题原文为"Should Like Cases Be Treated Alike?"。——译者注

** 安德瑞·马默(Andrei Marmor),现为美国康奈尔大学法学院雅各布·古尔德·舒尔曼讲席教授。感谢斯科特·奥尔特曼(Scott Altman)、戴维·伊诺克(David Enoch)、伊丽莎白·加勒特(Elizabeth Garrett)和莱斯利·格林(Leslie Green)对本文草稿的宝贵评论。

*** 王重尧,英国伦敦大学学院法学院法理学与法理论专业硕士研究生,中国政法大学法学院法学理论专业法学硕士。感谢孙海波老师、王威兄给译稿提出的宝贵意见。

**** 朱慎独,中国政法大学法学院法学理论专业博士研究生。

① See J. Raz, *The Authority of Law* 201-206 (Oxford, 1979).

但有些案件无法完全由理由决定:这可能是因为裁判在某种程度上需要任意选择,或者要在不可通约的价值间做选择,又或者相关理由是不确定的(比如因为道德模糊性)。在法庭外的日常生活中,我们可能试图避免做这类决定;或者更常见的做法是就那么决定(just make a choice),然后不再管太多。但是法院必须决定,且司法决定(尤其高等法院的决定)实际会制定法律。因此,法院有必要斟酌同案同判的问题:若先前裁判依据的理由并不足以决定新案件的结果,是否有好的理由使先前裁判仅仅基于相似性就对当前案件有法律拘束力?

这很容易被认为与融贯性有关。但未必如此。融贯性更像是要求理由的一致性适用。② 如果案件所适用的理由无法完全决定裁判结果,类似情况不同处理并非不融贯。设若同案同判原则关切的是理由无法完全决定的裁判,融贯本身并不足以回应我们的问题;至少得不出一般结论(最后一节将讨论一个例外)。另外,此点也当能缓解一个紧接着的担忧:你可能会想,类似案件不同处理,必然意味着其中至少一个裁判是错误的。然而,若将注意力限制在理由无法完全决定的司法裁判,这一结论并不成立。③

一、案件

本节概述三类涉及同案同判原则的案件。第一类:裁判结果部分地基于任意选择的案件。确定刑罚具体幅度就是一个好例子。例如,假定先前的司法裁判 D1,决定对一持械抢劫者处 10 年监禁。而且,假设并无特定的理由支持 10 年监禁而非(比方说)9 年或 11 年监禁。④ 再假设新的法庭面临非常类似的持械抢劫行为 D2。

---

② 我不是说融贯性(coherence)等于一致性(consistency),当然并非如此。不过,我确实假定,实践理由的融贯适用要求理由的一致适用。这个假定应该没有想当然。
③ 很多法律评论和哲学文献在平等原则语境下讨论同案同判。实际上,人们有这样的印象:思考同案同判的问题,就是在思考平等。这篇短文无法全面公正地解读这些文献。我在此提出的是一个替代性的论证。我只希望读者能够认识到平等不是个问题,至少在本文所讨论的同案同判原则的背景下不是个问题。我在此暂且搁置这个问题。近期讨论平等问题的文献,参见 P. Westen, "The Empty Idea of Equality", 95 *HARV. L. REV.* 537 (1982); K. Greenawlt, "How Empty Is the Idea of Equality?", 83 *COLUM. L. REV.* 1167 (1983); C. Peters, "Equality Revisited", 110 *HARV. L. REV.* 1211 (1997)。
④ 易言之,必须假定,有时无论采取什么措施确定惩罚的相称性(proportionality)和适当性(adequacy),都得允许实际惩罚措施具有一定幅度以便适应实际情况。并且,假设在我们的案例中,量刑幅度在 9—11 年监禁之间。

("非常类似"的意思是说,两案在所有相关方面相同,不论你如何界定哪些方面是相关的。)如果承认同案同判原则,即使并没有特定理由选择 10 年而非 11 年或 9 年监禁,法庭也应该依循 D1 的决定判处 D2 的被告 10 年监禁。这也意味着,如果 D2 的法庭选择其他幅度的惩罚,比如 11 年,将构成错误判决。

人们可能倾向于认为这是不重要的。毕竟,既然已经假设在 9—11 年幅度范围内的任何判决都与其他选择同样合理,又何必在乎那么多? 但是,至少犯人会在乎,而且相当在乎。如果 D1 中的犯人只被判处 10 年监禁,难道 D2 中的犯人就不能合理抱怨把他关在监狱长达 11 年是错误的?(别忘了我们假定两个案件在所有相关方面都相同。)诚然,根据我们的假定,D2 的犯人无法主张 11 年监禁本身不合比例或不适当。但他能否声称,鉴于 D1 中的先前判决,判他 11 年监禁错误或不公平? 如果他是对的,我们岂不同样应该关心这个问题吗?

现在考虑第二类案件:需要在不可通约的价值间选择的案件。假设先前案件 D1 的法庭面临两个不同选项 A 和 B。差别在于:选项 A 着重于推进价值 P(如经济效益),而相对不看重与其竞争的价值 Q(如环境保护);选项 B 则相反,着重于 Q,而不太看重 P。让我们进一步假设,A(P>Q) 与 B(Q>P) 之间的比较是不可通约的,或者无法被理由决定。⑤ 现在假设法院在案件 D1 中选择 A。这一决定是否有如此约束力,以至于若出现与 D1 完全类似的案件 D2,仅仅基于同案同判原则,D2 的法庭就应该依循 D1 中的裁判? 抑或,D2 的法庭可以不无道理地认为,既然 D1 中法院作出的选择并未得到充分的理由支持,即并不存在相较于 B 应该更偏好于 A 的理由,那么 D2 的法庭有选择 B 的自由?

第三类:涉及道德模糊性的案件。司法裁判常须决定是否将特定道德概念或其他的评价性概念适用于当前案件。⑥ 比方说,可能涉及行为 P 是否真的"不诚实"的问题。我们假定诚实是道德概念,并且和其他概念一样,由于它不可避免的模糊性而有边界地带。例如,故意的谎言通常不诚实,但并非总是如此。一些"善

---

⑤ 如果 A、B 之间不存在以下任何关系——"A 比 B 好""B 比 A 好""B 等于或相当于 A",A、B 之间的选择就不可通约。评价性比较标准的不可通约性(incommensurability)和不确定性(indeterminacy)有一个有意思的区别,参见 J. Broome, "Is Incommensurability Vagueness?", in *Incommensurability*, *Incomparability*, *and Practical Reason* 67 (R. Changed., Harvard, 1997)。不过,就本文主旨而言,何种类型的不确定性都无关紧要。

⑥ 毋庸赘言,在大量无关道德的案件中,法院同样必须在模糊的边界地带作裁判。以道德模糊性为例,理由有二。其一,为了让我的案例更加有力。我想说明,即使在有重要道德意义的案件中,类似情况也未必需要类似处理。其二,许多无关道德的边界地带做选择的案件属于上文的第一类案例,即裁判基本上基于任意选择。任意性与边界地带案件判决的关系,参见 T. Endicott, *Vagueness in Law*, 186-190 (Oxford, 2000)。

意谎言"完全是诚实的,另一些则属于边界地带。(例如:教师等教育工作者可以稍微夸大学生的成就或才能,以鼓励受困扰的学生。无疑,夸大其词有时是不诚实的,但无法精确分辨什么程度的"善意谎言"才算不诚实。)也就是说,没理由认为道德概念可以免于模糊性。⑦

而且没有理由否认,法院所需作出的一些判决必然关乎此类边界地带概念的适用。但是,如果一个案件处于道德边界地带,法院就无法完全根据相关道德理由决定怎么裁判。(也许法院可以根据其他的相关道德理由正确裁判,不过那就跟本文论点无关了。)倘若法院必须决定行为 P 是否"不诚实",且 P 属于"诚实"的边界地带,则根据前置假设(*ex hypothesis*),我们无法仅仅依据"诚实"真正要求什么作出裁判。

你也许会认为应该避免在道德边界地带做出法律决定。也许确实如此,但这些决定无法回避,至少无法完全回避。诚然,有时候,法律中存在可以排除边界地带的安全边际(margin of safety)。刑法的宽宥原则(*rule of leniency*)就是一个好例。这个原则规定:除非行为处在犯罪的确切意义范围内,否则就不被视为犯罪。努力排除边界地带是很好的,但这种尝试并非总能成功。首先,在刑法领域之外很少有类似预防措施。而且即使在刑法中,这类原则也未得到一致适用(也许根本不可能一致适用)。其次,更重要的是,众所周知,模糊性无法完全消除。即使提供了非常广泛的安全边际,仍会留下二阶的模糊性,也即边界地带于何处开始的模糊性。⑧

那么,假定在先前裁判 D1 中,虽然 P 实际上属于"诚实"的边界地带,但法官宣布行为 P 是不诚实的,这一决定是否应当对未来案件产生法律拘束力?(我不是问"这是一种法律义务吗?",而是在问"这应当是法律义务吗?")假使法院面临十分类似的案件 D2(也即假定 D2 与 D1 在所有相关方面相同),是否仅仅基于两案相似,D2 的法院就必须给出与 D1 相同的裁判?还是说,可以允许法院得出相反结论?

这三个种类并未穷尽所有相关情形,也许还有其他类似结构的案例。但是,这些案件的共同特点在于:法院证立先前裁判的理由,并不能完全决定新的案件,尽

---

⑦ 我同意拉斯·谢弗-兰多(Russ Shafer-Landau)的观点,即承认道德模糊性未必会导致道德反实在论。尽管,正如他所指出的,道德模糊性源于道德谓词的真正模糊性。参见 Shafer-Landau, *Vagueness, Borderline Cases and Moral Realism*, 32 AM PHIL. Q. 83 (1995)。

⑧ 法律中模糊性无法消除的观点,见 Endicott, supra note 7, at 188-192。

管新旧案件基本上在所有相关方面都相似。⑨ 由此,问题关键在于,仅仅基于案件相似性,是否足以确认先前裁判的法律约束力。即使先前裁判的证成理由并不能决定新案件的裁判结果,是否仅仅基于新案件属于类似情况,就必须类似处理?

二、正义应被看见

有两个主要原则支持对上述问题的肯定回答。首先是一个大体如下表述的观点:"正义不但要实现,而且明显无疑地要以看得见的方式实现。"⑩ 无疑,这个表述相当粗略,因为仔细来看,它并未涉及任何关于正义的实质主张。不过,即使除了与前案相似之外,没有理由支持特定裁判结果,使涉案当事人看到法律裁判的统一性也有十分重要的价值。如果你喜欢,可以将这种价值称为"使正义被看见的需求",它要求保证当事人可以通过意识到他们所受对待与其他类似情形的人平等而受益。你能感受到的平等对待越强烈,你就越不会怀疑司法裁判受到了偏见(bias)、偏私(prejudice)或其他因素的扭曲(other distortions)。

这是一种复合价值(complex value),既有认识(epistemic)层面,又有象征性(symbolic)层面。认识层面的价值与一致性的价值相关,因其可作为反对潜在偏见之预防措施。想想上文中面临制裁的持械抢劫者。倘其发现,法官断然无视 10 年监禁的先前裁判,而判处他 11 年监禁,他就可以合理怀疑,这是法官出于偏见在针对他。毕竟根据假设,并无特定理由迫使法官作出此种裁判,偏见或偏私的可能性看起来很大。即使这种怀疑并无实据,消除这种怀疑本身也有价值。此外,司法裁判统一性的象征性价值也并非无关紧要。通过要求法院同案同判,法律向当事人保证法律面前人人受到平等对待。即使适用于相关案件的理由并不要求这种平等,公众对此种平等的肯定本身也有可欲的象征性价值。⑪

然而,这种推理思路的问题在于:它虽然支持同案同判原则,但其支持还称不

---

⑨ 你可能会反驳说,没有两个案例在所有相关方面完全相同。你也许是对的,但我并不需要坚持这种同一性断言(identity claims)。我很乐意承认,法律案件相似性本身是模糊的,而且无法避免边界地带。这并不影响我关于同案同判原则的论证。有些案例在所有相关方面非常相似(very similar),或大致相同(roughly identical),承认此点足矣。

⑩ 引自 Baron of Bury Hewart (1870 – 1943), Remark, Nov. 9, 1923. "Rex v. Surrey Justices", Vol. 1, *King's Bench Reports* (1924)。

⑪ 关于表现(appearances)为何在道德上重要这一问题的有趣解释,参见 J. Driver, "Caesar's Wife: On the Moral Significance of Appearing Good", 89 *J. PHIL.* 331 (1992)。

上强有力。一般而言,仅关注表现的理由通常弱而易驳。例如,对司法偏见、偏私之担忧而言,尽量减少法官自由裁量权确实是可以缓解担忧的一种方式,但这种方式的代价可能太大了。毕竟,之所以需要法官,某种程度上正是源于期望他们行使自由裁量权。其他方式也可缓解对司法偏见、偏私之担忧,效果同样好,甚至还更好。要求法官公开裁判的详细理由,上诉制度,以及其他形式的审查制约机制,都能更有效地让潜在诉讼当事人相信自己并未遭受歧视对待。

当然,这只是一个粗略概述。此外,某些情况下,特定偏见、偏私的危险很大,任何预防措施都不多余。(不幸的是,种族偏见于某些情况下普遍存在。这是我想到的一个明显例子。)换言之,让正义被看见而不只是成为被实现的价值,在一些情况中确实比在其他情况中更重要。[12] 尽管如此,作为一个粗略概述,我敢说公众监督和制度约束比要求法官"同案同判"效果更好。毕竟,若法官真有偏见、偏私,他也无须费太大力气就能证明当前案件与其他案件不同。区分案件的司法智慧几乎无穷无尽。[13]

三、保护预期及可预测性价值

也许诉诸保护合理预期可以为同案同判原则提供更强有力的辩护。诉讼当事人可能信赖先前的司法裁判,由此形成了一种预期,而辜负当事人预期是错误的。但此处必须注意:并非潜在当事人对法律的任何预期都不能被挫败。被保护的预期必须合理(reasonable)、正当(legitimate)。使之合理与正当的部分理由在于此类预期受法律实践支持。举个极端的例子,在不认可判例制度的法律体系中,潜在当事人无法依据已决裁判形成关于法律的正当预测。既然法律说了高等法院的裁判不具有普遍约束力,你就不能抱有那种正当预期。所以,至关重要的是,对法律的哪些预期是正当的这一问题,部分地取决于司法实践。同案同判的论证因此变得有点像循环论证:如果没有同案同判的司法实践,又怎能宣称如此预期是正当的?

不过,问题没那么简单。有时,即使某种预期尚未获得司法实践支持,我们也想论证保护它的重要性。在这些情形中,我们主张司法实践应当保护相关预期,因

---

[12] 斯科特·奥尔特曼提出,利害关系(stakes)可能也很重要。利害关系越大,偏见、歧视的可能性越大,看得见的正义就越重要。对此,我不知道该怎么回应。我怀疑这只是一个过于粗糙的经验概括。
[13] 这同样证成了,没有理由说,同案同判原则可以严正慑潜在的司法偏见。

为这样做是好的。如果司法机构遵循明确的规则,当事人就可以信赖这一点,且因此能够更准确地预测法院将执行什么样的法律,那将更好地实现社会目标。这种论证经常用来支持法律解释的明确原则(clear canons of statutory interpretation):法院明确规定且一贯遵循的解释规则越多,法律就越稳定和可预见,而这通常被视为一种好事。⑭ 那么,能否就同案同判原则提出一个类似论证?可否说,即使司法实践并未要求保护这种预期,法院也有理由积极鼓励之?

对我来说,这种论证的说服力因情况而异。例如,要说准确预测刑罚有何价值,就殊为可疑。没有理由让潜在的犯罪人尽可能准确预测其所受惩罚。刑若可测,威慑亦减。⑮ 只要刑罚保持在可容许的边界内,也谈不上不公平。刑罚并不是罪犯为其反社会行为缴纳的税款。税收确实应该可预测,因为得允许人们事先($ex\ ante$)计算经济活动成本,便其选择。与税法不同,刑法是为了指示不被允许的行为模式。刑罚制度的一般目的,并非让潜在犯罪人得以预先算计,从而决定是遵守法律以免受罚,还是承担一定代价来违反法律。当然,我并非反对罪刑相适应原则(principle of proportionality in punishment)。我仅仅主张:在量刑幅度之内,任何刑罚都是公平合理的,准确的可预测性于此并不能促进任何可欲的社会目标。

刑罚领域可能被认为是特殊情况。在绝大部分其他法律领域,似乎仍可主张,司法裁判越一致、越可预测,就越好。然则,细论之,即使作为粗略概括,这依然不正确。增加司法裁判的可预测性并非毫无代价,而且成本经常超过收益。司法裁判越可预测,就越僵化。一般而言,僵化不可取,因其阻碍司法实验、革新以及其他潜在的可欲的社会变革。这是老生常谈了,但依然很重要:司法裁判总是需要在可预测和灵活之间保持微妙平衡。

以司法裁判在不可通约的价值间的选择为例。如前所述,D1 的法院面临在选项 A、B 间的选择,两个选项差异在于:A 着重于推进价值 P,而不太看重与其竞争的价值 Q;B 则相反,重 Q 不重 P。我们也假设选项 A、B 不可通约,并且 D1 的裁判已经选择了 A 而非 B。现在问题来了:在与 D1 相似的案件 D2 中,是否仅基于两案相似,D2 的法院就应当遵循 D1 的决定?诚然,司法裁判可预测性之理想将会证成肯定的回答。但这并不能解决问题。许多理由支持相反答案,允许 D2 的法院试验不同的价值选择,而根据前置假设,这些选择未必不如 D1 法院所作出的选择。

---

⑭ 我并没有说这是支持法律解释的明确规则的好论证。这只是这种论证可采取的形式之一例。
⑮ 当然,这是一个经验问题。例如,参见 A. Baker, T. Harel & T. Kugler, "The Virtues of Uncertainty in Law: And Experimental Approach", *IOVA L. REV.* 443-94 (2004)。

但是你可能会问,为何要允许法院参与社会实验?理由主要有二。其一在于认识问题。司法裁判的实际影响与后果经常很难提前评估。要充分理解和精确评价司法裁判的社会效果,有时需要数年乃至数十年。在类似情况下试验不同裁判,有助于评估法院的各种评价和其他决策之影响。⑯ 理由之二或许更重要:这里可能还涉及多元主义(pluralism)与多样性(diversity)。即使在某些价值或混合善(mixed goods)之间的选择客观上不可通约(或无法基于理由决定),人对特定选项之偏好依然可以是理性的。也就是说,不可通约性并不必然导致价值冷漠。(例如,即使假设在学者生涯与商人银行家生涯之间的选择基本上不可通约,我依然应当认真对待这个选择,我对前者的选择也并不随意。)⑰

因此,允许法院类似案件不同裁判,可以满足不同群体的多样需求与偏好。只要相关司法裁判在道德和其他方面处于可允许的限度内(正如我们一直假定的),至少某些情况下,法院应当被许可作出不同裁判,以反映在不可通约价值间的不同偏好。同案同判原则强求裁判统一,会严重损害法院回应多样、多元需求的能力。

确切地讲,我不是说这些否定统一性的理由在每个案件中都必然存在。这当然不可能。但经常有一两个这类理由出现于案件中,这足以击败司法裁判应当一致的可预测性价值。因此,同案同判并非必然可欲,甚至并不必然有正当理由。

四、重思类推与融贯性的作用

目前为止仅考虑了在理由无法完全决定裁判结果的案件中,是否应当遵循同案同判原则。另一种可能性大概也值得探索:在由相似的理由决定的案件中,或许应当适用同案同判原则。为了更好地阐释我的观点,我在此把司法过程中的类推分为两种版本:强类推和弱类推。

在强类推中,法院抽取先前判例所依据的正当理由,将之适用于当前的新案

---

⑯ 毋庸置疑,仅当符合某些条件,此类司法实验才可欲。比如,如果缺乏监测司法裁判不同效果的反馈机制,实验就毫无意义。还可指出,在联邦制度下,法院可在不同区域试验不同裁判。这种做法的明显可取之处在于,大多数联邦制中,先例原则并不横向适用。这非常契合本文论点。不过,应该指出,除了区域多样性的可能性外,在其他情况中也有必要在类似案件试验不同裁判。毕竟,这些问题并不必然与区域差异挂钩。

⑰ 相关语境下对不可通约性的详细讨论,参见 J. Raz, "Incommensurability and Agency", in *Incommensurability, Incomparability, and Practical Reason* 110 (R. Chang ed., Harvard, 1997)。

件。例如,假设案例 D1 的法院决定,汽车制造商必须充分披露汽车安全性的确切技术参数。现在假设新的案例 D2 涉及披露机械玩具安全性的请求。类推如下:D2 的法院必须先推测,D1 的法院要求汽车制造商充分披露其参数,究系基于何种理由或原则?假定是原则 P。法院既已清楚 P 证成了 D1 裁判之正当,就该决定:P 是否证成了对 D2 的机械玩具也应当适用同样原则?若果真如此,类推就使同样的原则适用于新案件。由此,强类推之效果,在于将前案依据的特定原则或理由延伸于新案件。但这只是适用的延伸,而非原则本身的延伸。⑱

相比之下,弱类推并非适用证成先前裁判的同一理由或原则。相反,此时法院乃依据相似的原则,这个原则与先例依据的原则并不相同(not the same),却保持内在一致(in accord with)。考虑以下情况:案件 D1 中,法院决定格式合同免责条款应当符合"合理性"(reasonableness)。假定该裁判依据的理由 P1 系基于格式合同双方当事人的信息和议价能力不对称。现在新案件 D2 涉及格式合同约定违约金条款的有效性,问题在于约定违约金是否应当有上限。可以推测,案件 D1 依据的理由 P1 本身并不适用于违约金限额问题。毕竟,免责条款和救济条款的考量可能完全不同。但显然,在 D2 中可能有与 D1 的理由内在一致的原则,也即,对格式合同缔约方之间力量差异的关切,以及有必要保护弱势且易受损害的一方。因此,在 D2 中,法院可以合理适用类似于 P1 的原则 P2,限制格式合同的约定违约金。

诚然,相似性的概念非常模糊。但可以使之更精确:可以主张,给定 P1,则基于融贯的要求,P2 就是必要的,或者至少是被证成的。在此,我们假定 P2 比其他替代性方案更能与 P1 相融贯。因此也可以说,一旦给定 P1,在法律上就可以证成 P2。

你可能会认为这里实际上是另一种类型的推理:或许法官在案件 D2 中将 P1 抽象至更高程度,继而将此更抽象的原则适用于眼前案件。或许确实如此,但必须注意:抽象程度越高,原则的确定程度越低。不管怎样,我认为这种描述并未削弱我的论证。一旦试图将此更抽象的原则适用于新案件,将出现同样的担忧:在 D2 中,法院必须证成这个更抽象的原则在法律上得到足够支持,如果确实如此,基于

---

⑱ 这就是为什么说类推通常是将先前确认的理由延伸适用于新案件。参见 Raz, supra note 1, at 201-206。假定一个司法裁判是这样运行的——D1: A, B, C, D→X。其中 A, B, C, D 代表案件相关法律情况,X 代表法院裁判。在新案件 D2 中,只有情况 A, B, C,而不具备情况 D(例如当事人不是汽车制造商)。类推的关键问题在于,是否应当将 D1 的裁判延伸到 D2。当然,这不能是个机械决定。裁判结果取决于这一问题:D1 中支持 X 的理由是否也支持 D2 中的 X?如果回答"是",则 D2 中的法院基本上认定了,D1 依据的理由之适用范围比先前观念更广,或者它应当如此。

我们的假定,对于这个抽象原则及其法律相关性的支持,只可能源于其与 P1(或其他类似的先前裁判)的相似性或融贯性。

总结一下,适用强类推并不算同案同判的实例,因其实际上是将同一理由适用于新案件。相比之下,将适用弱类推看作同案同判的实例是合理的,后案的裁判通过直接诉诸融贯性价值得以证成。⑲

然而,值得澄清的是,一旦援引融贯的观念,就需要超过一两个先前裁判,才能证成弱类推。必须要有许多导向同一方向的先前裁判,用融贯来证成新裁判才能有意义。这是因为,任何一对不矛盾的命题,都可以成为一组命题组成的融贯集合的一部分。除非有相当多的先前裁判使大量的相关理由或原则实例化(instantiate),否则融贯本身很难产生任何具体结果。

尽管如此,我认为,融贯性价值同时构成了在弱类推语境下适用同案同判原则的理据(rationale)与界限(limits)。弱类推的理据必须从司法裁判的融贯性价值获得证成,融贯性价值的界限也构成了弱类推的界限。

详细阐述司法裁判的融贯性价值将超出本文范围。⑳ 我将仅限于陈述两个总结性意见。首先,我想表明,一般而言,除了弱类推这个值得注意的例外,融贯性并非支持同案同判原则的理由。其次,我希望已经清楚证明,并非在任何场合适用弱类推都是可以被证成的。就像其他关于同案同判的案件一样,可能有好的理由支持同案不同判。我承认,这一切的结论并不确定。但有时候,规范分析的结论恰恰是对所处理的问题不应该有任何确凿的答案。同案同判原则正是如此。

---

⑲ 强类推与弱类推之分,可能是连续的(continuous)而非二元的(dichotomous)。二者的分界可能是模糊的,这意味着两种推理模式之间肯定存在边界地带。
⑳ 审判中融贯性价值的广泛评判,参见 J. Raz, "The Relevance of Coherence", in *Ethics In the Public Domain* 261 - 309 (Oxford, 1994)。我本人在这个复杂问题上的探索,参见 Marmor, *Interpretation and Legal Theory*, chap. 4 (rev. ed., 2nd ed. Hart Publishing, 2005); Marmor, "Should We Value Legislative Integrity?", in *Legislaturesand and Constitutionalism: the Role of Legislatures in the Constitutional State* (Tsvi Kahana & Richard Baumann eds., forthcoming)。

类似情况必须类似对待吗？*

大卫·施特劳斯** 著　王威智*** 译　张泽键**** 校

这个问题由来已久，然而我相信答案并不显而易见，而且还很复杂。有一种传统，通常会追溯到《尼各马可伦理学》的第五卷，它将正义视为一种独特的伦理美德（ethical virtue），并认为"类似情况类似对待"（treat like cases alike）原则是正义概念的核心。①另一些人则将这一原则与法治联系在一起，而法治又被视为一个自由国家的核心特征。②在某些一般性的法律的哲学阐述中，类似情况类似对待（其各种特征会表现为融贯性、整全性或者公平性）的一般理念扮演着核心角色。③这种理念似乎也成了一种流行的修辞：当人们在说"不是我反对他的观点，而是他太没有

---

* 本文译自 David A. Strauss, "Must Like Cases Be Treated Alike?"（University of Chicago Public Law & Legal Theory Working Paper No. 24, 2002），https://chicagounbound.uchicago.edu/cgi/viewcontent.cgi? referer = &httpsredir = 1&article = 1197&context = public_law_and_legal_theory。

** 大卫·施特劳斯（David A. Strauss），芝加哥大学哈利·怀亚特法学教授（Harry N. Wyatt Professor of Law）。我非常感谢芝加哥大学政治理论工作坊（Political Theory Workshop）和芝加哥大学法学院在研作品工作坊（Works in Progress Workshop）的参与者，感谢他们对本文早期版本的评论。

*** 王威智，北京大学法学院法学理论专业博士研究生。

**** 张泽键，中国人民大学法学院法学理论专业博士研究生。

① See, e.g., H. L. A. Hart, *The Concept of Law*, ch. VIII; Ch. Perelman, *Justice* (1967); *De la Justice* (1945).

② See, e.g., Lon Fuller, *The Morality of Law*; John Rawls, *A Theory of Justice*, §38; cf. Judith Shklar, *Legalism*.

③ See, e.g., Ronald Dworkin, *Law's Empire*; Neil MacCormick, *Legal Reasoning and Legal Theory*; cf. Raz, *The Relevance of Coherence*.

原则性"之类的话时,他们似乎是在诉诸一种直觉,即不管采用什么标准,一致性地适用它都是很重要的。

类似情况是否必须类似对待的问题对于实践理由同样也很重要。事实上,它作为一个具体的实践问题比作为一个理论问题可能更为重要。在一个以复杂的官僚组织为特征的社会中,这一问题尤为重要;在其中,很多不同的行动者会在大致相似的情况下作出大量的决定。在这些组织中,人们可以做一些特定的事情来试图确保类似的情况被类似地对待。或者,人们可能会有意识地作出相反的决定:不要为了确保类似情况类似对待而付出任何代价。

在这篇文章中,我试图考量可以为这一原则提出哪些论证。显然有一些概念上的问题需要得到解决。在相关意义上,我们如何确定哪些情况是类似的?同样地,我们如何确定什么构成了类似对待?重要的问题不是我们用来确定相似性和差异性的标准是什么吗?这会导致"类似情况类似对待"原则实际上空洞无用吗?我不认为这一原则是空洞的,但在我使得这一问题更加具体之前,我将推迟该讨论。

我的最终(虽然是暂时的)结论,即对题目中问题的回答是,类似的情况不需要被类似地对待。"类似情况类似对待"原则没有独立的道德力量。这一原则的直觉吸引力是另外两个考量因素的结果。首先,有时,作为一种偶然事件,类似情况应当被类似对待是出于工具性的理由。类似情况类似对待可以促进某些其他的善(good),或者避免某些问题。其次,类似情况必须被类似对待的观念反映了一种直觉,即对待上的差异必须是有正当理由的;如果人们受到了不同的对待,那么这种对待上的差异必须有一个(正当的)理由。但是正如我将要试图解释的那样,这跟主张类似情况必须类似对待是不一样的。

在第一部分,我将描述引出类似情况是否必须类似对待这一问题的各种情况——在一个复杂的行政国家中经常出现的各种情况。另外,我还将顺便解释为什么类似情况是否必须类似对待的问题不同于我们所熟悉的另一问题,即规则是否优于自由裁量标准。在第二部分,我将回答类似情况类似对待意味着什么,以及这一构想为什么不是空洞的。

在第三部分,我探讨了类似情况类似对待的工具性理由——在某些情形下,类似情况类似对待可能是一个好主意(例如,它减少了歧视的可能性)。这些理由虽然通常很重要,但却是依情况而定的;它们可能适用,也可能不适用,这取决于特定的情形,因此它们没有提供要求类似情况类似对待的一般性证成。

最后,在第四部分,我将讨论这种一贯的直觉,即撇开其他事情不说,类似的情况不类似地对待是不公平的。这种直觉确实反映了一项重要的原则:以不同的方式对待他人必须是有理由的。但是这一原则并不要求类似情况类似对待。具体来说,当对类似情况的区别对待是可独立证成的程序的结果时,那么对待上的差异是不成问题的。"类似情况类似对待"这句准则忽略了我们想要基于一些理由而利用类似情况区别对待的程序的可能性:为了利用宽泛限度的裁判,为了进行实验,为了保护地方自治的价值等等。如果我们能给出一个利用这样一种程序的好理由,那么就公平性而言,我们不应该担忧这样的事实,即类似的情况有时会被区别对待。

一、问题产生于何时?

"我们必须类似对待类似情况吗"这一问题至少会产生于两种常见的重要情形中。第一种情形是在所谓的道德不确定的情况下进行分散决策(decentralized decisions);熟悉的例子包括刑事量刑和陪审团对责任或损害赔偿金的裁决。第二种情形则涉及制度角色,它们要求决策者执行某些规则,但在具体情况下如何适用规则方面留给了他们一些余地。常见的例子是判例法体系中的法官,以及具有广泛自由裁量权的行政官员。

道德不确定情况下的分散决策。社会中会出现大量的争议,它们呈现出大致相似的事实。尽管是在官僚机构或其他组织的主导下,但这些争议要由不同的人或团体来解决。这些争议所呈现出的具体问题——这是至关重要的——是困难和复杂的,因此在每一个情形中,我们都不确定诸多可能的决定中哪个才是正确的。然而,尽管我们不确定如何正确地作出决定,但很明显,我们可以做各种事情来使得决策更加一致。

对被判有罪的罪犯的量刑就是一个突出的例子。在美国,曾经的主导方法是允许判刑的法官在法律规定的范围内行使自由裁量权。一些共识有时会被纳入法律,即某些因素应当被考虑(例如,罪犯是否有犯罪记录,以及犯罪的暴力性有多严重),而某些因素不能合法地影响判决(例如,罪犯或受害者的种族)。但是,对于是否应该考虑某些因素,如罪犯是否来自贫穷的社会或经济环境,并没有达成普遍的一致意见。此外,对于量刑决定所涉及的各种因素的权重也没有达成普遍的一致意见。

近几十年来，联邦政府和许多州通过精确地列明一些内容建立了替代性制度，其目的是为了限制法官的自由裁量权；这些内容包括对各种犯罪的量刑、违背规定量刑应考虑的因素以及所允许的背离的程度。如果一位法官误用了这些指导意见，上诉法院就有义务推翻他的判决。相比以前，自由裁量权的空间要小得多。

支持量刑指导意见的最重要论据之一就是它们促进了一致性。显然，在制定量刑指导意见之前，尽管在任何人可能考虑到的与道德或法律相关的任何方面，罪犯及其罪行都是相似的，罪犯仍会受到不同的刑罚。这种差异源于法官对刑事量刑的不同看法。指导意见大大减少了这些不一致性。事实上，指导意见的主要目的就只是为了减少不一致性。这些指导意见来自既有的量刑实践，其想法只是为了统一这些实践。问题是，孤立来看，这种不一致性的减少是否是一件好事。

在这类情形中，这个问题往往是至关重要的。原因在于，一致性可能为指导意见（或其他类似的改革）提供了其优于自由裁量制度的唯一的明确主张。有两个原因可以说明这一点。首先，对自由裁量制度中正在发生的事情作出明确的评价实际上是不可能的，除非说它显然是不一致的。毫无疑问，一个人能够在决策分配的两端——过于苛刻或过于宽大的情况下，识别出明显错误的自由裁量决定。但是这些决定呈现了如此多不同的事实——除了这些极端情况——以至于有信心地识别出大量错误的决定几乎没有可能。如果我们做不到这一点，那就不能满怀信心地宣称，总体上新制度将产生更好的决定。

其次，除了评估自由裁量制度这一困难，我们也难以有信心地主张指导意见所规定的量刑就是最佳的。确定一个特定罪犯的正确量刑是一个过于复杂和困难而难以让人们对答案有足够信心的任务。确定适当的量刑的任务被类似于罗尔斯的"判断的负担"（burdens of judgment）的东西所困扰：拥有高尚道德情操的尽责的（conscientious）人，即便获取了所有相关信息，仍会得出不同的结论。

因此，因为量刑指导意见减少了不一致性而认为它是好的的观点，仅是认为一致性本身是好的——在其他条件相同的情况下，我们应该适用增加类似情况类似对待的可能性的法律。问题不仅在于，这些指导意见由于缺乏灵活性，将无法考虑到所有的相关因素，因此在某些案件中会产生道德上不正确的量刑，在某些案件中过于严厉，而在另一些案件中则过于宽松。这是显而易见的。然而自由裁量制度也会产生类似的错误。关于一致性的论证更进一步。它承认，假设有某种方法可以对在各自制度中犯下的道德错误进行合计，那么指导意见甚至可能会增加这一总数。我们所了解的不足以使我们相信指导意见减少了错误的总数。我正在考虑的观点是:无论如何,即使道德错误的数量增加了,我们也应该具有指导意见,因为指导意见促成了更多的一致性。

在其他的重要领域也出现了类似的问题。社会福利计划为那些因残疾而不能胜任他们原来工作的人提供福利。政府雇员必须判断出,在全国数以百万计的申请者中的特定的人是否是残疾人。这一决定可由审查员自行作出,他们知晓相关的医疗信息和现有工作的信息,并且能得到一些一般性规范的指导。或者政府可能会公布一个精确的明细表,它确切地显示了哪些条件构成了哪些职业的就业障碍。

哪个制度更好呢?我们同样很难知道哪一组决策与道德最佳值之间的偏差更大。相关性因素太多,所涉及的判断也很复杂。明细表所产生的一致性可能是"坏的"一致性,在某种意义上,整体看上去自由裁量性决定是更接近正确的。但不管怎样,我们对此也不是特别确定。我们可以确定的是,明细表确实产生了更多的一致性。那么这本身就是支持明细表的论据吗?

最后一个重要的例子是这样一个问题,即应该由陪审团还是政府官僚机构作出这一系列的决定。似乎很清楚的是,陪审团产生了更多的不一致性。官员们可能在背景和取向上更趋于同质化,他们更容易受到训练,他们的决策可以更容易地通过层级组织进行协调;而传统(在某些情况下会反映在法律上)是故意赋予陪审团广泛的自由裁量权。例如,一系列研究表明,陪审团对某些民事违法行为(如缺陷产品致人受到损害)的损害赔偿金额的判定存在很大的差异——这种差异无法用任何看上去与道德或法律相关的因素来解释。④ 但是同样我们也很难确定正确的损害赔偿应该是怎样的。

这就提出了同样的问题:由于官员的决策将更具一致性,这些决策是否应该由官僚而不是陪审团作出呢?如果我们知道,从整体上看官员们的决定更有可能是正确的,那么问题就很简单了。但如果我们不知道(并且我们通常不知道),那么一致性的增加是否为不同的制度安排提供了论据?

规则和标准的另一面。这些例子(尤其是量刑指导意见的例子)似乎表明,关于"类似情况类似对待"的问题只是规则和标准的两难问题的变体:决定应该由相对确定的规则,抑或是由允许更多自由裁量权的标准来支配。但是,是否必须对类似情况进行类似对待,这个问题不仅仅涉及我们所熟悉的两难境地。规则可以是增加类似情况类似对待的可能性的一种方式。但众所周知,规则也迫使不同的情

---

④ E. g., Sunstein et al.

况受到类似对待;虽然不那么明显,但出于同样的理由,规则也可以导致类似情况以不同的方式进行处理。一个见多识广的 17 岁孩子可能与被允许投票的人在所有方面都是相似的,但投票年龄规则却将导致他受到不同的对待。

换言之,规则有时是确保类似情况类似对待的最好方式;但如果相关因素过于复杂而无法与规则匹配时,那么有时标准将会是一种实现类似情况类似对待的更好的方式。尽管规则会导致类似的情况遭到区别对待,但我们有时候可能会更喜欢规则治下的制度——假如说,可预测性是非常重要的,或者存在非法歧视的特别重大危险,或者个案决策的行政成本太高。当然,规则有时抑或大多数时候会增加类似情况类似对待的概率。多数观察家认为,量刑指导意见正是如此。但这种联系是依情况而定的。"类似情况类似对待"并不意味着对规则的明显偏好超过了标准。

制度性角色。另一种产生类似情况是否应当类似对待问题的情形,也是现代官僚国家的一个特征。但这一次,道德上的不确定性并不是情形的一部分。相反,在这种情形下,一个人要负责执行在他(我们可以假设"正确地")看来道德上是错误的法律。粗略地说,即使他认为法律是误导性的,他是否也必须以一种符合法律基本逻辑的方式来执行它? 因为如果不这样做,类似情况就会被区别对待。或者说,他能够故意破坏法律,以使之向更好的方向发展吗?

出于验证类似情况必须类似对待原则的目的,三种(现实的)状况会使得这一情形变得更为有趣。首先,法律虽然错了,但尚不令人憎恶。一位官员如有机会对道德上应受谴责的政治制度制造例外,他就应该这样做,而不应该担心区别对待类似情况;这似乎是无可争辩的。只有当法律是错误的,但还不是特别糟糕的时候,类似情况类似对待问题才会变得严肃起来。或许税法的一个方面就是会造成反常的经济后果,并且没有明确的道德的或公共政策的效益。或者比方说租金管制法,假若我们认为这些法律弊大于利的话。再或者主权豁免原则,禁止根据适用于其他所有人的法律对政府提起诉讼;目前还不清楚这一原则是否可以基于道德或政策理由得以证成。

第二种现实状况是,负责执行法律的官员有一些(但不是无限的)能力来决定如何执行它。官员不能废除租金管制法,法官不能推翻确立主权豁免原则的所有先例。在这两种情况下,如果他能做到的话他就会这样做;可是要与他的制度角色相符的话,他就不能这样做。在特定情形中,他的确有自由裁量权决定是否允许减税,或者由房东产生的特定成本是否包含在租金上限的计算中,或者某个政府机构是否受到主权豁免权的保护。

第三种状况是,执行法律并具有相似程度的自由裁量权的大多数官员,都相信法律并贯彻法律的目的。其结果是,一项违背法律目的并在一定程度上颠覆法律的决定,将产生区别对待类似情况的效果。最相似的情况——由相信法律的人来决定——将会出现另一种结果。

在这些状况下,主张官员(在其他条件等同的情况下)应该以符合法律总体目的的方式行事,从而确保类似情况类似对待,是一个很好的观点吗?需要强调的是,这是一个常见的实践问题。任何复杂的社会都会有许多在个体看来是错误的法律和制度,但这些法律并不会错得那么严重,以至于他们无法担任要求他们执行法律的制度性职位。可能没有一个政府官员会同意所有要求他去执行的规则。与此同时,复杂社会的特点是,人们所承担的制度角色会赋予他们一些有限的自由来决定如何执行治理规范。在有限的程度上,他们可以推翻治理规范而不违反管理其制度角色的规则。

当然,这不仅仅是个政府官员的问题。任何官僚体系都有可能出现这样的问题:企业或学术机构的行政人员可能面临同样的状况。他的制度性角色赋予他一定程度的自由裁量权来执行全系统的规则。相信这条规则是一条好规则的个人会作出一个选择。但这位行政人员认为,这条规则是一条坏规则,(正如他将会做的那样)作出一项减轻该规则负面影响的决定并不是滥用他的制度性义务。它会导致类似情况被区别对待——这是一个反对这项决定的好的论据吗?

二、类似情况类似对待意味着什么?

回答那个问题的第一个任务是解决概念性的问题,以及确切地确定类似情况类似对待到底意味着什么。当然,问题是,任何两种情况在某些方面是相同的,在某些方面又是不同的。因此,所谓的"类似的情况"(以及同样地,"类似的"对待)似乎完全取决于用来确定相似性和差异性的标准。除非我们有这样的标准,否则谈论类似情况类似对待是没有意义的。

显然,某些标准似乎比其他标准更加合理。没有人会仅仅因为它们都是在一个月的偶数天出现或与此类似的情形而严肃地认为情况就是相似的。但这表明我们应该使用识别道德相关性特征的标准:在道德上相关的方面,类似的情况应该以同样的方式对待。但如果这就是我们所有要阐明的,那么类似情况类似对待原则就会再次变得索然无趣。当然,如果各种情况具有相同的道德相关性特征,那么就应该以同样的方式对待它们,至少就道德而言是如此的。这可能是一个同义反复。无论如何,它似乎使得类似情况类似对待的问题不值得深思,更为严肃的问题是如何确定道德上相关的考量。

我所描述的例子表明了,尽管存有争论,"类似情况"的问题为何依然是有趣的。至少,作为第一个近似情形,这一问题是有趣的:当它们全部根据某个个体所持有的合理的道德观点来决定时,类似的情况会被类似地对待。"合理的"(plausible)和"某个个体"(some individual)有一种心理学上的含义。也就是说,如果所有的情况都是根据这样的原则来决定的,即作为人类心理学的一个问题,某个个体可能会合理地主张,这些情况正被同样地对待。当然,关于心理现实主义的附带条件是必要的,因为我们总能设计出一套与每个决策逻辑一致的原则。关键在于这一套原则必须是为某些人所可能真正采用的。这是对类似对待的考验,或者简述为对融贯性(coherence)的考验。⑤

因此,在刑事量刑的例子中,在指导意见之前的制度之中并不存在这样一个人——他是现实的心理学上合理的个体,能够作出与所有的实际决定一样的决定。在租金管制和主权豁免的例子中,如果官员推翻了规则,情况也是如此。在整个系统中作出的大多数决定都将被相信主权豁免的人所肯定。涉及其中的特定官员也会作出被不相信这一原则的人所肯定的决定。但是没有(也就是心理上现实的)一个人会肯定所有的决定。

那么,问题是:假设道德上的最佳状态是不可企及的,那么是否有义务(在其他条件等同的情况下)去尽力在这种意义上建立一种融贯的(coherent)状态?还是说,一个人的行为产生了一系列没有人会全盘承认的决定,这是无关紧要的?

关于这个问题,首先应该注意两点。第一,正如我所给出的例子,只有当道德的最佳状态无法企及时,类似情况类似对待的问题才会变得有趣。在第一类例子中,这是难以企及的,因为我们实际上无法知道它是什么。在第二类例子中,这也是难以企及的,因为一个人的制度性义务阻止了它的实现。如果道德的最佳状态是可以达到的——如果一个人可以实现一种所有情况都能以道德正确的方式来决定的状态——那就没有理由去独立地关注类似情况类似对待问题了。这种状态当

---

⑤ 这一论述在德沃金的《法律帝国》中是很明确的,而在其他地方则相当隐晦;例如,参见拉兹的《融贯的相关性》(*The Relevance of Coherence*)。

然满足类似情况类似对待的原则:所有道德上相似的情况都将以同样的方式来决定。只有当我们无法达到这种状态时,这个原则才会变得有趣,因为那样我们就不能采用还原主义的步骤来按照道德标准定义"类似的"和"不类似的"了。

第二,如果存有一种类似情况类似对待的义务,那么很明显,这种义务并不是很强。没有人会说,一个种族灭绝政权的官员应该实现其种族灭绝的目的,因为否则的话,类似的情况没有被类似地对待。如果量刑指导意见过于严厉(假设以前的状态没有如此糟糕),没有人会因为它产生一致性就说它是个好东西。从直觉上看,在我所讨论的各种情况下,按照我所指定的方式,似乎对于类似情况类似对待可能还有阐述的余地。然而那只是因为所要实现的融贯性并不是伴随邪恶的融贯性。

三、工具性的论证

对类似情况类似对待有什么可阐述的呢?支持该原则的一些观点识别出了各种的情况——在这些情况下遵循该原则可以促进实现某种好的目标。这些往往是很好的论证,但它们取决于具体的经验环境。它们主张在某些情境下类似情况类似对待是个好主意,但并不能证成一般性的要求。

1. 可预测性和可使用性

一种观点认为,当类似情况类似对待时——当决定在相关意义上是融贯的——它们更有可能提供清晰的指导,而且不太可能产生由不一致所引起的各种混乱。量刑的差异或陪审团的变动可能会产生非最优的威慑甚至还会扭曲市场。申请伤残补助的人可能会移居到美国的某些地区,或试着以其他方式让更有同情心的审查员来决定他们的申请。即使对住房抵押贷款利息进行税收减免是一个坏主意,但以一种融贯一致的方式对待这种减免可能会更好些;对于规则的随意适用(取决于某个行政官员是否认为规则是好的)可能会产生经济浪费,这比一致地适用公认的坏规则更有害。

这些观点显然有些道理。最后一个例子与经济学的次优理论相似。当市场以一种非最优的方式运行时,如果其他方面仍然不是最优的,那么仅使一个方面最优并不总是一种改进;同样地,如果我们在很多情况下都被一个糟糕的规则所困,那么在少数情况下背离这个规则并不一定会更好。不过,一切都将取决于具体的情境。有时，向一个政治制度中注入不融贯性不会造成混乱。而有时，不融贯性会导致混乱，但不适用坏规则的利大于不融贯性的弊。因此，这类考量似乎提醒了我们在特定情境下类似情况类似对待的可能的理由，而不是一般性地证成该原则。

2. 可见性和问责性

这些都是官僚机构所关心的问题。这一理念是，如果一名行政官员保持他所管理的制度的融贯性，那么整个问责程序将会更好地发挥作用。这意味着，如果有一个被立法机关或机构负责人所适用的规则，最好是以一种完全融贯的方式执行该规则，这样人们就会知道规则是什么，以及谁将对此负责。一旦我们认可一些使得不好的规则的效力可能遭到削弱的例外情况，我们就不太可能将政治辩论集中在那些规则之上。在规则的情况下（作为标准的对立面），这个观点最容易被发现，但它并不局限于规则；它可以适用于制定法或以大量自由裁量权为特征的普通法制度，只要自由裁量权的行使是融贯的（从之前所述意义上说——根据可由一个真实的人所全部承认的原则）。如果要实行租金管制或者主权豁免，那么就应该有一个统一的制度，进而我们将会看到人们是否真的想要这个制度。

同样地，举例来说，如果人们对判处的刑罚有明确的认识，它将促进对刑事量刑的慎思（deliberation）。在某种意义上，一个以非统一性为特征的制度会阻止辩论的发展。因此，有一种支持类似情况类似对待的观点认为，即使我们不确定所适用的规则是否是好的，但如果我们这样做，就很可能会得到关于规则是否是好的的更全面、更集中的辩论。统一适用将有助于民主程序或其他可能纠正错误的程序的运作。[6]

这些观点在很多情境下都是合理的。当类似情况类似对待意味着延续严重的不正义时，这些观点并不能证成类似情况类似对待，在这个意义上讲，它们可能没有太大的分量。但这正是我们所期望的——就像我说的那样，在那些情境中援引类似情况类似对待原则时，它没有任何直觉上的吸引力。这些基于可见性和问责性的观点并不能说明问题的全部。这是因为，类似情况应当类似对待原则即使在促进政治辩论或可见性决策并非一个重要议题的情境中也是合理的。

例如，问题可能涉及的是法令的一项可能的修正案，而非行政人员的行为。是否应该修改税法以使类似情况得到类似的对待——从而使那些在任何合理的道德或经济基础上都难以分辨的交易得到同样的处理？或者，如果我们认为通过修正

---

[6] 这是杰克逊法官在"铁路快运案"（the Railway Express case）的同意意见中所提出的观点的一个变体。

案促进其融贯性的基本原则是误导性的,那么我们是否应该抵制这样的修正案?这似乎是一个严肃的问题,但对问责性和可见性的关注并没有(至少不是直接地)牵涉其中。或者,这个问题可能出现在这样一种情况下,即认为公众辩论聚焦于某个议题是不合理的。例如,这个议题可能并不重要到足以引起人们的注意,除了那些对该领域非常熟悉的行政人员和感兴趣的群体。即使执行是不融贯的,他们也将充分意识到正在发生的事情,并聚焦于议题之上。

3. 防止任意性和歧视

这种考虑似乎更趋近原则的核心。我们坚持人们应该类似情况类似对待的原因之一可能是,如果他们不这样做,他们就有可能是在以任意性或歧视性的方式行事——也就是说,他们的行为是出于一时兴起,或基于不正当的考虑。遵循量刑指导意见的法官可能会作出一些在道德上不合理的判决,但至少他不会歧视少数族裔。同样地,也许对指导意见之前的自由裁量量刑制度的非统一性的真正关注是,它并非是由不同的良心判决(conscientious judgments)产生的,而是由不受许可的动机产生。

这一理由解释了为什么"类似情况类似对待"被视为法治的一个方面。隐藏在法治背后的一个理念就是,官员的个人偏见和喜好不应当影响法律的执行。当官员们接受类似情况类似对待的命令时,我们就有了一个更大的确信,那些偏见和喜好并没有起作用。但反过来并不成立。那些没有做到类似对待类似情况的人的行为可能完全正确,他们可能正在改善这个世界。但如果我们非常担心任意性或歧视性行为的可能性,我们就更有可能坚持类似的情况类似地对待。

如此理解的话,"类似情况类似对待"原则并不是真正的道德原则。它可能被称为一种预防性制度规范。在我们认为某种特定危害的危险性非常大的情境中,我们可能会坚持这一原则。即使我们知道它会在某些情况下产生不良后果,我们仍可能坚持这个原则。这也就是说,偏离这一原则可能会使世界变得更美好;但这种情况发生的可能性和可能的收益都很小,不当行为的风险却很大,这些足以成为我们坚持全面遵循这一原则的正当理由。

这样一来,"类似情况类似对待"原则就可以类比于"任何人都不许充当法官来裁决自己的事情"——这是另一个与自然正义和法治相契合的著名原则。在自己的事情中担任法官的人可能不会有偏见;他甚至可能会呕心沥血,鞠躬尽瘁。允许一个人在他自己的事情中担任法官,由于便利性和对情况的熟知,可能会得到一些收获。但是产生偏见的可能性太大了。"类似情况类似对待"的代价似乎更清楚了,支持这一原则的论证同样也更清楚了:它能广泛地防止偏见决策的产生。

四、公平性、平等以及说明理由(Reason-Giving)

1. 公平性

也有一些支持类似情况类似对待的论证并非是偶然性和工具性的。或许最直观的直觉是,类似的情况应当类似地对待是因为不这样做是不公平的。一个被错误对待的人可能愿意接受这种结果,而仅把它当作一种不幸。但如果另一个人与其他人在相关的方面难以区分,却得到了不同的对待,那么错误对待就变得不可接受了。这种主张通常称之为公平性。

这一反对意见很容易被驳回。(拉兹对类似的观点表示:"这一观点的弱点是显而易见的。")在已然错误地对待一个人之后,为什么减少一个人的损失——正如它本应该的那样——不是更好的呢?制造再一次的不正义怎么可能更公平?当然,如果第一种情况中的行为是正确的,那么其他类似的情况也应该以同样的方式被对待,但这仅是因为——根据假设——在这些情况中做同样的事情是正确的。只有当它被用作做一些可能不对的事情的理由时,类似情况必须类似对待原则才重要。公平性怎么能那样要求呢?

尽管如此,人们对公平性的直觉仍然根深蒂固。然而,我认为这种直觉的基础,并不是基于融贯性意义上的类似情况必须类似对待的原则。它将会遭到反对,重复错误的决定是无意义的。相反,"公平性"直觉可以被视为一种要求,即对待上的差异应当是有理由来证成的。把我和别人区别对待是不公平的,除非这样做有一个理由(当然得是一个好理由)。如果有理由,那它就不是不公平的。

这一原则——对待上的差异必须有理由加以证成——可能被视为平等的要求。没有一种合理的平等观念要求人人得到同等对待,平等所要求的是对待上的差异应当是有理由加以证成的。什么能算得上一个好的理由是由特定的平等观念所决定的——它可能在初始状态上就是可接受的,或者是理性人所不能拒绝的,又或者是以结果主义者视角所提供的理由。但无论如何,对待上的差异必须有理由加以证成的理念是重要的,至少在直觉上肯定是合理的。就当前的目的而言,我将假设它是正确的。

2. 两种理由

乍一看,这种要求——对待上的任何差异都要说明理由加以证成——似乎只是类似情况应当类似对待的另一种说法。但并非如此。那是因为有着不同类型的理由：一种理由可以识别情况相异的方式，另一种理由可以证成一个可能以区别处理这些情况为结果的程序，即使它们的特征是相同的。

假设在所有的相关方面都难以区分的人，却受到了不同陪审团或量刑法官的区别对待。他们的处理是对类似情况应当类似对待原则的典型违背。但可以为他们给出一个理由：这种分散性决策（decentralized decision making）有一些益处，如果我们获取这些益处，将不可避免地以区别对待类似的情况为结果。有的人可能会说，这是一个程序性的理由，而非实质性的。它没有指出这些情况的特征在道德上的相关差异，而是通过展现它们是一个正当系统的产物来捍卫不同的结果。当然，这个系统可能并不是正当的。分散决策的益处可能会大于其弊端——混乱、歧视的风险等等。但问题是，利是否大于弊，而且分散性系统导致类似情况被区别对待这一纯粹的事实——从这个意义上讲，它是不融贯的，或者像某些人所说的"无原则的"（unprincipled）——并不能算得上是一种弊端。

同样地，在主权豁免或租金管制的例子中，如果一位官员在系统中引入了不融贯性——通过背离他认为是有缺陷的制度——就会导致类似的情况被区别对待。但他同样可以给出一个理由，其中包括对他的制度性角色的阐释（以他的眼光来看，制度性角色阻止他使系统变得融贯和合理），以及他背离的原因（这来源于他对为什么系统是有缺陷的这一问题的解释）。在我之前所使用的意义上，这些也是程序上的而非实质性的理由，因为它们并不依赖于情况之间的道德上的相关差异。但是再次强调，如果这些理由是好的，那么官员造成类似情况被区别对待的事实，就其本身而言并不是一件坏事。

关键在于这两种理由的区别。按照我理解的类似情况必须类似对待，这一原则要求一种基于各种情况的事实差异的理由。如果没有这样的差异，那么一个人就不能区别对待这些情况。一个区别对待各种情况的系统违反了类似情况类似对待的原则。但还有另一种类型的理由，即使各种情况的特征没有道德上相关的差异也可以给出这种理由。不严格地说，这些理由与所使用的系统类型有关。如果这个系统是正当的，那么造成类似情况被区别对待的事实就是可以接受的。此外，似乎没有任何理由认为区别对待类似情况的事实——这个事实本身，不包括类似混乱或歧视这些结果——是不利的。

3. 不同的管辖权

也许通过考量除了生活的管辖区不同（不同的国家甚或同一个国家的不同地方），在所有相关的方面完全相同的人，可以更清楚地说明这一点。在这种情况下，人们在许多方面受到区别对待是很常见的。我们并不会不假思索地认为,这种待遇上的差别因为违反了类似情况类似对待原则而是不可接受的。我们甚至不会不假思索地认为这种差异是有问题的。

这取决于管辖权划分是否是正当合理的。如果没有充分的理由,富裕国家和贫穷国家公民之间的差别在道德上可能就是错误的。但在其他情况下,不同国家的公民或不同地方单位的公民之间的差异可能并不令人担忧。陪审团和刑事量刑的例子也是相似的(事实上,它们可能是完全相同的东西:基于管辖权边界的差异)。它们不会自动带来麻烦,这完全取决于管辖权边界是否是正当合理的。如果有很好的理由让陪审团作出一系列决定,那么仅仅差异这一事实——如果没有伴随混乱或其他类似的后果——就不重要了。

对出生在不同家庭的儿童的区别对待,是一个关于"管辖权"划分所导致的差异的更为清晰的例子。因为他们的父母有着不同的价值观或作出不同的判断,两个在其他方面完全相同的孩子可能会拥有完全不同的命运。只要父母的行为在可接受范围内,我们就不会不假思索地认为这是一个麻烦的情况。事实上,反其道而行之——试图确保不同家庭中相似的孩子得到相似的对待,而不管他们各自的父母怎样想——似乎比接受不同的结果更有问题。

这种对待上的差异的理由在于维持家庭自主性这种重要的价值。这些价值与分散决策的有用性(尽管对于家庭而言,这似乎是个过于冷酷的说法)以及维持某种关系的重要性和价值有关。那些相同的价值可能会以一种不同的、不那么明显的方式牵涉进其他的制度安排中,这些制度安排会导致对类似情况的区别对待,比如地方政府和陪审团。

4. 整全性和先例

罗纳德·德沃金著名的"整全性"理论,为类似情况必须类似对待原则提供了一个独立的理由。然而至少就这些可能被用来支持这一原则的论证而言,尽管在某种程度上揭示了这一议题,但它们似乎最终并不能令人信服。[7]

德沃金一开始就呼吁固有的直觉,即当面临公民之间的分歧时,政治制度通过采用不融贯的"棋盘式"(checkerboard)的解决方案进行妥协是不可接受的——也就是说,这种妥协,以一种任何合理的原则都无法捍卫的方式,任意地进行折中。

---

[7] 德沃金说,"整全性"与类似情况类似对待是不一样的,整全性在他的阐述中还有很多其他目的。他的讨论与此相关仅限于这种程度,即采取我理解这一概念的方式,他关于整全性的论证同时也是关于类似情况类似对待的论证。(拉兹反驳道,德沃金的阐述全部与融贯性有关,但他使用的却是融贯性的另一种截然不同的定义。拉兹认为德沃金的论述无论如何都不会成功。)

他主要的例子是一项法律,该法律只允许在偶数天出生的妇女可以堕胎。没有人会认真地提议那项方案来解决堕胎争议,德沃金说,这表明了一种直觉,即法律应该是融贯的——用他的话说,那种"整全性"是一种价值。

然而,德沃金选取的这个例子并不好。在其他事情中,还有一些妥协可能会比随意分配堕胎权利更能得到议题双方的一致赞同——比如在强奸或乱伦的情况下允许堕胎,或者在人们希望许可堕胎的州允许堕胎。那些妥协是融贯的,它们可以被一个可识别的(recognizable)个体所接受。如果德沃金的例子看起来难以接受——正如德沃金所说的,没有人会对其抱有兴趣——那可能是因为它没有达到无可争议地实现社会福利功能的帕累托标准(Pareto criterion):有其他一致赞同的更优选择。这个例子并没有表明人们对"整全性"有一种直觉性的信念。

比如说,一个更好的例子可能是选择性补贴;糖的价格得到支持,但花生的价格得不到支持。没有人能想出区别对待这两种作物的任何依据。如果补贴是一个彻彻底底的坏主意,那么花生种植者就有合法的申诉吗?我认为,在这里直觉是不清楚的。认为花生种植者有道理的观点有一定的合理性。但是,对于德沃金所主张的"整全性"或者类似情况类似对待而言,并没有强有力的直觉的案例。

德沃金的第二个观点是,法律的"整全性"是运转良好的政治共同体的一个方面,它能够对遵守法律的义务给予支持,因为如果法律是融贯的,共同体的成员可以"接受他们由共同的原则所统治,而非仅仅是政治妥协所敲定的规则"[8]。(或者,正如他所说的另一点:"政治义务是……一项……对于——每个公民都有责任,最终为自己,去确认他所处的共同体的体系的——原则体系的忠诚。"[9])这里的问题不是基于这样一个前提——它看起来是合理的——即政治共同体和政治义务应该建立在一个融贯的可证成的理由之上。相反,问题在于"共同的原则"与"在政治妥协中敲定的规则"之间的对立。没有理由说"共同的原则"只能指向结果。共同的原则中的一项可能就是,通过尚且公正的制度所达成的政治妥协是可以接受的。

从定义上讲,政治妥协并不是最佳选择:如果糖业种植者也得不到补贴,那就更好了。但是,没有理由认为,对政治秩序进行原则性理解的承诺,要求我们将不公正从食糖消费者扩大到花生消费者。如果产生决定的程序或制度是可以接受的,那么一个妥协的、部分错误的决定就可以被接受。定义共同体的原则可以是关

---

[8] *Law's Empire*, p. 211.
[9] Id. at 190.

于程序的原则,而不仅仅是关于实质的原则。如果这是对的,那么"整全性"就不要求类似情况类似对待。公民可以为彼此给出这些法律的理由。⑩

德沃金的第三个理由——虽然本身没有被明确提出,但确实是他构想的核心——"整全性"解释了普通法体系中所使用的那种推理。每个人都同意法官有时应该遵循先例,即使他们认为先例是错误的;这是为什么呢?德沃金的回答是,他们有义务——至少在其他条件等同的情况下——维护法律的"整全性"。(他同时也讲述了法官应该何时以及如何背离先例,但那与这里所说的并不直接相关。)但是,"整全性"的观念并不需要去解释遵循先例。还有其他一些公认的解释,这些解释建立在法官的有限理性和不断重新审视问题的不切实际性之上。事实上,德沃金版的"整全性"(他将其视为政治组织的一种独特的美德)作为遵循先例的正当理由看起来特别不恰当,因为非政府组织,例如商业公司——只关心利润最大化而不是维护各种(德沃金将"整全性"与其相联系的)公共关系——同样也经常在他们的决策中遵循先例。

五、结论

我们很容易看出为什么类似情况必须类似对待这一原则在直觉上具有吸引力。通常情况下,类似情况类似对待会避免其他的不良后果。同时,类似的情况不应该毫无理由地被区别对待;当情况被区别对待时,差异必须得到证成。在某种程度上,"类似情况类似对待"原则可以被视为对在区别对待时可能产生的问题发出警告标志,或者是被视为要求对对待上的差异作出解释,这一原则是合理且重要的。

然而至少在某些概念观(conceptions)上,这一原则还不止于此。"类似情况类似对待"原则通常被认为是普遍地而非偶然地适用的。而且这一原则通常被认为需要一种特定的理由,一种能够识别各种情况的特征差异的理由。如果以此种方式来理解这一原则,似乎就没有很好的理由来证成它。相反,类似情况类似对待可能会成为一种不必要地扩大不正义的方式。尽管看起来很奇怪,但从这个意义上说,类似情况类似对待不是个好主意。

---

⑩ 我认为,拉兹对德沃金的批评归根结底也是如此。

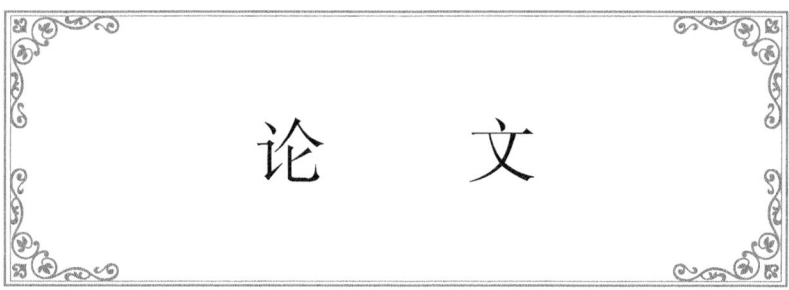

重访法律解释中的建构性与客观性

——对德沃金理论的批判性考察

赵英男*

一、导论

理解和适用法律规范是司法实践的核心,也是法官的职责所在;在此过程中,法律解释活动必不可少。理想状态下,我们希望法律解释是客观的,即能够契合法律规范的本旨原意而不掺杂法官个人的偏爱喜好。但受制于种种因素,现实中这一理想不免大打折扣:需要法官考虑法律之外的因素来行使自由裁量权的情形并不鲜见。譬如,在影响重大的案件中法官可能需要衡量适用法律规范的后果而决定是否依据该规范作出裁判;[①]在新型案件中法官则可能需要依据个人经验、学识以及道德标准来有限度地创设新的法律规则、弥补法律漏洞;[②]此外,在疑难案件中,特别是法律含义模糊、存在多种解释的可能时,法官需要引入法律本身之外的因素来帮助自己在不同法律解释中作出取舍。[③]简言之,现实中的法律解释虽然也

---

* 赵英男,中国政法大学比较法学研究院师资博士后。研究方向:比较法与西方法哲学。联系方式:yingnanzhao2010@ sina. com。本文写作与修改受益于文章评审与叶会成兄非常细致和专业的修改意见,然一如成例,文责自负。
① 参见腾讯针对360发起的不正当竞争诉讼案件。相关分析,参见侯猛:《不确定状况下的法官决策——从"3Q"案切入》,《法学》2015年第12期。
② 譬如"冷冻胚胎案"中,法官有关受精胚胎监管权和处置权的分析。详情请参见江苏省宜兴市人民法院(2013)宜民初字7279号民事判决书,以及江苏省无锡市中级人民法院(2014)锡民终字第01235号民事判决书。
③ 譬如"许霆案"中,对于许霆在出现故障的ATM中取款17次这一行为的定性,不同学者与法官有多种看法,认为属于盗窃、信用卡诈骗、侵占等等。相关分析可参见张明楷:《许霆案的刑法学分析》,《中外法学》2009年第1期;刘明祥:《许霆案的定性:盗窃还是信用卡诈骗》,《中外法学》2009年第1期;高艳东:《从盗窃到侵占:许霆案的法理与规范分析》,《中外法学》2009年第1期。

以客观性为目标,但往往难以避免法官个人因素所施加的建构性。

本文即是对法律解释中客观性与建构性关系这一经典问题展开的重访。之所以是"重访",是因为在司法实践和法理学中对此问题已有复杂而漫长的讨论。从司法实践来看,譬如,宪法领域中法官的争议一直集中在应当根据宪法制定者的意图还是社会发展的需求来解释宪法这个问题上,也即原旨主义与活的宪法之争;④在宪法之外的制定法领域,法官则在讨论应当依据法律文本还是法律目的来解释法律,也即文本主义和目的主义之争。⑤ 在法理学中,这个问题则体现为法律形式主义和法律现实主义之间的论战。前者往往认为法律能够提供一切案件的答案而无须诉诸法外因素;⑥但后者则常常主张法官的个人道德标准、情感偏好与经验学识会影响甚至决定案件裁判,法律只不过是他们用来伪装的外衣。⑦

在现代法理学兴起之后,上述争论成为著名的哈特-德沃金论战中有关自由裁量的论辩。哈特承认例外情形下法律难免会穷尽,此时就需要法官行使自由裁量权,但这并不意味着法官对法律的背离,而是补充、扩展了既有法律规范,甚至发挥着"衡平"作用,避免了法律规范适用时可能导致的不良结果。⑧ 德沃金则提出,一方面在任何疑难案件中法官都能够根据法律提出客观的唯一正解,也即不存在考量法律之外因素的强自由裁量权;⑨另一方面,法官在提出唯一正解的过程中发挥着建构性作用,也即进行着建构性解释。这样,客观性与建构性两个彼此迥异的活动被德沃金统一起来,两者在法律解释中的关系似乎也由此形成定论。

因此,要剖析客观性与建构性的关系,我们就应当先考察德沃金这一理论努力的成败得失。本文将会阐明以下三点主张:其一,德沃金引入法律现实主义要素来为自己学说辩护;其二,德沃金试图化解自己理论中客观性与建构性之间矛盾的尝试是失败的;其三,如果无法调和客观性和建构性之间的对立,我们应当将寻求妥当而非客观的法律解释作为我们的目标。在论证结构上,本文第二部分将在一般

---

④ See Randy Kozel, *Settled Versus Right*: *A Theory of Precedent*, Cambridge University Press, 2017, pp. 64-69.
⑤ 经典案例参见 Holy Trinity Church v. United States (1892)。
⑥ See Brian Tamanaha, *Beyond the Formalist-Realist Divide*, Princeton University Press, 2010, p. 13.
⑦ Ibid., pp. 72-79.
⑧ See H. L. A. Hart, *The Concept of Law*, 3ed, Oxford University Press, 2012, pp. 141-147.
⑨ 需要注意的是,德沃金区分了自由裁量权的强弱版本,而在哈特学说中这一区分并不明显。所谓强自由裁量权指的是法官不受任何权威设立的既定标准的约束或指引;弱自由裁量权指的是法官在判定一个案件属于哪类法律问题、当事人行为应当运用何种法律概念加以描述等裁判活动中无法避免的判断活动。因此,德沃金的强自由裁量权等同于法律实证主义者所说的自由裁量权。参见 Ronald Dworkin, *Taking Rights Seriously*, Harvard University Press, 1977, p. 32.

意义上阐明客观性与建构性的含义,并简要勾勒这两个要素如何在德沃金学说中关联在一起。接下来的第三部分会分析两者共同出现在德沃金理论中的根源,并批判性地检视德沃金化解这两者间矛盾的方法。第四部分则在批判德沃金的基础上,提出法律解释的目标是寻求妥当的解释而非客观的解释。最后是全文简短的总结。

在展开讨论前,本文有以下三点前提需要说明。首先,本文旨在寻找到理解法律解释活动的更好理论立场,而非更好地解决一个案件,因此本文有关法律解释的讨论必然是抽象和理论的,而非个案分析式的。其次,本文所处理的客观性与建构性矛盾,也只有在理论层面才得以成为一个问题,因为实践中法官在有限资源、有限时间内作出的裁判,只要当事人接受且没有明显违背法律,就无须考虑他所作出的解释是客观的还是建构的。⑩ 最后,本文并不旨在提出指导法官实践的理论,只是希望能够为如笔者一样并不从事司法实践的法学研究者理解、评判法官作出的法律解释提供启发。

二、法理论中的客观性与建构性

(一) 客观性

客观性是日常生活中我们时常使用的词汇。譬如,我们认为一个人的观点、立场有失偏颇时,会说此人不够"客观";我们评价一则新闻报道如实反映了事件的前因后果时,会说该报道比较"客观";我们提及日月星辰以及周遭世界时,往往会说这是"客观"世界;我们指称事物的发展变化不以人的意志为转移时,常常会讲这是"客观"规律。因此,客观性在日常用语中往往具有某种非依赖性或独立性(independence)的意味,它指的是某种观点不依赖于我们个人主观情感与偏好,或某些事物的生成、存在与发展变化独立于我们个人意志和行动。引申来说,它又与公平公正、不偏不倚、具有科学精神、实事求是等道德立场具有关联。

在哲学术语中,客观性仍然大致保留了日常用语中所具有的非依赖性或独立

---

⑩ 如弗兰克·洛维特(Frank Lovett)指出的,在某种意义上说,法律是否真的具有不确定性并不重要,重要的是法官的行为看上去能令人感受到法律是具有确定性的。参见 Frank Lovett, *A Republic of Law*, Cambridge University Press, 2016, p. 175。

性的意涵,但它不再同道德立场具有潜在关联,而与人的认知活动有关。所谓认知活动就是作为认知主体的我们借助一定认知手段,把握认知对象,进而获得知识而非意见或信念的过程。⑪ 客观性此时往往指的是我们对认知对象的把握。简言之,客观性意味着认知主体与认知对象,或者说是思维(thinking)与存在(being)之间的一致性。⑫

在哲学史中,大体上有两种理解该"一致性"的方式。一种是实在论立场,认为认知主体的认知应当符合认知对象,亦即承认存在着某种独立于主体的实在,认知活动是主体试图尽可能地把握该实在的过程。⑬ 比如,笛卡尔认为我们天生具备清楚明白的观念(clear and distinct ideas),它们准确无误地表象着外部世界,由此保证我们能够获得有关世界的知识。

另一种是建构主义立场,认为认知对象应当符合主体的认知条件,亦即不承认存在着某种独立于主体的实在,我们对于客观世界的认知源自以理性为代表的主体认知能力的建构。⑭ 譬如,康德认为知识是主客观条件的综合,既有感性

---

⑪ 知识(真理)与意见(信念)的区分,一直是认识论中的经典议题。最为熟知的例子,是柏拉图在《理想国》第五卷中提出的"洞穴之喻",他将真理比喻为太阳亦即全知,而将火光投射在洞穴上的影子比喻为意见或信念,也即似真但却非真的观点(See Plato, *The Republic*, 10. 602C; Plato, *Phaedo*, 65C – 78E)。同样为人熟知的是笛卡尔的怀疑论方法,比如,他质疑说如果有一个善于欺骗的恶魔幻化为桌子的模样,我们凭借何种方式能够区分出真实的桌子和恶魔伪装的桌子呢?(See Rene Descartes, *Meditations on First Philosophy*, Michael Moriarty trans., Oxford University Press, 2008.)在近代哲学中,维特根斯坦提出私人语言和公共语言的区分也与此类似。在他看来,私人语言,也即只对个人有效的有关词语的用法并不构成知识;相反,知识需要具有某种公共性,也即非依赖于个人的特征。See Ludwig Wittgenstein, *Philosophical Investigations*, 4ed., G. E. M. Anscombe, P. M. S. Hacker and Joachim Schulte trans., Wiley-Blackwell, sec. 269, p. 101.

⑫ 存在与思维的同一,最早起源于巴门尼德,并被黑格尔视为哲学的核心问题。近年来在欧陆哲学和分析哲学中对此问题的全面研究,参见 Irad Kimhi, *Thinking and Being*, Harvard University Press, 2018.

⑬ 对此问题的解释,参见汤姆·洛克摩尔:《认知建构主义、实在论与观念论》,赵英男译,载《外国哲学》第 36 辑,商务印书馆 2019 年版,第 162—163 页。

⑭ 有关这两种立场的区分,学者尚有争议。比如,有学者认为实在论和建构主义的区别在于后者否认客观世界的存在,认为一切认知不过都是人类主观思维的虚拟,因此引发了"知识何以可能"的危机;但也有学者指出,特别是依据康德理论哲学指出,建构主义并不否认客观世界的存在。它与实在论的区别只在于后者认为我们所认识到的世界就是世界本来的面目(参见保罗·博格西昂:《对知识的恐惧:反相对主义和建构主义》,刘鹏博译,译林出版社 2015 年版);而建构主义认为人类一切认知都无法免除人类主观认知条件的参与,因此我们所认识到的世界是建构而来的,同时世界本来的面目也即不包含人类主观认知条件的"纯粹"的世界,超出了我们的认知范围而无法被我们获知(参见 Rockmore, *Kant and Idealism*, Yale University Press, 2007, p. 63; P. F. Strawson, *The Bounds of Sense*, Routledge, [1975] 2006, pp. 18 – 20; A. C. Grayling, *The History of Philosophy*, Viking, 2019, p. 259)。

能力主导下感觉材料的输入,又有知性能力主导下运用范畴对感觉材料的加工运作。

对应于这两种有关"一致性"的解读,客观性也有不同的理解。总体上它指的是我们对于认知对象的把握,但在实在论和建构主义立场中其含义又有所不同。从实在论角度理解,客观性是对认知对象如实地把握,它意味着主观认知条件符合于客观认知对象;但从建构主义出发,主观认知条件参与到知识形成之中,我们对事物的把握不可避免地具有了主观因素。此时,客观性往往指的是某物与认知对象或客体相关,而与认知主体相对。[15] 譬如,康德提到知性范畴属于主观认知条件,但它具有客观性,此时的客观性就意味着这些范畴能够运用于认知对象亦即感觉材料之上,而不是指这些范畴具有独立于主体的本体论地位。[16]

在法理论特别是法律解释中,我们往往在第一个含义上使用客观性概念,也即将之理解为对事物之所是的如实把握。譬如,当我们认为法律具有客观性时,我们往往指的是法官所作出的解释如实地揭示了法律规范意义,而与其个人情感偏好、政治立场无染,也即法律规范具有独立于任何法官个人看法或立场而有待我们去发掘的意义。

但问题并没有这样简单。我们从客观性出发更进一步思考法律,会发现至少存在这样两个问题。首先,解释法律时我们可以认为法律的含义独立于任何法官个人,但是否独立于整个法官共同体以及该法律所适用的社群呢?如果我们认为法律的客观性意味着法律规范的含义有可能独立于整个社群对于它的理解,那么这岂不是意味着存在一个社会中没有人能够正确解释该法律的可能了吗?[17] 其次,解释制定法时我们可以认为法律是客观的,因为法律规范是既定的、先在的,但想想立法过程、思考一下普通法的法律解释过程,法律的生成似乎离不开特定个人或特定集体的心智活动(mental activities)。出于以上考量,马修·克雷默(Matthew Kramer)对法律客观性的含义作出如下四分法的界定(见表1)。[18]

---

[15] 这一观点源自康德提出的哥白尼革命。参见 Immanuel Kant, *Critique of Pure Reason*, Paul Guyer and Allen Wood trans., Cambridge University Press, 1998, B xxvi - xxvii, p. 115。
[16] Ibid., B 126, p. 224.
[17] Andrei Marmor, *Positive Law and Objective Values*, Oxford University Press, 2001, p. 138.
[18] Matthew Kramer, *H. L. A. Hart*, Polity, 2018, p. 123. 笔者略有改动。

表 1　法律客观性的含义界定

	存在式的独立	观察式的独立
弱立场	法律的生成或持存并不依赖于任何特定个人的心智活动	法律的意义并不依赖于任何特定个人的看法
强立场	法律的生成或持存并不依赖于任何特定个人与特定集体的心智活动	法律的意义并不依赖于任何特定个人与特定集体的看法

在上述四分法中,存在式的独立(existential independence)和观察式的独立(observational independence)分别对应于本体论客观性与认识论客观性。前者涉及法律的生成存续,概略来说对应于立法和修改法律的过程;后者涉及我们对法律意义的理解,大体上对应于法律解释活动。本文所讨论的法律解释中的客观性,无疑是认识论意义上的客观性,也即思考现代社会中法律的意义是否不依赖于特定个人或集体。

(二) 建构性

如同客观性一样,建构性虽然有诸多含义[19],但学者多在认识论而非本体论意义上使用这一概念。[20] 此时,它指的是认知活动中认知主体以某种方式建构了自身的认知对象。更确切地说,当我们提及认知过程的建构性时,我们更多的是考察认知主体在把握认知对象时发挥的作用,而非质疑该对象是否存在。因为该对象有可能如同康德的物自体概念一样,虽然存在,但却无法被人认知。简言之,建构性往往指称我们的认知对象与认知主体存在某种关联或依赖性(dependence)。

由此我们可以看到建构性与客观性之间的迥异关系:两者是对认知过程中主体和对象之间关联的对立理解和描述。客观性强调认知活动中对象不依赖于主体,但建构性却反其道而行之。具体到法学理论特别是法律解释领域,建构性意味着法官对于法律的理解往往伴随着某种主观因素。在法律实证主义者口中,这种主观性意味着自由裁量权;现实主义者眼中,这种主观性体现为法官个人情感态度、政治立场乃至心理状况;[21]在法律过程学派看来,该主观性又意味着法官对于社会政策与法律目的的理解;[22]在批判法学学者笔下,主观性又与整体社会结构、自由

---

[19] 参见汤姆·洛克摩尔:《认知建构主义、实在论与观念论》,赵英男译,载《外国哲学》第 36 辑,商务印书馆 2019 年版,第 160 页。

[20] Rockmore, *On Constructivist Epistemology*, Rowman & Littlefield Publishers, 2004, pp. 32–40.

[21] Brian Tamanaha, *Beyond the Formalist-Realist Divide*, Princeton University Press, 2010, pp. 79–84.

[22] Brian Tamanaha, *Law as a Means to an End*, Cambridge University Press, 2006, p. 103.

主义思潮、法官群体共识与社会地位等因素密不可分……㉓概而言之,几乎没有哪位法学家或法律实务人员天真到认为法律解释中不存在体现法官主观性的建构因素,只是大家对于建构性是利是弊、有何影响具有不同的理解。而我们对建构性的理解,往往又取决于它与客观性的关系。如本文导论所言,当代法理学中有关此问题最具代表性的分析就是哈特与德沃金的论战。

哈特从规则及其开放结构的角度理解客观性与建构性之间的关系。在他看来,任何规则只要通过文字加以表述,就难免存在含义模糊的区域,也即意义的开放结构;当案件位于规则的开放结构中时,法官的裁判就缺乏明确的规则指引,因而需要他展开自由裁量建构规则作出裁判。不过在实践中,落入法律规则开放结构的疑难案件少之又少,属于边缘情形。因此,法律存在开放结构并不会冲击或颠覆法律所具有的客观性。此外,正是法官的自由裁量推动了法律自身的演进、改变与发展。这一立场由于符合我们的日常直觉而得到了大多数学者的接受。㉔

但德沃金从如下两个角度反驳了哈特的立场。首先,他认为法律规则外尚有诸多无法被哈特的承认规则识别的法律原则,因此法律并不会在疑难案件中穷尽;㉕其次,法官通过强自由裁量权作出裁判意味着案件当事人权利(与义务)的兴灭端赖于不受法律拘束的法官个人,这是对权利任意而非严肃的对待。㉖ 由此,德沃金提出了自己的替代性方案,也即唯一正解命题与建构性解释理论。

唯一正解命题指的是即便在疑难案件中法官也能够通过某种方式获得有关该案件唯一正确的法律解答。换言之,疑难案件中法官所作出的法律解释并不是运用强自由裁量权的结果,而是依旧受到法律约束,具有客观性。这里的客观性,依照德沃金自己的表述,是道德的而非形而上学的,也即认识论意义上而非本体论意义上的客观性。他所关心的是法律解释在何种意义上不是法官个人好恶与情感的表达。建构性解释(constructive interpretation),在本文看来,是德沃金对法官如何获得唯一正解的理论阐释。它指的是法官通过将某种目的与价值赋予所需解释的法律(此谓"建构性"之所在),进而使得法官对该法律的理解能够不仅符合而且最

㉓ Brian Tamanaha, *Law as a Means to an End*, Cambridge University Press, 2006, p. 121.

㉔ Joseph Raz, *The Authority of Law*, 2ed, Oxford University Press, 2009, p. 94; Andrei Marmor, *Philosophy of Law*, Princeton University Press, 2011, p. 144; Brian Bix, *Jurisprudence: Theory and Context*, 7ed, Carolina Academic Press, 2015, p. 46; 陈坤:《重申法律解释的明晰性原则》,《法商研究》2013年第1期。

㉕ Ronald Dworkin, *Taking Rights Seriously*, Harvard University Press, 1977, pp. 28 - 30.

㉖ Ibid., pp. 82 - 84.

佳体现出该目的。在德沃金看来,通过建构性解释我们能够获得有关疑难案件的唯一正解。这样他的理论中存在着截然相反但却被他联为一体的两个要素:一方面是体现客观性的唯一正解命题,另一方面则是体现建构性的解释理论。

本文下一部分就将分别考察德沃金为何将这两者结合在一起,他是否尝试过调和两者的对立以及他的努力是否成功这三个问题。这里需要强调的是,本文并不是针对唯一正解命题是否成立的研究,而是剖析德沃金将唯一正解与建构性解释这两者容纳入一个立场的努力是否成功。[27]

三、客观性与建构性的矛盾,以及德沃金失败的尝试

(一)前提准备

在展开讨论前,细心的读者可能会有如下顾虑,即依照通常观点,唯一正解命题和建构性解释理论分别代表德沃金观点的前后不同阶段;[28]而且这两个理论性质也不相同,前者属于裁判理论而后者属于法概念理论,两者无法整合成为一个立场。[29] 因此本文提出德沃金学说中包含着客观性和建构性两个彼此对立要素的观点站不住脚。对此本文有如下两点回应。

其一,从逻辑角度出发,我们当然可以区分出讨论法官如何裁判的裁判理论以

---

[27] 在此意义上本文的问题域是非常有限的。唯一正解命题涉及如下几个基本问题:疑难案件是否存在,在疑难案件中是否具有正确答案或唯一答案,我们如何获得这一答案,等等。它涉及德沃金理论中客观性能否得到辩护,以及"价值统一性"命题能否成立等问题。但本文的讨论只是围绕德沃金理论而展开,考虑它本身是否包含内在矛盾,是针对其理论本身展开的分析。

[28] 这一观点也是学界通说。请参见高鸿钧:《德沃金法律理论评析》,《清华法学》2015 年第 2 期;孙海波:《疑难案件的法哲学争议———一种思想关系视角》,《法律科学》2013 年第 1 期。也参见 Scott Shapiro, "The 'Hart-Dworkin' Debate: A Short Guide for the Perplexed", in *Ronald Dworkin*, Arthur Ripstein ed., Cambridge University Press, 2007; Jeffrey Abramson, "Ronald Dworkin and the Convergence of Law and Political Philosophy", 65 *Texas Law Review* 1211 (1987)。

[29] 有趣之处在于德沃金虽然非常强调自己理论的"融贯性"(coherence)特征,但他却明确表示无意处理自己新发展出的观点与既有立场之间的关联。譬如,在《法律帝国》序言中他表示"我没试图找出本书在何种程度上改变或取代了我在先前著作中捍卫的立场"(Ronald Dworkin, *Law's Empire*, The Belknap Press of Harvard University Press, 1986, p. viii)。这就使得他学说前后是否融贯成了一个开放问题。但似乎学界普遍接受他的理论有前期、后期之分而未将之视为一个可讨论的问题,比如在 2019 年 9 月份纽约大学法学院组织筹备的"德沃金后期作品"会议,该名称似乎体现出某种学界共识,从收录文章来看,涉及的最早作品就是《法律帝国》,似乎本书是德沃金理论工作的分水岭(相关信息,参见 https://www.law.nyu.edu/centers/lawphilosophy/balzan,2019 年 10 月 7 日)。

及分析法律是什么的法概念理论;但实践中往往如德沃金所言,两者是一体的,因为法官需要依据自己有关法律是什么的看法(也即对法律的最佳解释)而作出裁判。㉚

其二,虽然有学者指出德沃金在《法律帝国》以后的著作中改变了立场,不再从法律原则出发批评实证主义,而是从"理论争议"入手,指出实证主义所依赖的承认规则无法有效解释裁判时法官彼此之间产生分歧的现象。㉛但这并不影响唯一正解命题与建构性解释理论具有连续性。如德沃金在《法律帝国》序言所说:"许多年来我也一直反对如下实证主义者的主张,即有争议的法律问题中不存在正确答案……在本书中我会论证批评者(指批评德沃金唯一正解命题的学者——引者注)未能理解有关正确答案的争议真正关乎到什么……"㉜简言之,德沃金明确认为建构性解释理论是对唯一正解命题的进一步论证,我们不必担心他对实证主义批判焦点的转变导致两个要素无法整合入同一立场之中。㉝

(二) 矛盾浮现:为何引入建构性解释

要从理论自身演进的角度理解德沃金为何将两个彼此对立的要素联为一体,就需要理解是什么使得德沃金将建构性解释视为对唯一正解命题的进一步论证。更准确地说,我们需要分析建构性解释在何种意义上构成了对唯一正解命题的补充或完善。本文对此的回答是,根据唯一正解命题,法官从既有判例中抽象出法律原则来解决疑难案件;建构性解释理论是对法官如何寻找或建构出该类原则更为细致的阐述。我们从德沃金一直引用的 Riggs v. Palmer 展开分析。

这一案件的基本争议是谋杀自己祖父的凶手 Palmer 是否仍有权根据祖父遗嘱获得遗产。这一情形法律既无明确规定,也缺乏相应先例可循,属于疑难案件。法官在裁判中没有依据制定法规定确认 Palmer 的继承权,而是援引"任何人不得从自己过错中受益"的原则认为他不应得这笔遗产。㉞

这一裁判当然可以如德沃金所言,体现出司法实践中法律规则之外尚存在与

㉚ 陈景辉:《法理论的性质:一元论还是二元论?》,《清华法学》2015 年第 6 期。
㉛ See Scott Shapiro, "The 'Hart-Dworkin' Debate: A Short Guide for the Perplexed", in *Ronald Dworkin*, Arthur Ripstein ed., Cambridge University Press, 2007.
㉜ Ronald Dworkin, *Law's Empire*, The Belknap Press of Harvard University Press, 1986, pp. viii – ix.
㉝ Marmor 也持同样立场。他认为只有在《法律帝国》中,德沃金才算最终澄清了早年有关原则为何具有法律属性的论证。参见 Andrei Marmor, *Philosophy of Law*, Princeton University Press, 2011, p. 89, Fn. 7.
㉞ Riggs v. Palmer, 22 N.E. 188 (N.Y. 1889).

其逻辑上有所区别的法律原则。㉟可是仅仅阐明这一点,最多只能证明法律实证主义确实存在不足,无法识别出法律原则,但却无法成为法律实证主义的替代方案。因为至此德沃金只说明了司法实践中存在适用法律原则的情形,但却没有论证法官如何寻找或建构法律原则。更进一步的挑战则在于这些原则为何是"法律"原则而非其他原则比如道德、伦理、习俗原则呢? 如果德沃金无法解决这一问题,也意味着法律无法为所有案件提供解答,所以德沃金不仅需要提出法官如何寻找或构建原则,还要证明法官提出的原则是法律原则。唯有如此,唯一正解命题,也即疑难案件中只有一个正确法律答案,才有可能成立。

德沃金因此提出了制度性支持(institutional support)的概念,它指的是如果先前案例援引了某个原则,或者制定法例示、体现了该原则,那么我们可以认为此原则是法律原则;类似情形出现得越多,法官裁判时运用该原则的活动就越能得到证成。㊱简言之,德沃金希望我们从过往司法实践中寻找法律原则的印记。这里有两个问题值得讨论。

首先,如法律实证主义者已然指出的,既然法律原则脱胎于过往司法实践,那么法官裁判援引何种原则也有可能受到某种承认规则或社会惯习的约束,因此德沃金的理论并不构成对法律实证主义的挑战。㊲

其次,制度性支持似乎表明,德沃金认为一个原则是否属于法律原则,端赖于法官是否对之加以援引。换言之,法官的裁判决定了法律,而非法律决定了法官的裁判。在此意义上,德沃金接纳了法律现实主义的立场:法律是法官的活动。稍后我们还会回到这一点上。

这两个问题中德沃金更为担心的是前者。他以法律识别标准的谱系(pedigree)或形式(form)与内容(content)的区分来回应实证主义者的挑战。所谓法律识别

㉟ 需要注意的是,我们通常认为德沃金指出在 Palmer 案中法官运用原则作出裁判。参见 Ronald Dworkin, *Taking Rights Seriously*, Harvard University Press, 1977, p. 23; Ronald Dworkin, *Law's Empire*, The Belknap Press of Harvard University Press, 1986, pp. 15 – 20。但其实在一些论述中,德沃金出于某种原因明显偏离了这一结论。参见 Ronald Dworkin, "Reflections on Fidelity", *Fordham Law Review*, 1997 (4), p. 1816。在该文中,德沃金认为 Palmer 案中法官裁判是根据法律制定者意图作出的。对此,弗雷德里克·肖尔有所批评,他认为德沃金应当继续坚持他的道德或原则化解读。参见 Frederick Schauer, "Constitutional Invocations", *Fordham Law Review*, 1997 (4), p. 1306。

㊱ Ronald Dworkin, *Taking Rights Seriously*, Harvard University Press, 1977, p. 40.

㊲ Joseph Raz, "Legal Principles and the Limits of Law", *Yale Law Journal*, 1972 (5), p. 823; Satorious, "Social Policy and Judicial Legislation", *American Philosophical Quarterly*, 1971 (2), p. 151; Ronald Dworkin, "Model of Rules II", in his *Taking Rights Seriously*, Harvard University Press, 1977, pp. 64 – 68.

标准指的是我们依据何种尺度来判定一条规范（包括规则和原则）是否属于法律、什么是法律，在当代论辩中，这一问题也被称为合法性问题或法律效力条件问题。谱系或形式标准，意味着我们可以通过一条规则的来源而非实质内容评判它是否属于法律。譬如，一条规则经过议会通过或者源自国王命令，那么我们无须考察其内容而可以断定它们属于法律。内容标准则与之相对，需要我们考察规则的实质内容来确定它能否属于法律，这需要我们对其作出好坏优劣或正义与否等价值评判。

根据这一区分，德沃金认为法律实证主义提出的法律识别标准是谱系性的，也即根据一条法律原则或规则是否得到社群成员广泛接受这一承认规则或惯习来判定什么是法律。但他提出的标准则是内容性的，法官提出的原则不仅要获得制度性支持，而且法官要对该原则的实质内容作出价值判断。[38] 这样德沃金就暂时避开了实证主义的挑战。

但他会立刻面临这样一个理论困难：法官如何从内容上对法律原则作出实质评判？面对两条不同的法律原则，德沃金如何取舍决断才能保证疑难案件中存在唯一正确答案而非多个不同的答案？

这正是建构性解释试图解决的问题。此时我们来到了每位法理学者都很熟悉的地带：德沃金通过建构性解释提出了法律解释的标准，即法官对法律的解释不仅应当适切该法律，还应是对该法律的最佳解释。而且"最佳解释"不意味着该解释最体现法律制定者的原意（intention），而是最体现解释者赋予该法律的价值，亦即解释者开始解释法律时所依据的本旨（point）。[39]

本文并不重复我们已然熟知的德沃金理论内容，而是考察上述从唯一正解命题出发的理论演变过程。不难发现，这一过程中包含着某种悖论性成分：从强调法律能够为每个争议提供唯一正确答案出发的理论，最后演变为强调法律解释要以解释者赋予法律的价值为标准；从约束法官自由裁量权、强调客观性的学说出发，最后获得的竟是强调法官主观建构性的法律理论。从唯一正解命题向建构性解释学说的过渡过程中，德沃金似乎逐渐走向了自己的反面。接下来我们考察这一悖谬发生的根源。

---

[38] Ronald Dworkin, *Taking Rights Seriously*, Harvard University Press, 1977, pp. 43, 124.
[39] Ronald Dworkin, *Law's Empire*, The Belknap Press of Harvard University Press, 1986, pp. 46–59.

(三) 矛盾根源:现实主义立场的继受

1. "制度性支持"中的现实主义因素

问题的关键还是德沃金对法官解决疑难案件时适用的原则具有法律属性的论证。我们不妨先来考察这一颇具法律现实主义色彩的论证是否成功。这里法律现实主义的涵义是相对宽泛的,它指的是将法官的行为或观点视为法律的规则怀疑论立场。[40] 我们会看到,在面对"任何人不得从其过错中受益"这一原则是否是法律原则的质疑时,德沃金的回答是判决 Palmer 案时法官援引了该原则,因此它具有法律属性。这其实是一种隐秘的循环论证。质疑针对的是法官适用该原则的理由或依据:法官是根据法律原则作出的裁判,还是依据自由裁量权选择道德原则或习俗规则裁判? 但德沃金的回答则是既然法官适用了该原则,那么该原则必然是法律原则。因此德沃金并未证立裁判中法官所援引的原则是法律原则。

这就导致唯一正解命题的实际含义与德沃金所期待的含义出现了背离。德沃金以此命题希望提出任何疑难案件中都存在唯一正确的法律答案;但根据他的论证,这个命题实质上表达了虽然任何疑难案件中都存在着唯一正确的法律答案,但"何为法律"的最终解释权却掌握在法官手中。这意味着对于"什么是法律"这个问题的回答在德沃金理论中是高度主观化的,也即非常依赖于法官个人的认知与理解。在实践中,很有可能出现如下悖谬,即同一疑难案件中不同法官提出不同的解决方案,且都主张各自的方案是唯一正解。此时,"唯一正解"概念丧失了本应具有的意义。

2. "建构性解释"中的现实主义因素

如上一节所言,建构性解释试图进一步为唯一正解命题提供证立,但它依旧无法化解德沃金在此遇到的困难。因为依据德沃金描述,任何解释活动都具有建构性,也即解释者需要将主观价值加诸解释对象之上,那么即使我们获得了最适切、最佳的解释,也并不能将之称为客观的解释,因为它依旧是基于主观价值或目的的解释。这种主观性如影随形地伴随着法官的一切解释活动,它无法保证同一案件

---

[40] 譬如,法律现实主义者卢埃林和库克认为,法官的行为或观点就是法律。See Karl Llewellyn, *The Bramble Bush*, Oceana, 1951, p. 3; Walter Wheeler Cook, "Scientific Method and the Law", *A. B. A. Journal*, 1927 (6), p. 308. 在 Tamanaha 看来,这体现了法律现实主义两个基本立场中规则怀疑论的一面(另一个立场是事实怀疑论),即并非规则对法官具有拘束力,而是法官根据个人判断选择规则;它针对的是形式主义中的概念形式主义和规则形式主义,它们分别将法律视为无内在矛盾和漏洞的完整体系,并认为法律对行为者具有强制力之外的拘束力。参见 Brian Tamanaha, *Law as a Means to an End*, Cambridge University Press, 2006, p. 66。

中不同法官不会提出各自认为正确的解释。德沃金其实也承认了这一点,他指出:

> 即使从一开始这就不是我的想法,但一些批评者认为我的想法是在疑难案件中,有一个答案可以令所有人满意地被证明是正确答案;我的想法是我们是否有理由认为一个答案正确,与该答案是否可被证明为正确是不同的问题。㊶

这一表述实际意味着德沃金向法律现实主义更深地迈进了一步。因为从提出唯一正解命题的语境来看,它旨在限制法官自由裁量权、寻求不依赖法官主观因素的法律解释。㊷ 但依据德沃金的立场,一个法律解释是否正确的标准则在于我们是否有理由认为它正确。因此,不仅在法律是什么这个抽象层面上,德沃金强调法官具有最终判定权;就连在如何解释法律这一实践层面中,德沃金也认为法官是最终裁定者。不难看出,正是德沃金对法律现实主义因素的接纳,使得他的学说中体现法官个人主观色彩的建构性因素越来越强。

从思想史谱系出发,也能支持本文的结论。比如,德沃金一再引用的 Palmer 案是法律现实主义者卡多佐大法官笔下的经典案例。正是借助此案,卡多佐提出司法裁判中原则发挥着不可忽视的作用,法官需要依据正义等价值选择合适的原则作出裁判。㊸ 波斯纳在对卡多佐的著名研究中也指出,后者的观点启发了德沃金的理论。㊹ 此外,也有研究指出(法律或伦理)原则是法律现实主义的重要议题,运用原则裁判是现实主义核心主张之一。㊺

(四) 矛盾化解:德沃金失败的努力

德沃金清醒地认识到自己理论具有上述悖谬。他敏锐地意识到该悖谬的根源在于客观性与建构性之间的矛盾对立,并试图通过调和这两者间的矛盾而为自己的立场辩护。本节将会依次分析德沃金化解该矛盾的两种努力,并指出它们不可

㊶ Ronald Dworkin, *Law's Empire*, The Belknap Press of Harvard University Press, 1986, p. ix.
㊷ 如前所述,德沃金提出"唯一正解命题"针对的正是哈特认为法官具有(强)自由裁量权这一观点。德沃金试图表明,法官的任何裁判活动都受到(法律的)约束。
㊸ Benjamin Cardozo, *The Nature of the Judicial Process*, Yale University Press, 1921, p. 11.
㊹ Richard Posner, *Cardozo: A Study in Reputation*, University of Chicago Press, 1990, p. 29.
㊺ Neil Duxbury, *Patterns of American Jurisprudence*, Oxford University Press, 1997, pp. 11-22. Duxbury 详细分析了法律原则如何进入美国法理学并在法律现实主义思潮中得到讨论。另请参见赵英男:《整全法是一种反思平衡吗?》,《财经法学》2018 年第 4 期,该文讨论了德沃金法律原则学说对法律现实主义的原则观的发展。

避免地都走向了失败。

概略来说,德沃金的总体策略是通过转变客观性的含义而证明法官基于建构性解释获得的结论具有某种意义上的客观性。在《法律帝国》中,这体现为他将客观性理解为法官个人内心良知或道德中不可妥协的原则;在《刺猬的正义》中,他通过主张元伦理学价值独立性理论或最小主义真理观而消除了客观性概念的意义。我们依次予以考察。

1. 整全性:《法律帝国》中对怀疑论的消除

在《法律帝国》中,德沃金将质疑其理论不具有客观性的观点描述为怀疑论,并将之分为内在、外在两种类型。㊻ 其中外在怀疑论秉持本文所界定的强客观性立场,认为法律的生成存续以及意义独立于任何个人与集体的看法。㊼ 他认为我们对法律的理解要么是主观情感偏好的投射,要么从根本来说就是错误的。㊽ 内在怀疑论则是针对某一具体主张或立场的质疑。㊾ 譬如,德沃金认为"任何人不得从自己的过错中受益",如果我们质疑这一原则存在,认为在一些特殊情形中我们也可以从自己的过错中受益,那么就是持内在怀疑论立场。

在德沃金看来,外在怀疑论最大的问题在于其支持者无法仅仅主张任何对法律的理解都是主观的或错误的,而是要对之加以证明。这就会带来如下两种后果。㊿

其一,仅仅主张外在怀疑论立场而不加证明,就会使得该质疑无效。试想一下,在特定案件中当法官需要在多种法律解释方案中作出选择时,外在怀疑论者说任何选择都是主观或无效的,这其实并没有解决法官所面临的问题。这就好像一个对某段文字充满困惑、难以理解而求助老师的学生,最后得到的解答却是"怎么理解都不对"。对学生来说,这很难讲是令他满意的回答。其二,如果主张外在怀疑论立场,同时又对该立场提供证明,外在怀疑论就会变为内在怀疑论。譬如,我

㊻ Ronald Dworkin, *Law's Empire*, The Belknap Press of Harvard University Press, 1986, pp. 78 – 86.
㊼ 德沃金在不同著作中对于内在、外在怀疑论都有所提及,但最为成熟、详细和清晰的体现在他晚年著作《刺猬的正义》之中。德沃金后期与早期作品之间的关系颇为复杂,但笔者认为在有关怀疑论的界定上,德沃金一直秉持连贯的立场。See Ronald Dworkin, *Justice for Hedgehogs*, The Belknap Press of Harvard University Press, 2011, p. 31.
㊽ Ibid., pp. 46, 52.
㊾ Ibid., pp. 33 – 34.
㊿ 有关这一立场的详细考察,请参见赵英男:《整全法是一种反思平衡吗?》,《财经法学》2018年第4期;赵英男:《论整全法与哲学解释学的差异与同一》,《法制与社会发展》2019年第3期。本文在此只是简要地勾勒了德沃金的论证步骤与策略。

们主张对法律的一切理解都是主观或错误的,同时又论证我们对于"任何人不得从自己的过错中受益"这一原则的理解是主观或错误的,这其实就走向了内在怀疑论,也即对某一具体法律解释的结论或观点的质疑。

因此,德沃金认为真正对其理论构成挑战的是内在怀疑论。这种怀疑论质疑法官根据建构性解释获得的具体结论。更准确地说,该怀疑论认为即便根据建构性解释,法官也无法判断何种解释方案更具优势。[51]

德沃金承认在实践中确实存在一些情形,尽管法官拼尽全力,也无法在多种方案中作出选择。但在大多数情况下,根据建构性解释法官可以判定何种解释方案占优。这涉及整全性(integrity)价值。[52] 在德沃金的描述中,它是根植于我们个人道德感中有关正义、公平、正当程序等诸多价值彼此平衡融贯的信念。[53] 法官提出的任何解释方案,都要受到整全性的检验,看它能否与法官的其他信念及价值融贯,只有最体现该价值的解释才是最佳解释。但德沃金没有澄清的一点在于:整全性是一种基于个人信念的主观标准,还是依赖于个人所在社群信念的相对客观的标准,抑或两者兼而有之?[54]

如果我们接受德沃金的论证,认为整全性是根植于个人道德感的信念,那么它毫无疑问是一种主观标准。可德沃金又认为,"任何接受整全法的人都要接受

---

[51] Ronald Dworkin, *Law's Empire*, The Belknap Press of Harvard University Press, 1986, pp. 267–268.

[52] 整全性在德沃金理论中是颇为复杂且得到颇多讨论的概念。总体而言,德沃金认为它既是个人道德层面的价值,根植于我们的道德感;同时也是政治层面的价值,涉及立法与司法两个层面。就后者而言,它指的是社群如同道德行动者一样,用同一种声音说话、行动。本文侧重对整全性在法律解释层面的分析,有关这一价值是否是独立的政治价值,以及它对于政治义务的正当性证明是否成立的分析,请分别参见马默的批判性分析(Andrei Marmor, "Integrity in Law's Empire", https://ssrn.com/abstract=3422173, last visited 11/10/2019)以及沃尔德伦的辩护(Jeremy Waldron, "The Rise and Decline of Integrity", https://ssrn.com/abstract=3463479, last visited 11/10/2019)。

[53] 沃尔德伦指出,整全性是一个"二阶性"价值,旨在统合正义、平等、正当程序等价值,使之成为融贯的整体而避免彼此冲突。这意味着整全性只有在非理想状态下,也即各个价值可能会有冲突时,才具有意义。这一非理想状态,被沃尔德伦视为整全性的条件。See Jeremy Waldron, "The Circumstances of Integrity", *Legal Theory*, 1997 (1), p. 1.

[54] 在范立波教授看来,德沃金的整全性以及建构性解释是融合个人和社群价值的统一体。在他的解读中,德沃金有关整全性的立场似乎没有在个人道德和社群道德之间摆荡。但值得注意的是,范立波教授同时非常敏锐地指出,如果将整全性理解为个人和社群道德的统一体,就意味着法律解释的结果在相当程度上取决于社会情境或社群样态。唯一正解(最佳解释)能否获得,就要依赖于人们在概念共识和价值需求方面的一致性。这里就隐含着进一步的疑问:德沃金如何证明法官所作出的解释代表着社群成员的共识和价值,而非个人意志?从这个角度来说,范立波教授的解读并没有彻底解决德沃金的理论困难。相关分析,参见范立波:《作为诠释事业的法律——德沃金〈法律帝国〉的批判性导读》,载郑永流主编:《法哲学与法社会学论丛》2014年卷,法律出版社2014年版,第287—289页。

如下立场,即其所在社群的实际政治史有时会检验他整体解释性判断中的其他政治信念"⑤。这似乎就将整全性与社群信念联系起来。但回到有关唯一正解的讨论上,德沃金提出"我们尝试从解释者的视角来看,从他所受到的约束来说,何种解释仿佛是没有争议般地正确,仿佛其他人都像解释者一样强有力地感受到了这一解释的正确性"⑤。这样就又将对法律解释的检验理解为一种主观标准。⑤

德沃金个人立场的左右摇摆,正体现出他在《法律帝国》中平衡客观性与建构性时所遭遇到的困难。⑤ 如果舍弃建构性,那么唯一正解命题中法律原则来自何处就难以说明;但如果舍弃客观性,唯一正解命题中法官裁判所援引的原则就有可能纯粹是法官个人的创造,而不具有法律属性。虽然德沃金通过建构性解释试图走出这一困境,但如果他将疑难案件中的正确答案理解为"从解释者视角来看,从他所受到的约束来说,何种解释仿佛是没有争议般地正确",其实就意味着他更倚重建构性,而非客观性。他承认唯一正解命题只关心"我们是否有理由认为一个答案正确",而与"该答案是否可被证明为正确"无关,也证明了这一点。从这个角度来说,《法律帝国》中尝试调和客观性与建构性的努力是不够成功的。

2. 消解客观性的意义:《刺猬的正义》中对怀疑论的消除

德沃金本人显然也意识到了这一点,在《刺猬的正义》一书中,他尝试展开对于外在和内在怀疑论的全新批判。⑤ 特别是在批判外在怀疑论时,他发展出一套有关客观性的深刻见解,也即"客观性"是一个没有语义负载或权重的概念,只是重复或强调我们已然表述的观点,而没有增加新的内容。这一论证是通过他对二阶元伦

---

⑤ Ronald Dworkin, *Law's Empire*, The Belknap Press of Harvard University Press, 1986, p. 255.
⑤ Ibid., p. 235.
⑤ 德沃金在此立场的摇摆,其实凸显出他理论的另一深层次困难,也即他对整全性为何是一种独立于正义、平等或正当程序的价值且值得我们追寻的论证是不成功的。有关这一问题的分析,除却前注中马默一文外,还可参见 Denise Reaume, "Is Integrity a Virtue—Dworkin's Theory of Legal Obligation", *University of Toronto Law Journal*, 1989 (4), p. 392。
⑤ 德沃金无法明确表明自己的立场,似乎是诸多学者的共识。典型的批评参见 Richard Posner, "Reply to Critics of the Problematics of Moral and Legal Theory", *Harvard Law Review*, 1998 (7), pp. 1796 - 1806。此外,哈特在《法律的概念》一书后记中多次提及"德沃金误解了我"。据莱特统计,一共有 12 次之多! See Brian Leiter, *Naturalizing Jurisprudence*, Cambridge University Press, 2007, p. 155, Fn. 10.
⑤ 内在怀疑论是质疑不同价值能否通约而被关联为一体的主张,一直以来是德沃金饱受批评的焦点。本文关切德沃金有关客观性的重新界定问题,因而并不讨论价值一体性能否得到辩护这一问题。

理学的批判展开的。

伦理学是有关我们持有何种信念、如何行动、判断行动及信念对与错的知识。元伦理学关心伦理学的基础,讨论我们判定行动及信念对与错的理由或根据是什么。在德沃金看来,当下流行的元伦理学通常以客观性作为伦理学知识的判定标准:如果我们持有的信念、观点或判断是客观的,那么就意味着我们持有真确的伦理学知识。⑥ 这被德沃金称为"通常看法"。⑥ 根据该看法,证立伦理学知识为真,是以下述区分为起点的,譬如:

P_1:虐童是错误的。
P_2:虐童真的是错误的。

这两个命题中,P_1 代表该命题提出者的个人看法、观点甚至情感偏好;但 P_2 则代表真确的伦理学知识,因为当我们使用"真的是错误的"这个谓述,就表明该命题立场具有一定可证明的客观性,而不是个人主观情感或信念的表达。更准确来说,P_2 实际表达的是"'虐童是错误的'为真"。它完全可以抽象为具有"X 为真"这一形式的命题,其中 X 可以是我们持有的任何信念或判断。因此,它是 P_1 的二阶命题。

根据这一区分,我们会发现,任何伦理学知识都由两部分构成:其一是我们道德信念或判断的表达,其二是对于该信念或判断的证成。这似乎意味着在我们信念或判断领域之外,存在着判定它们是否为真的标准。⑥

德沃金质疑该外在标准的存在。这涉及他在元伦理学层面持有的非实在论(non-realism)立场。⑥ 根据本文第一部分的讨论,实在论观点认为我们的认知要符合认知对象,也即存在着独立于认知主体的对象,认知活动就是我们逐渐把握该对象的过程。具体到元伦理学领域,实在论主张我们的道德信念或判断要符合外在道德对象,且该对象独立于我们的道德信念或判断。这在德沃金看来是不可接受

---

⑥ Ronald Dworkin, *Justice for Hedgehogs*, The Belknap Press of Harvard University Press, 2011, pp. 24 – 26.
⑥ Ibid., p. 27.
⑥ Ibid., pp. 52 – 58.
⑥ 德沃金非常谨慎地将自己的立场区别于建构主义,认为后者有可能支持一种实在论观点或者并不认同自己提出的融贯论主张。就此而言,德沃金与罗尔斯的学说之间的实际差异要比我们根据直觉初步认为的大很多。此外,德沃金认为自己的立场是一种实在论式的,对此本文认为这是他对自己立场的一种误解或对实在论概念的误用,也是一再使得其读者认为他持有形而上学实在论立场的根源。

的,因为它无异于要求我们承认外部世界中存在着某种道德事实或粒子,使得我们的道德信念与判断能够与之相符。这不仅违背我们的日常直觉,也会导致本体论或形而上学范畴的混乱。[64] 此外,事实也无法为道德信念或判断提供证成,因为后者是规范性的,从事实推导出价值会违背休谟法则。[65]

由于存在上述困难,德沃金主张放弃元伦理学中的二阶理论,而采纳一种价值独立性理论。它与二阶理论的差异在于并不承认 P_1 和 P_2 是两个种类的不同命题,而是认为它们都表达了我们的道德信念或判断。两者的不同只在于 P_2 相较于 P_1 语气更强、情感态度更加浓烈。简言之,P_2 是对 P_1 的强调、重申或重复。[66]

既然不存在二阶命题,德沃金就需要为判定我们道德信念或判断真确与否提供新的标准。他再次诉诸整全性概念,认为一个道德命题为真的标准在于该命题与其持有者的其他信念或判断彼此支撑、相互融贯。[67] 由个人信念所构成的信念之网能够作为一种过滤器,淘汰与之相悖的判断而筛选出与之融贯的信念。[68] 相较于二阶理论所依赖的实在论,这一基于整全性融贯论的价值独立学说既没有违背我们日常直觉、承认道德事实或粒子的存在,也没有违背休谟原则。但依旧存在如下问题。

其一,德沃金批判二阶理论并采纳价值独立性理论主张,实质上就将伦理信念或判断中"客观性"概念的语义负载或权重取消了。这是因为当我们作出某一道德判断,譬如,"虐童是错误的",该判断必然植根于我们的个人道德信念。而当我们主张"'虐童是错误的'为真或是客观的"时,我们也不过是在说"虐童是错误的"这一主张以我们个人道德信念为基础,与之相融贯。因此,德沃金虽然试图通过元伦理学的价值独立性理论来调和客观性与建构性矛盾,但结果却是他消解了客观性在理论中的意义或重要性。

其二,德沃金在放弃元伦理学中的二阶理论,同时也放弃了二阶理论所预设的实在论立场后,将整全性或融贯性视为判定一个道德信念或判断为真的标准。但

---

[64] 如奥卡姆剃刀原则所言,如无必要,勿增实体。
[65] Ronald Dworkin, *Justice for Hedgehogs*, The Belknap Press of Harvard University Press, 2011, pp. 44 - 45.
[66] 这其实是一种极小主义(minimalist)或冗余论(redundancy)真理观,尽可能地限缩真(true)在我们语言表述的命题中所扮演的角色。在此意义上,德沃金似乎与哈特更为接近,因为后者显然也支持这种真理观。See Matthew Kramer, *H. L. A. Hart*, Polity, 2018, p. 30.
[67] 譬如,德沃金指出,"我们思想的方向朝向统一,而非细碎"。See Ronald Dworkin, *Justice for Hedgehogs*, The Belknap Press of Harvard University Press, 2011, p. 119.
[68] Ibid., pp. 107 - 108.

是德沃金自始至终并没有彻底澄清整全性价值的性质,使得该价值既有根植于个人主观信念的一面,又与社群整体价值密不可分。这就使他又遇到了建构性解释理论所面对的困难。同时正如布朗所言,德沃金并未澄清我们已然持有的信念源自何处,这使得我们既有的信念集合具有某种主观性或任意性。⑥

结合上述两点分析,德沃金的理论努力不仅最终消解了客观性的理论意义,还由于倚重整全性或融贯性而导致其理论中建构性要素所具有的分量越来越重。因此,建构性与客观性之间的矛盾仍未得到最终调和。不过在《刺猬的正义》一书有关"法律"的分析中,德沃金暗示了另一种为自己学说加以辩护的可能性,以下我们就尝试对之作出评述和回应。

3. 作为道德的法律,德沃金的新方案?

《刺猬的正义》一书中德沃金非常罕见地承认自己先前有关法律和道德关系的看法存在缺陷。⑦ 在本书之前,他认为法律和道德分属两个不同领域,自己的理论则旨在说明这两者如何关联为一体。⑦ 但现在他认为这一努力走错了方向,因为我们完全可以接受法律本身就是(政治)道德的一部分,而自己的理论只要说明法律作为一种道德所具备的特殊性即可。

如前所述,德沃金综合唯一正解命题(客观性)与建构性解释(建构性或主观性)的理论动力在于他分析法官运用原则进行裁判时,无法有效论证法官采纳的原则具有法律属性。正是这一核心步骤中德沃金学说具有的现实主义要素,使得他的理论发展越来越侧重于建构性并逐步消解了客观性所具有的语义负载或权重。现在如果德沃金的新方案,也即法律是道德的一部分,能够得到辩护,那么德沃金就从源头清除了自己理论中建构性和客观性的巨大张力。本节将会指出德沃金的构想虽然具有启发性,但由于论证上的粗疏而并不成功。我们先来看德沃金的论证。

这一论证由两部分组成,首先是有关法律与道德一元论的分析。德沃金认为,如果我们认为道德和法律是两个不同的体系,在考察它们彼此的关联时就会陷入

---

⑥ Alexander Brown, "Interpretation in Normative Domains", in *Dignity in the Legal and Political Philosophy of Ronald Dworkin*, Salman Khurhid, Lokendra Malik, Veronica Rodriguez-Blanco eds., Oxford University Press, 2018, p. 62.

⑦ 要知道在《法律帝国》前言中德沃金直言,自己无意讨论本书中的观点是否与先前有所改变!此外,虽然诸多论者都认为德沃金理论存在前后分期或转变,但他自己并未明确承认这一点。

⑦ Ronald Dworkin, *Justice for Hedgehogs*, The Belknap Press of Harvard University Press, 2011, p. 402.

循环论证。[72] 因为当我们思考如何理解法律时,需要具备一套有关解释法律的理论,这套理论会涉及道德在法律解释中的角色,这样我们就需要理解什么是道德;但当我们思考什么是道德或道德提出何种主张时,我们又要分辨它与法律主张的区别,这就需要我们先理解什么是法律。这意味着我们要么从法律角度看待道德,要么从道德角度看待法律,法律与道德二元论立场因而是自相矛盾的。由此,法律与道德一元论才是可接受的立场。

其次,德沃金指出虽然法律就是道德,但它具有一定特殊性。这体现在法律是不同于个人道德权利的政治权利,具有个人道德权利实施所不具备的制度属性。[73] 具体来说,个人实施自己的道德权利不需要借助国家机构,但法律权利的实施需要借助于司法机关。正是在此意义上,德沃金将法律权利界定为"不在立法机构干预下,指引官员或警察执行权的司法机关基于个人需求而予实施的权利"。[74] 至此,德沃金非常迅速地论证了法律既是一种道德,也具有个人道德所不具备的制度属性特征。从这个角度来说,法官在裁判中所援引的道德原则当然具备法律属性,因为法律不仅和道德不可区分,而且是可被司法机关实施的。此观点如若成立,德沃金就成功化解了自己学说里客观性与建构性的张力。

但是德沃金的论证并不成功,这至少体现在以下两个方面。首先,德沃金指出道德和法律二元论自相矛盾,使得我们需要拥抱一元论。但二元论自相矛盾的前提,是道德和法律两个范畴之外不存在"第三域",也即我们无法从第三个立场出发来理解两者及其关系。但事实上并非如此,我们生活的社会世界中不仅存在道德和法律关系,还有经济效益关系、权力支配关系等等,我们可以从成本收益角度、支配和被支配角度来理解道德与法律及其关系,虽然这未必是对其最佳的解释,但至少说明我们不一定在理解法律(道德)时必然以道德(法律)为预设,二元论因此也未必会陷入自相矛盾的境地。

其次,德沃金对于法律权利的重新界定不仅仍未摆脱甚至强化了法律现实主义因素。如前所述,早年德沃金在论证法官裁判所援引的原则具有法律属性时,提出的辩护是该原则具有"制度性支持",也即法官在裁判中使用该原则,该原则便是法律原则。这一论点具有两方面涵义,除去前文突出的法律现实主义因素外,也隐

---

[72] Ronald Dworkin, *Justice for Hedgehogs*, The Belknap Press of Harvard University Press, 2011, p. 403.
[73] Ibid., p. 405.
[74] Ibid., p. 406.

含着德沃金对于过往司法实践的倚重:如果既有判例体现了某个原则,那么该原则就成为法律的一部分。简言之,原则的法律属性来自于司法实践的历史。但在新的表述中,德沃金强调法律权利是司法机关基于需求而予以实施的权利。这意味着法官需要判断当事人提出的诉求是否"基于需求"。如果答案是肯定的,那么不管过往实践如何,法官都应当承认该诉求不仅是当事人的权利,而且是法律权利也即国家权力,应当予以保障。这就赋予法官更强的灵活性或自主性,甚至可以说将论证法律权利的存废的重任都放在了法官身上,它不仅要比"制度性支持"的论证更加"激进",也与法律现实主义者认为法律是法官的活动,通过法官活动来预测司法结果的主张,可以说别无二致。[75]

此外,除却以上论证缺陷,法律隶属于道德这一观点还从属于德沃金在《刺猬的正义》中提出的"价值一体性"命题这一更宏大的理论筹划。已有诸多学者指出,这一筹划存在着无法克服的内在困难。[76]

在此意义上,德沃金暗示的新方案并不能化解其理论中客观性与建构性的张力。接下来我们将分析德沃金尝试调和客观性与建构性的失败对于我们理解法律解释中这一组概念的意义。

四、什么是法律解释的目标?

在本文看来,客观性与建构性是理解司法裁判中法律解释活动的一组基本概念。虽然两者之间存在冲突,但没有人否认司法实践中法官的解释活动既有客观性的面向,也不乏建构性因素。因此,从理论上正确地理解法律解释活动,就涉及如何更妥善地理解两者间复杂交错的关联:法律解释是侧重对客观性的追寻,还是

---

[75] 马克·格林伯格(Mark Greenberg)对此解读与本文稍有不同。他认为德沃金对法律权利的新界定完全背离了早年尊重过往历史实践的主张。但本文认为从现实主义视角出发,两者有一定延续性。参见 Mark Greenberg, "What Makes a Moral Duty Legal? Dworkin's Judicial Enforcement Theory Versus the Moral Impact Theory", https://www.law.nyu.edu/centers/lawphilosophy/balzan, last visited 27/10/2019。

[76] 比较晚近的代表性分析,参见郑玉双:《价值一体性命题的法哲学批判:以方法论为中心》,《法制与社会发展》2018 年第 2 期;郑玉双:《价值一元论的法政困境》,《政法论坛》2018 年第 6 期。作者指出,价值之间的不可通约性导致德沃金理论存在内在困难。此外,作者指出,德沃金将法律价值一体性的论证任务放在了法官身上,这是法官无法完成的难题。本文则试图指出,法官也可以完成这一任务,但法官的论证必然不具有客观性,而是深深体现了法官个人的主观性因素。在此意义上,德沃金理论存在着内在矛盾。

更强调法官发挥的建构性？不同的选择使得法律解释的目标也有所不同。

以哈特为代表的实证主义以及德沃金的理论可以被视为当代呈现这两者间复杂关系的理论努力。虽然两种理论间存在诸多差异，但却分享着共同的法律解释目标，也即法律解释应当是客观的解释。

概略来说，这体现在哈特开启的法律实证主义传统强调法律规则的含义具有清晰与模糊地带之分，也即简单案件与疑难案件的分野。实证主义者们通过这一区分指出，实践中法律规则含义模糊的疑难案件少之又少，因此即便法官运用自由裁量权也无法撼动规则的明晰性所确保的法律客观性。德沃金则试图指出，即便在疑难案件中，法官的裁判也不是基于自由裁量，而是受到法律原则束缚，因此具有某种客观性。

但在本文看来，由于德沃金通过建构性解释学说指出法律原则的获得依赖法官基于个人道德感的建构，这导致他认为法律解释具有客观性的主张无法得到证成。德沃金的理论目标和理论方法之间出现了背离。他在调和客观性与建构性时遭遇的失败，使得我们面临如下两种选择。

其一，回到德沃金所批判的实证主义立场，认为建构性不过是法律解释活动中非常边缘的现象。但秉持这一立场会遇到这样两个困难。首先，如马默所承认的那样，虽然德沃金对哈特忽略法律原则的批判颇有争议，[77]但学者大多认为他提出的法律原则之于司法裁判具有重要意义。[78] 其次，法律实证主义者们也认同德沃金的观点，即有关社会实践或艺术的任何解释活动都需要解释者将某种信念或价值赋予解释对象。[79] 如果是这样，法律实证主义者其实无法坚持建构性只位于法律解释活动的边缘，因为法律解释是一般性社会实践解释活动的一部分。简言之，通过德沃金的批判，法律实证主义对于客观性与建构性关系的理解已然无法令我们满意。

其二，从德沃金学说出发，将其理论加以彻底化（radicalization）。这是文本认同的立场，它意味着既然客观性与建构性之间的矛盾无法得到调和，且造成了德沃

---

[77] See Andrei Marmor, *Philosophy of Law*, Princeton University Press, 2011, p. 90. 马默明确指出，德沃金有关法律原则的论述是一种"法律修辞"，而非论证。因此，他认为德沃金对哈特的批判失败了。

[78] 譬如，可以参见 Robert Alexy, *A Theory of Legal Argumentation*, Ruth Adler and Neil MacCormick trans., Oxford University Press, 2010。

[79] Andrei Marmor, *Philosophy of Law*, Princeton University Press, 2011, p. 104. 马默承认我们对于一个事物的解释需要预设某种价值或视角。但他同时指出，这不意味着我们的解释就是一种评价性而非描述性的活动，因为若评价性意味着在认识活动中预设某种价值，那么没有什么活动不是评价性的。可是这一辩护过于"勉为其难"了。

金理论的内在张力,那么我们不妨选择其中的合理要素而放弃其他部分来构建更为融贯的理论立场。根据上文分析,德沃金理论大致由三个部分构成:唯一正解命题、建构性解释理论以及为了调和两者关系而对法律客观性的论证。⑧ 其中蕴含的张力体现在德沃金试图论证法律解释是客观的,但却认为任何法律解释都具有建构性。此外,他在调和这两者间的矛盾时反而消除了"客观性"概念所具有的语义负载或权重,也即我们认为一个判断是客观的,不过是在重复、重申或强调该判断。从这个角度来说,客观性不仅无法得到辩护,而且也不值得辩护。因此,将德沃金理论加以彻底化,就是放弃法律解释具有客观性这一论证目标,而保留其学说中的其他要素。这给我们两点启发。

首先,这一修正不仅未损害德沃金既有的理论框架,而且使之更为融贯。放弃将客观性视为法律解释的目标,不仅与建构性解释、元伦理学价值独立性理论相一致,而且也符合德沃金本人对唯一正解命题的解读,也即法官基于个人道德感提出正确的答案,而非向所有人证明这是正确的答案。

其次,这一修正改进了我们对于法官解释法律活动的理解。如果客观性如德沃金所言不仅是不可辩护的而且是不必辩护的,那么我们在评判法官所作出的解释时就不应当再执着于法官是否作出了客观的解释,而是应当判断在考量一切因素后该解释是否妥当、合适。换句话说,在实践中我们往往会发现客观的法律解释与好的或妥当的法律解释之间有所重合,但并不一致,两者间常常存在缝隙。一个客观的解释,很可能符合法律文本含义或立法者原意,但却未必是一个好的或妥当的解释。因为后者意味着妥善平衡当事人之间权利与利益关系,并适当地考量案件裁判所可能具有的社会后果等诸多因素。⑧ 这既是德沃金认为的最佳解释所应达到的目标,也是整全性价值所表达的理念。当然,这里隐含的问题是:法律解释满足怎样的条件才能算是好的解释或妥当的解释?本文将此问题留待他处考察,这里仅表明基本立场,即基于法官个人真实道德感且与其日常生活中最基本的道

---

⑧ 莱特认为德沃金其实并没有对客观性加以论证,因为客观性在德沃金看来并不重要。本文认为这个评价是恰如其分的。参见 Brian Leiter, *Naturalizing Jurisprudence*, Cambridge University Press, 2007, p. 228. 不过这不意味着有关客观性意涵的分析和辩护不在德沃金著作中占有位置。

⑧ 有关这一点,孙海波教授将之称为法官在裁判中基于特定情形可以正当地背离法律。(参见孙海波:《裁判对法律的背离与回归》,中国法制出版社 2019 年版,第 152—163 页。)这也是以哈特为代表的法律实证主义者的看法,同时也是温和的法律现实主义者所持有的立场。本文试图指出的是,法官考量诸多法律规则之外的因素,并不必然意味着鼓励法官背离法律,因为是否背离法律或依法裁判的判断标准,其实取决于我们如何理解"法律"这个概念。如果我们接受德沃金对于法律的更为宽泛的理解,那么对于诸多影响案件裁判因素的考量就不是背离法律,而是依法裁判的题中应有之义。

德确信、为人处世原则相一致的解释,我们就可以认为是好的解释。

因此,彻底化后的德沃金学说为我们提供了获得妥当而非客观解释的理由与路径。追求妥当的解释应当成为司法实践中法律解释活动的目标,也应当成为法学理论中评价法官所作出解释的标准。当然,这也难免使得德沃金的立场与其批评的法律现实主义学说更加接近。但正如前文所说,德沃金与法律现实主义的关系或许比他所承认的要更为紧密。

五、结论

客观性与建构性是我们理解以法律解释为核心的司法实践的基本概念。不同理论家对两者间关系提出了不同解释。本文从这一角度出发,分析了德沃金为何以及如何将客观性与建构性这两个彼此矛盾的要素整合入同一学说之中,同时批判性地考察了德沃金试图化解两者矛盾的不成功的理论努力。以德沃金如何看待客观性、建构性为核心,本文试图表明他的理路存在内在矛盾或张力,具有某种"不彻底性"。要克服这一矛盾,将之加以修正也即彻底化,就需要承认以下两点,即法律解释具有建构性、法律客观性不可辩护且不必辩护。而这意味着德沃金学说与法律现实主义立场颇为接近。从修正后的立场出发,客观性不应再是法官在实践中追求的目标,也不应再是研究者评判法官所作解释的标准。

基层法院院长角色的实证研究
——以结构化理论为视角

李东澍[*]

一、问题、进路与方法

在莎士比亚剧作《皆大欢喜》第二幕第七场中,角色杰克斯诉说道:"全世界是个舞台,所有的男男女女不过是一些演员;他们都有下场的时候,也都有上场的时候,一个人的一生中扮演着好几个角色。"[①]这段经典台词生动形象地描绘出人生舞台中个人与社会的关系。进入20世纪,角色概念被逐渐从文学领域移植到社会科学领域,用以表达特定时空中个体的社会地位、社会关系和行为模式。当前学界普遍认为,社会角色是"与人们的某种社会地位、身份相一致的一整套权利、义务的规范与行为方式"[②],"一个社会化的人首先要在社会中占据某个地位,才能以此作为根据地,逐渐在社会中扮演各种不同的角色"[③]。进言之,"每一个人承担多种社会角色,以及一组相互依存的社会角色,被称为角色集。法律职业者角色是现代社会中发挥重要作用并被社会公众关注的角色,应用角色理论对法律职业者进行分析,具有重要意义"[④]——无疑,现代社会为法治社会,而法律职业者的角色既是社会通向法律的桥梁,也是法律进入社会的路径。

社会学家吉登斯提出的结构化理论认为,"实践是具有能知和能动的行动者在

---

[*] 李东澍,华东师范大学社会发展学院社会学专业博士研究生。研究方向:法社会学、司法制度。
[①] 莎士比亚:《莎士比亚戏剧集》,朱生豪译,海天出版社1999年版,第175页。
[②] 郑杭生主编:《社会学概论新修》(第四版),中国人民大学出版社2013年版,第155页。
[③] 伊恩·罗伯逊:《社会学》(上册),黄育馥译,商务印书馆1990年版,第104页。
[④] 陈信勇:《法律社会学教程》(第三版),浙江大学出版社2014年版,第97页。

一定时空之中利用规则和资源不断地改造外部世界的行动过程"⑤。亦即,研究者需要以社会实践为核心,并以二重性的、辩证的观点来考察行动和结构。详细而言,在吉登斯看来,行动兼具主体性和生成性,结构则兼具制约性和使动性——结构是行动者在跨越空间和时间的互动情境中利用的规则和资源,行动者在空间和时间中维持和再生产了结构;行动与结构并非固定不变、截然分离的两种既定现象,而是根植于人类实践活动之中的相互渗透的两个层面,并且在人类社会实践活动中实现了统一。⑥ 在此基础上,当我们将角色这一概念指向个人与社会的关系这一社会学元问题时,可以发现角色是个人嵌入社会的连接点,其具有二重性。对于角色二重性,雷洪教授与刘成斌教授总结道:"社会角色以在连接个人与社会关系上的二重结构来代替个人与社会的二元对立。主要表现为:其一,从社会角色的塑造过程、社会角色与社会地位的关系、社会角色与社会组织的关系三个方面体现社会角色在结构特征上同时具备宏观与微观的特性;其二,从角色规范与角色领会、角色反应与角色刺激、角色设定与角色评价等方面体现角色在连接个体与社会的关系上普遍与特殊的二重特征;其三,社会角色在互动规则与角色实践方式、角色的职能型与灵活性、角色规范和规范的实现过程等方面就具备了统一与多元的二重特质;其四,从角色的传承与变迁、角色的规范与技能、角色期待与角色意识、角色的安排与建设等方面体现角色主体与角色客体即社会环境之间具有被动与主动的双重特性;其五,关于秩序的两种基本取向——个人主义取向(社会秩序源于个人互动)和集体主义取向(社会安排决定个人),体现了个人与社会的因果关系在角色上的两重性;其六,从角色塑造的社会化和个人独特性体现角色功能的整合与分化二重性。"⑦

有鉴于前,本文将以吉登斯的结构化理论为视角,聚焦基层法院院长的角色问题。原因在于,一方面,法院院长对外代表人民法院、象征审判权威,对内则位居本院权力结构的顶端;另一方面,多数案件的审理与执行工作均由基层法院完成。故此,本文将基层法院院长作为一个行动者,立基于相应政法实践,通过行动与结构的辩证关系来考察其在地方科层结构、政法治理结构、司法组织结构三个不同舞台

---

⑤ 陆春萍、邓伟志:《社会实践:能动与结构的中介——吉登斯结构化理论阐释》,《学习与实践》2006年第2期,第76—83页。
⑥ 参见安东尼·吉登斯:《社会的构成——结构化理论大纲》,李康、李猛译,王铭铭校,生活·读书·新知三联书店1998年版,第89—93页。
⑦ 雷洪、刘成斌:《角色的二重建构——个人与社会连接点的探讨》,《社会》2003年第5期,第19—22页。

中所扮演的角色集,借此检视近年来基层审判权的运行状况及其变迁趋势,从而为我国当前波澜壮阔的法治建设和如火如荼的司法改革添砖加瓦。本文主要材料源于笔者 2006—2016 年间在地处我国西南的北定市远山县人民法院(化名,以下简称"远山县法院")所做的田野调查。⑧

二、地方科层结构舞台中的角色集:"分管审判的副县级领导"

在宪法规范中,审判权与行政权并列平行,法院与同级政府、法院院长与同级政府领导之间互无上下隶属关系,故有"一府两院"(政府、法院、检察院)之谓。在实践中,依托《公务员法》和组织人事制度,各级法院院长的行政级别与同级政府副职领导相同,各级法院的机构地位与之相应。⑨ 具体到基层,基层法院院长被定位为副县级领导干部,基层法院被设置为副县级机构。基层法院院长的角色正是肇始于这样一种身份地位并实现于对应权力结构中。因此,对所在县域而言,基层法院院长在地方科层结构舞台中的角色集可概括为"分管审判的副县级领导"。需要指出的是,法院的机构编制小于同级政府、法院院长的行政级别低于同级政府正职领导并无不妥,因为法院依法独立公正行使审判权的关键是在党的领导下合理设置相关的条条块块关系。下面将从"副县级领导"和"分管审判"两个关键词理解该角色集。

(一)"副县级领导":基层法院院长嵌入的地方科层级序

正如社会学者们所强调的,"地位和角色是社会结构的首要要素","一个人占有的是地位,扮演的是角色"。⑩"副县级领导"折射出基层法院院长在当地公职系统中对"四大班子"(县委、县政府、县人大及其常委会、县政协)正职领导和县委常委的从属地位。

---

⑧ 笔者系以公开身份从事田野调查,并依照社会科学惯例对本文中所涉地名、人名一一做技术处理。远山县是其所在省份的工商业与旅游业重镇,市场经济的飞速发展不可避免地触发一系列社会纠纷与社会结构裂变。在此背景下,远山县法院司法工作的开展难度相对较大。

⑨ 严格来说,法院的编制介于比政府"低半级"和政府部门之间。对基层法院而言,各部门负责人为副科级,而副院长等副职院领导则以副科级为起始级别,达到任职年限等要求者可被评为正科级。需要指出的是,各地法院的编制受到当地司法工作量、辖区面积、人口、经济等因素影响,存在一定的区域差异性。

⑩ 付子堂主编:《法社会学新阶》,中国人民大学出版社 2014 年版,第 1 页。

1. 基层法院院长对县委书记、县委常委的从属地位

法治是党治国理政的基本方式,法院系统在党的领导下通过运行法律程序、适用法律规范来维护社会秩序、实现公平正义。申言之,各级法院均受同级党委领导,院长系同级党委委员之一,基层法院的司法工作是党和国家对当地社会实施治理的重要一环。因此,县委书记是基层法院院长的上级领导,"在县委的坚强领导下,我院……"是基层法院院长在正式场合常用的郑重表达。同时,县委常委的党内地位高于基层法院院长,基层法院院长在开展相关工作时需要获得对应常委的积极支持。例如,基层法院作为政法机关中的一员离不开县委政法委的领导(此点将在后文详细探讨),基层法院的组织人事工作(特别是在 2013 年启动的新一轮司法改革之前)离不开县委组织部的关心。

2. 基层法院院长对县长、常务副县长的从属地位

长期以来,基层法院院长在本院财力、物力方面离不开县政府的支持。一方面,在新一轮司法改革开展之前,各级地方法院的经费部分源于地方财政,部分源于国家财政,而无论是薪酬、办公等日常开支,还是基础设施建设、批量增添或更换重要装备设备等大额支出,都离不开充裕的经费保障。⑪ 由此便意味着基层法院院长需要不时向管理地方财政资源的县长、常务副县长求助。另一方面,在法院的审判及执行活动中,由于基层法院直面社会压力,为避免产生"司法白条"等状况而导致法律沦为具文,基层法院院长往往需要请求县长、常务副县长协调相关部门来进行通力合作,动员一切可以动员的资源,力争"案结事了"。此外,就党内地位而言,县长、常务副县长分别是县委副书记、县委常委,均高于基层法院院长。

3. 基层法院院长对县人大常委会主任、县政协主席的从属地位

在我国,人大是权力机关,人大常委会是其常设机关,故基层法院院长及其他法官须由县人大、县人大常委会任免;基层法院、基层法院院长须接受县人大及县人大常委会的监督;基层法院院长须对县人大进行年度工作汇报。县政协作为实

---

⑪ 回顾历史,在 20 世纪末至 2000 年期间,我国法院系统的经费状况是以地方财政负担为主,中央和省级财政对贫困地区予以适当补助;2001 年至 2008 年间转变为以地方财政负担为主、中央和省级补助为辅,全国法院经费来源中,中央补助所占比例从 2001 年的 2%逐渐增至 2008 年的 12%;2009 年之后则形成"明确责任、分类负担、收支脱钩、全额保障"的新体制,截至 2011 年,全国法院经费与 2008 年相比增长了 31.88%,其中,中央财政补助给地方人民法院的经费增长了 91.08%。可参见最高人民法院司法改革领导小组办公室编写:《〈最高人民法院关于全面深化人民法院改革的意见〉读本》,人民法院出版社 2015 年版,第 327—331 页。

现参政议政、统一战线的职能机构,则主要对基层法院、基层法院院长进行民主监督。就个人政治地位而言,县人大常委会主任、县政协主席均为正县级领导,行政级别高于基层法院院长。综合前述,在此种语境下的条条块块关系中,如果将上级法院喻为基层法院院长的"娘家",则当地几大班子堪称"婆家"。在一次访谈中,远山县法院院长张一泓介绍道:"法院院长必须是法律专家,因为法律工作具有专业性;法院院长还要讲政治、懂管理。总之,同几大班子保持良好联系,才能够把经费来源和司法执行落实好,以及把干部提拔和福利待遇问题解决好,不然'巧妇难为无米之炊'。作为前车之鉴,我认识的有些院长就是因为不能对外积极沟通协调,导致所在法院边缘化——在很长时间里,很多中层干部岗位空缺,但是却只能安排人员'主持工作'而不是进行补缺,最终全院干警怨声载道。有位院长更是因为能力欠佳、无法服务好当地大局,任期不满就被'请'回了原来工作的上级法院。"[12]不过,问题的另一面也随之浮现。在新一轮司法改革之前的客观环境下,当面临"婆家人"以诸如"为经济发展保驾护航""维护一方安宁""关心诉讼群众切身困难"等名义行地方保护、徇私舞弊之实的时候,基层法院院长容易被迫陷入哈姆雷特式的"生存或毁灭"两难境地——如果遵循法制统一、公正裁判的法治要求,则可能因为"胳膊肘外拐"而被边缘化,步履维艰;如果"胳膊肘里拐"则可能产生违法违纪的责任后果。对此,张一泓表示当地县委书记、县长均具有较高的法律素养和领导能力,并未有过不当要求;而在面对其他一些领导干部干扰审判时,其通常采用"在法律允许的范围内尽力妥善处理"或"上级法院不同意"的话语作为回应。令人欣慰的是,自新一轮司法改革推行领导干部干预司法问责制以来,特别是自2015年3月18日施行《领导干部干预司法活动、插手具体案件处理的记录、通报和责任追究规定》以来,张一泓及远山县法院其他法官普遍反映案件受到的不当干扰明显减少。

前文已指出,基层法院院长在当地科层级序中位次于四大班子正职负责人和县委常委。那么,在副县级领导这一序列中,基层法院院长处于何种位置? 若从职权角度考虑,基层法院院长的实际地位是较为理想的。比较而言,其他副县级领导分管着范围不等、轻重不同的工作,尽管情况不一,但他们作为单位副职领导的工作独立性相较基层法院院长要弱一些。同时,个人能力、资历、威望、人际等方面的

---

[12] 2014年1月28日访谈。

因素也不容忽视。⑬ 运用费孝通先生的等级差序理论来分析，一名基层法院院长在县领导序列中的实际地位不免受其组织协调能力、履历背景和由此形成的"圈子"所影响——"以'己'为中心，像石子一般投入水中，和别人所联系成的社会关系不像团体中的分子一般大家立在一个平面上的，而是像水的波纹一样，一圈圈推出去，愈推愈远，也愈推愈薄。在这里我们遇到了中国社会基本结构的特性了"⑭。与其四面楚歌、频频碰壁，毋宁上下肯定、八方鼎力。进言之，基层法院院长在当地重要官方活动和当地新闻媒体报道中出现的频次，无疑在一定程度上体现出基层法院在当地的司法影响力。

（二）"分管审判"：基层法院院长的法定权责与非法定权责

"分管审判"可以从两个层面理解：其一，作为基层法院的一院之长，管理审判、执行活动及司法行政事务是其法定职权与职责；其二，作为一名县领导，基层法院院长负责的事务并不局限于基层法院本身。在 2017 年 2 月 7 日最高人民法院颁布实施《人民法院落实〈保护司法人员依法履行法定职责规定〉的实施办法》（以下简称《实施办法》），以禁止法官和法院工作人员违规从事超出法定职责范围的事务之前，⑮地方法院普遍在不同程度上参与着当地非司法活动。因此，在《实施办法》贯彻落实之前，基层法院（尤其是非都市化区域的基层法院）除需要负责审判、执行工作外，往往还会在不同程度上分担当地政府的职能，常见的有招商引资、整脏治乱、治安执法等。⑯ 假如基层法院院长的专业过硬、能力突出，还可能被进一步"人尽其才"。对该阶段的远山县来说，县政府在面对城镇大规模改造、水库移民、重大投资项目、重要规范性文件制定等事关全局、影响深远的工作时，常常会邀请县法院院

---

⑬ 通常，基层法院院长是从基层法院副院长、基层检察院副检察长，以及中级人民法院、市级检察院的部门负责人中遴选，但一定情况下亦可能下派中级人民法院、市级检察院副职领导担任。远山县法院院长张一泓即属于后一种情况，其之前担任北定市中级人民法院党组成员、政治部主任、审委会委员，并曾历任北定市中级人民法院研究室主任、全国法官业余大学（国家法官学院前身）北定市分部主任等职，系北定市著名资深法官。据悉，在 2003 年至 2005 年间远山县法院的案件二审改判率及发回重审率在 40%上下波动，显著高于北定市其他区县法院。有鉴于此，2006 年组织建议下派中级人民法院副职领导张一泓担任远山县法院院长。
⑭ 费孝通：《乡土中国 生育制度》，北京大学出版社 1998 年版，第 27 页。
⑮ 《人民法院落实〈保护司法人员依法履行法定职责规定〉的实施办法》第 2 条规定："对于任何单位、个人安排法官从事招商引资、行政执法、治安巡逻、交通疏导、卫生整治、行风评议等超出法定职责范围事务的要求，人民法院应当拒绝，并不得以任何名义安排法官从事上述活动。严禁人民法院工作人员参与地方招商、联合执法，严禁提前介入土地征收、房屋拆迁等具体行政管理活动，杜绝参加地方牵头组织的各类'拆迁领导小组''项目指挥部'等临时机构。"
⑯ 显然，如招商引资等工作有违司法的客观、中立、公正的立场，整脏治乱等活动也会过度消耗宝贵的司法资源，这些都是投入产出失衡的不当举措。

长张一泓出席,征询其法律建议。可见,值此之际张一泓实际充当了县政府的法律顾问。此外,在当地一次疑似学生食物中毒事件中,⑰张一泓以副县级领导身份担任了应急工作组组长,在第一时间有效组织、调配全县资源进行应对,同时进行了及时、全面、深入的信息公开与舆论引导,成功实现了危机处理与风险防控。

就本质而言,前述活动意味着一名基层法院院长实现了地方科层系统对于他的"人员选择"(person selection),因为"每一个社会结构都要挑选维持其运转所需要的人,而且要以这样那样的方式淘汰不合适的人。倘若没有合适的人可供挑选,社会就不得不'发明'这样的人选——更加准确地说,社会要根据具体的需要去生产这样的人选。就这样,通过社会化和'养成'的机制,社会'制造'出维持其运行的人"⑱。换言之,行动者是由不同角色组成的常备剧目,一个行动者的活动范围在一定程度上由其能够扮演的角色的多少来决定;因此,行动者的行动过程就是一系列不间断的舞台表演,面对着不同的观众,其有时不得不迅速更换戏装,角色千变万化,但是表演者总归要成为其扮演的角色。⑲ 不过,站在现代性与社会分工的立场审视,由于传统社会与现代社会在系统形态上存在着结构分化程度与功能专门化程度的显著差别,故而前述活动无疑是一种分工不发达的表征,其更加适宜的是数十年前计划经济体制下的总体性社会(total society)⑳而非市场经济发达的现代社会。进一步运用场域理论来分析,可认为这是法律场域分化程度不高、相对自主性不强的反映。所谓分化,"是指特定社会内部具有社会意义的各种活动、功能、结构、权力是否分离,并由不同的角色行使"㉑。从场域理论出发,任何一个场域,其生成、发展都会经历一个为其自身的自主性而斗争的历程,在此过程中,场域自身的逻辑逐渐获取独立性,亦即成为支配场域中一切行动者及其实践活动的逻辑。因此,对法律场域而言,这无疑正是司法活动脱离外部不当干扰因素控制的一个过程。㉒

---

⑰ 后经医学检验与事实调查,该事件实为一名山区小学生因初次食用西式营养早餐而有所不适,在食堂用餐时间发生恶心呕吐,并迅速引发周围学生群体的心理反应。
⑱ 彼得·L. 伯格:《与社会学同游:人文主义的视角》,何道宽译,北京大学出版社 2014 年版,第124—125 页。
⑲ 参见彼得·L. 伯格:《与社会学同游:人文主义的视角》,何道宽译,北京大学出版社 2014 年版,第120 页。
⑳ 参见孙立平:《转型与断裂——改革以来中国社会结构的变迁》,清华大学出版社 2004 年版,第31—32 页。
㉑ 左卫民、周长军:《变迁与改革——法院制度现代化研究》,法律出版社 2000 年版,第 22 页。
㉒ 参见李瑜青等:《法律社会学理论与应用》,上海大学出版社 2007 年版,第 43 页。

三、政法治理结构舞台中的角色集:县委政法委委员

在政法治理结构舞台中,基层法院院长扮演着县委政法委委员这一角色集。

(一)基层法院院长的县委政法委委员身份

政法委是党对政法工作实施领导的机构。"在中国法治欠发达的法制环境和社会转型期的国情状况之下,客观上需要有一个权威性、综合性的机构牵头出面,组织与协调各个政法部门,形成强大的社会治理的'合力'。"[23]对于一个县而言,县委政法委委员通常由下列人员依次构成:县委常委(或县委副书记)兼政法委书记;县法院院长、县检察院检察长;县公安局局长;县政法委副书记;县司法局局长。[24]显然,政法委书记在县委政法委中拥有核心地位:其一,政法委书记由县委常委甚至县委副书记担任;其二,单位意义上的政法委领导班子成员——政法委书记、副书记(通常为三名)在全体委员中占有较大比例;其三,在2013年之前,各地政法委书记较少由党委常委专任,而是往往兼任着公安机关负责人职务,[25]或是兼任法院院长、检察院检察长职务。

那么,基层法院院长的县委政法委委员身份有何意涵?基层法院院长在县委政法委委员群体中居于怎样的地位?人文主义社会学指出,"身份并不是'与生俱来'的,而是靠他人的社会承认行为赋予的"[26]。因此,基于相应的政法实践可以发现,基层法院院长在当地政法治理结构舞台中的身份地位正经历着从"公、检、法"次序向"法、检、公"次序的变迁。对于政法系统来说,长期流传着"公、检、法"的说法。"公、检、法"之谓,一方面源于刑事诉讼程序的流程,另一方面也折射出过去数十年间国家、社会对于前述机关的一种地位排序——法院、检察院被降为"部门",并且权威性低于公安机关。详言之,"公、检、法"的排序方式诞生于法院职能单一

---

[23] 封丽霞:《政党、国家与法治——改革开放30年中国法治发展透视》,人民出版社2008年版,第401页。

[24] 需要说明的是,县委政法委副书记与作为县委政法委委员的县法院院长、县检察院检察长之间并无上下级隶属关系。县委政法委副书记多为专职人员,是作为单位而言的县委政法委的副职领导,通常系正科级领导干部;县委政法委副书记在县委政法委会议上的权利与各位政法委委员相同。

[25] 参见夏正林:《论法院改革中法院院长的角色定位——兼议法官队伍去行政化》,《法治社会》2016年第3期,第88—101页。

[26] 彼得·L.伯格:《与社会学同游:人文主义的视角》,何道宽译,北京大学出版社2014年版,第114页。

（以刑事审判为主）、审判及执行任务较轻的时代。从源头上来看，"公安机关、检察院、法院"这样一种顺位表述始于党的八大政治报告，尽管在宪法、法律层面这样的表述并不符合国家机关设置的应有逻辑，但是基于当时社会治安形势较为严峻、阶级斗争仍在较大范围内存在的客观历史条件，其具有相应的时代合理性。[27] 20世纪90年代以来，我国进入了发展社会主义市场经济、全面建设社会主义法治国家的新时代。与此相应，出现了"诉讼爆炸"的新情况，法院在业务上实现了从单一的刑事裁判向多元的民事、刑事、行政裁判以及非诉讼案件执行的跨越；同时，检察院也实现了职能从单一的刑事公诉向多元的刑事公诉、侦查监督、民事行政检查监督以及监所法律监督等的转换。2013年启动的新一轮司法改革更进一步明确提出了"优化司法职权配置""依法独立公正行使审判权""以审判为中心的诉讼制度改革"。在此语境之下，政法治理结构中的"公、检、法"次序开始转向"法、检、公"次序，回归宪法、法律所赋予的"一府两院"之应然逻辑。

（二）基层法院院长在县委政法委中的行动

基层法院院长在县委政法委中的行动可划分为扮演合作者和扮演制衡者两大类型。

1. 扮演合作者

县委政法委会议一经召开，包含基层法院院长在内的各成员即需出席，共商政法工作事宜。基层法院院长需要在政法委书记的组织、协调、支持、监督下解决人力、物力与编制等难题，有效开展司法活动以实施本区域的社会治理。具体而言，可将基层法院院长的合作行动划分为被动合作与主动合作两种情形：（1）被动合作。这是指基层法院院长根据上级要求，与其他政法机关进行合作以贯彻落实各项工作。因为上级下达的任务并非基于基层法院和基层法院院长的意志，所以谓之被动。（2）主动合作。这是指基层法院院长主动邀请其他同级政法机关共商事宜，尤其是提请召开政法委会议。主动合作的原因在于该工作机制在一定情况下是极富效率的——既可以群策群力、集思广益，又可以通过对话交流来调和几家政法机关之间的分歧，还可以将责任分散化。同时，此举还能够提升政法系统在与其他系统对话时的话语权——作为一个富有凝聚力、能够有力完成工作任务的光荣集体，无疑比一盘散沙更容易获得方方面面的认可。需要指出的是，在2013年中

---

[27] 参见韩大元、于文豪：《法院、检察院和公安机关的宪法关系》，《法学研究》2011年第3期，第3—26页。

央政法委、最高人民法院先后颁布实施《中央政法委关于切实防止冤假错案的规定》和《最高人民法院关于建立健全防范刑事冤假错案工作机制的意见》两个重要文件前,[28]地方政法委在不同程度上领导着具体的司法业务。是故,对于过去的这一阶段而言,在县委政法委会议中无论是宏观治理措施还是微观重要个案,都是经包含基层法院院长在内的各政法委委员共同商榷出来的。以刑事司法为例,依照法律程序,一起完整刑事诉讼案件的流程应该是公安侦查、检察院立案起诉、法院审判三个线性递进的环节。然而,在前述期间,部分重要刑事案件是以政法委召开会议讨论,法院、检察院、公安局"联合办案"的方式进行的。在此模式下,政法委书记、法院院长、检察长、公安局长及其各自所属机关一同跨阶段地对案件进行合作处理,甚至在案件上一阶段即预先定好下一阶段基调。无疑,此种贯穿全程的合作,将线性程序异化为圆形,有违法院、检察院、公安机关分工负责、相互制约的法定要求,其隐患不言而喻。不过,正如苏力教授所言:"一种制度得以长期且普遍地坚持,必定有其存在的理由,即具有语境化的合理性;因此首先应当得到后来者或外来者的尊重和理解。"[29]从扬弃的立场看,此种合作的积极面在于可对当地社会传递出政法机关不遗余力打击犯罪、全面维持社会稳定的正面信息。同时,效率的提高(诚然,此种对于效率的追求可能面临着危及公正的风险)对于犯罪防控、矫治不无益处。犯罪学奠基人贝卡里亚即指出:"犯罪与刑罚之间的时间隔得越短,在人们心中,犯罪与刑罚这两个概念的联系就越突出、越持续,因而,人们就很自然地把犯罪看作起因,把刑罚看作不可缺少的必然结果。"[30]

2. 扮演制衡者

在各政法机关合作的同时,基层法院院长对其他政法机关、其他政法机关负责人实施的制衡是必要的和现实存在的。一方面,源于理念不合,或者源于责任心、素养、能力的高下之别,基层法院院长会在必要时刻对其他政法机关负责人的意见持反对态度——远山县法院院长张一泓在任期内,便基于求真务实、践行法治的立场,在县委政法委会议上多次对县公安局侦查中心主义和治安本位的错误主张提出保留意见,并获得时任政法委书记与检察长的支持。另一方面,政法系统集体利益与共同追求的存在,并不能消解各具体机关的部门利益、负责人的个体利益。总之,为了本单位和负责人自身的利益最大化与责任最小化,抑或为了获得在政法系

---

[28] 自此,各级政法委"对事实不清、证据不足的案件,不予协调;协调案件时,一般不对案件定性和实体处理提出具体意见";禁止法院、检察院、公安机关"联合办案"。
[29] 苏力:《送法下乡——中国基层司法制度研究》,中国政法大学出版社2000年版,第90页。
[30] 切萨雷·贝卡里亚:《论犯罪与刑罚》,黄风译,中国大百科全书出版社1993年版,第56—57页。

统内更大的话语权,基层法院院长均可能对其他政法机关、其他政法机关负责人采取制衡措施,此点无疑值得反思。

四、司法组织结构舞台中的角色集:基层法院负责人

在司法组织结构舞台中,基层法院院长扮演着基层法院负责人这一角色集,并且该角色集可进一步划分为外部关系中的"下级法院"负责人和内部关系中的基层法院管理者两项内容。

(一)外部关系中的"下级法院"负责人

在法律规范层面上,"上级法院""下级法院"代表着法院间的审级分工,上下级法院之间是指导与被指导关系,而非领导与被领导关系。申言之,上级法院通过司法解释(最高人民法院)、审判监督(审判监督程序、二审程序)、案件指导、审判经验交流、法官教育培训等方式来实现对下级法院的指导与监督。然而,正如黄宗智教授所言:"研究法律不能就文本论文本,一定要看到文本之外的司法实践。法律表达与法律实践之间既有相符之处也有相悖之处,这是因为法律在实际运作之中,必须在一定程度上适应社会实际。正是表达与实践之间和法律与社会之间的既矛盾又抱合的关系,组成了法律体系的整体。"[31]在实践中基于下列因素,上下级法院之间呈现出实质上的领导与被领导的关系,基层法院院长扮演着被领导的下级法院负责人角色:

第一,基层法院的经费和组织人事管理实践。在过去很长一段时间内,法院的部分办公经费源于国家专项资金,亦即通过法院系统从上往下层层下拨,故上级法院对下级法院具有经费领导关系。同时,在"党管干部"的制度语境下,法官、书记员、法警和其他行政人员均属于"干部"范畴,而在该阶段,对基层法院实施组织人事管理的部门为当地党委组织部以及中级人民法院政治部,而司法系统专业性较强,法院人员流向政法系统以外的概率并不大,这就意味着上级法院对下级法院具有人事领导关系。依照2013年新一轮司法改革之要求,省级以下地方法院所需经费转由中央和省列入财政预算全额保障,在此基础上逐步实施统一管理,以免受到当地财政束缚;并且,省级以下地方法院的编制与人事亦逐步实施统一管理。在此

---

[31] 黄宗智、尤陈俊主编:《历史社会法学:中国的实践法史与法理》,法律出版社2014年版,第1页。

趋势下，上级法院对下级法院的经费和组织人事领导关系将得到一定强化。当然，从克服司法地方保护主义的角度出发，这是值得肯定的。

第二，基层法院的审判业务管理实践。法律赋予了上级法院对下级法院的业务指导权力，在实践中，此种权力一定程度上异化为上级法院对下级法院的业务领导权力。一方面，基层法院审理的任何个案都存在着上诉至中级人民法院进行二审的可能性，因此便存在着被中级人民法院发回重审或改判的可能性；另一方面，基层法院的权威性以及审判队伍的整体业务水平往往不及中级人民法院。因此，对于疑难复杂案件、社会影响力巨大的案件和受到当地行政干预的案件，基层法院的法官甚至院长往往会将案件向上级法院进行请示、汇报，寻求上级的支持乃至定夺。然而，此举存在着混同一审、二审，在实际上消解二审监督法律职能的弊端，而互相推诿的情况也时有发生。同时，由于远离当地，上级法院的业务管理、业务指导也未必都能够符合基层实际。例如，对立案、结案、调解等工作任务要求以及对相应考核指标设计要求过高的情况并非鲜见。㉜当发生前述情况时，基层法院院长可能会陷入带领全院"白加黑、五加二"式奋战（还可能会面临难以发放加班费的难题），或者对各种数据、报告进行"技术性处理"的两难境地。

第三，基层法院的涉诉信访管理实践。由于法院系统需要承担一定的涉诉信访维稳任务，而涉诉信访工作以"属地管理、分级负责"为原则，因此，基层法院需要接受上级法院的相应管理。详言之，涉诉信访工作依照信访人所在的县级行政区划分配任务，而非依照谁审理谁负责的原则。例如，一起由北定市中级人民法院一审、省高级法院二审终审判决的案件，与远山县法院并无直接关系。然而，由于信访人为远山县居民，从而该案归由远山县法院负责。在此逻辑之下，远山县法院院长张一泓对远山县辖区内的涉诉信访维稳工作负责，而北定市中级人民法院院长则对本市各区、县的涉诉信访维稳工作负总责。应当注意的是，随着2013年启动的司法改革与信访改革不断深化，前述情况将发生明显改变。

（二）内部关系中的基层法院管理者

在基层法院内部关系中，基层法院院长的管理者角色是由其党组书记与行政

㉜ 在数年前提倡"大调解"的阶段，北定市司法系统中一度出现过民事案件调解率不得低于80%的要求。然而，事实上并非所有类型、所有性质的民事案件都适宜于调解结案，而应该是"调解的归调解，裁判的归裁判"。更何况，各地的实际情况有所不同，存在着纠纷类型及其比值的差异性。采取此种"一刀切"的高标准要求，很可能导致不适宜调解的案件被强制调解，或者特定基层法院院长因无法完成调解指标而被上级不当地批评、问责。

领导、审委会主持者、首席法官三重身份所决定的。

1. 党组书记与行政领导

作为惯例，一名基层法院院长同时具备党组书记与院长双重身份。基于此，基层法院院长在审判业务管理、组织人事管理、经费管理、日常公务管理等方面均享有本院的最高权威。具体如下：(1) 通过主持党组会议、院长办公会议，基层法院院长可以对本院的日常公务、经费收支进行统筹安排。(2) 基于法律规范与组织制度，基层法院院长在本院组织人事方面发挥着最大作用。首先，组织制度赋予了党组书记向组织部门考察、推荐干部的职权；其次，法律赋予了院长提请同级人大常委会任命副院长、审委会委员、审判员的职权，以及自行任命助理审判员的职权；再次，党组书记兼院长有权对本院其他副职领导人的分工，以及各部门负责人、部门成员的岗位调整作出安排；最后，党组书记兼院长可以向同级党委、上级法院提交机构调整及人员编制草案。(3) 为履行审判职能，基层法院设置了各个业务法庭、乡镇派出法庭与执行局。由于宪法、法律所明确的依法独立行使审判权的主体为法院而非法官，实践中长期采取行政方式进行审判管理，分派不同副院长分管各业务部门，而院长对此负总责，采用请示、汇报、审批方式完成相应工作。基于前述，将"官大一级压死人"的俗语用在非行政机关的基层法院内部也是贴切的。喻中教授曾对此评价道："普通法官的身份在原告和被告面前尚可底气充足，唤作'法官'。但在'单位'内部，在这样一个他们长年累月置身其中的人群中，却只能算作'兵'，真正的'官'是院长、副院长们。'官'与'兵'之间的关系，就是日常生活中的命令与服从关系。"[33]因此，在西方国家，一个人穿上法袍担当法官，会被荣耀地视作法律职业生涯成功的标志；然而，在我国，尤其对欠发达地区的基层法院而言，过去的情况却大相径庭。无疑，法院系统去行政化正是新一轮司法改革的一个题中之义，以法官员额制和司法责任制为核心的一系列制度举措，均是旨在推动各级法院实现机构精简、层级简化、效率提高、管理权与审判权相分离、法官依法履职的目标。

2. 审委会主持者

审委会是法律所确立的实现审判工作集体领导的形式，院长是审委会的主持者。基层审委会的规模维持在 11 人左右（通常为奇数），院长、副院长为当然委员，其他委员多为专职审委会委员、各业务法庭庭长或研究室主任。审委会通常在出现以下两种情况时召开：一则，对本院确已生效的裁判，如认为确有法律错误与事

---

[33] 喻中：《乡土中国的司法图景》（第二版），法律出版社 2013 年版，第 104 页。

实错误,基层法院院长可通过提交审委会讨论,由审委会集体决定是否再审;二则,依据相关司法解释,实践中对于疑难复杂案件、社会影响力巨大的案件、受到当地行政干预的案件、受到检察院抗诉的案件,往往会由主审法官逐级请示至院长处,从而提请召开审委会。㉞ 在过去的审委会讨论中,基层法院院长可能扮演两种角色:其一,既出于集思广益、更好地处理案件,也出于塑造、维持自己民主、专业形象的考虑,先由其他委员尤其是对该类案件富有经验的委员发言,再由院长最终表态;其二,迫于外界压力或出于自身利益,院长预先发言表态定好基调,以期实现"一言堂"的效果——毕竟,院长拥有审委会委员的提名权,并且行使着本院人事推荐与人事分工的管理权,因此部分委员违背原则而对院长进行附和的可能性并非微乎其微。诚然,根据笔者的田野调查,远山县法院院长张一泓扮演的是前一种角色。值得肯定的是,依照2013年最高人民法院颁布的《最高人民法院关于建立健全防范刑事冤假错案工作机制的意见》之要求,从该意见实施之日起"审判委员会讨论案件,委员依次独立发表意见并说明理由,主持人最后发表意见",这无疑是相当必要和合理的制度完善措施。

3. 首席法官

基层法院院长通常享有本院最高的法官等级。在远山县法院,院长张一泓是唯一的三级高级法官。在此意义上,基层法院院长扮演着本区域首席法官的角色,代表着本院的法官形象,体现着本区域的司法水准,象征着本区域的司法权威。进言之,作为一名基层法院院长,其学历背景、专业水准、管理能力、语言谈吐、外貌气质等都会构成首席法官这一角色形象的要素。㉟ 同时,对于众多像远山这样的县城而言,基层法院在实质上构成了一个社区——毗邻的家属区、配套的生活设施例如公共食堂等均是其外在表征。因此,基层法院院长实际上还扮演着社区"大家长"的角色,需要维护整个干警及家属群体的利益。在笔者田野调查期间,若干法官、书记官、法警先后向院长张一泓反映情况,请求院长出面解决子女入学、生病就医等各种生活困难,甚至请求院长主持调解干警家庭矛盾或家属区内的邻里纠纷。此外,在重要节日,院长还会组织登门慰问、联欢会、文娱比赛等活动以增进社区成

㉞ 依照审委会规则,审委会讨论案件应当在审判庭审理的基础上进行,并且应当充分听取审判庭成员关于审理和评议情况的说明。审委会讨论案件时,如果有意见分歧,按照少数服从多数的原则进行表决。少数人的意见,应记入笔录。审委会的决定,合议庭应当执行。审委会讨论决定的案件的判决书和裁定书,应当以审理该案件的审判庭成员的名义发布。

㉟ 2008年暑期远山县承办了一次省级旅游盛会。在县委会议上,因县法院院长张一泓形象英俊儒雅,与会领导一致以半开玩笑半当真的方式推荐其为"远山县旅游形象代言人"。

员感情、强化集体凝聚力。

五、角色困境及其消解

社会角色是"人们对具有特定身份的人的行为期望,构成了社会群体或组织的基础"㊱。马克思指出:"法官除了法律就没有别的上司。法官有义务在把法律运用于个别事件时,根据他在认真考察后的理解来解释法律","独立的法官既不属于我,也不属于政府"。㊲ 社会赋予法官的角色期望,亦即法官的理想角色,是依法独立公正裁判、维护社会主义司法正义的法律适用者。作为法官代表与法院象征,法院院长理应担当法官理想角色的彰显者与司法内在规律的捍卫者。不过,角色演出必然受限于剧本和舞台,基层法院院长的现有角色表现是多种社会合力的结果,其同时存在着对外权威不足和对内权力集中的矛盾。回顾前文,不难发现在过去的一个时期内,地方法院被镶嵌在过度地方化㊳与行政化的系统结构中,从而致使以院长为代表的法官群体陷入了官僚化的角色困境中,法官的实际角色与理想角色之间存在着较大的距离。于是,一名法院院长或法官的基础角色、首要角色并非法律家,而是从事法律工作的行政官员,以行政化方式办理业务、寻求制度资源并致力于不断向上升迁——无疑,此种行动同时又不断再生产和强化着对应结构。因此,正如吉登斯所言:"我们在受制约中创造了制约我们的世界。"㊴

是故,对法院院长、法官的实际角色进行重构,从而实现其向理想角色的转换,是党全面推进依法治国重大方略的题中之义。因而,在党的领导下,以调整司法结构、优化司法职权、完善司法管理体制为要旨的新一轮司法改革势在必行。详言之,通过经费管理、人事管理、行政案件管辖等方式来破除法院的地方化,以及通过法官员额制、司法责任制、领导干部干预司法问责制、司法信息公开

㊱ 郑杭生主编:《社会学概论新修》(第四版),中国人民大学出版社2013年版,第155页。
㊲ 《马克思恩格斯全集》(第一卷),中共中央马克思恩格斯列宁斯大林著作编译局编译,人民出版社1995年版,第180—181页。
㊳ 笔者此处的"地方化"是在地方法院被地方权力行政化,从而有违宪法、法律审判独立要求的意义上使用。理应承认的是,地方法院必然具有地方性,这是宪法、法律的规定和地方法院必须服务于当地社会以维持自身合法性(legitimacy)使然。
㊴ 安东尼·吉登斯:《社会的构成——结构化理论大纲》,李康、李猛译,王铭铭校,生活·读书·新知三联书店1998年版,第9页。

等方式来改变法院的行政化,意义深远。同时,需要注意的是,在条条块块关系的调整中,如果不是先做好各地法院所需的资源保障和权威建构,而是匆忙让其与当地脱嵌并过多削弱法院院长的职权,则有可能产生违背良好初衷的意外结果。正如苏力教授所总结:"法治的理想必须落实到具体的制度和技术层面。没有具体的制度和技术的保障,任何伟大的理想都不仅不可能实现,反而可能出现重大的失误。"[40]因此,唯愿本文所做的调研与分析可为党和国家的司法改革这一伟大实践略尽绵薄之力。

---

[40] 苏力:《送法下乡——中国基层司法制度研究》,中国政法大学出版社2000年版,第2页。

法治及其美德*

约瑟夫·拉兹** 著　朱　振*** 译　叶会成**** 校

　　哈耶克提出了一种关于法治理想的最清晰和最有力的阐述:"抛开所有技术性因素,法治意指政府在其所有行动中都受事前确定并宣布的规则之约束——这些规则使得人们有可能十分确定地预见到当局在特定情况中将会怎样行使其强制权力,并根据对此的了解规划自己的个人事务。"① 与此同时,哈耶克从这一法治理想得出某些结论的方式说明了当下对待法治理论的两大主要谬误之一:关于法治首要重要性的假定。我这篇文章有两个目标,一是借助上文征引的哈耶克关于法治理想的论述之精神来分析这一理想;二是表明为什么他从这一理想得出的诸多结论却不能因此而获得支持。但是首先,我们必须提防关于法治的另一常见谬误。

　　我们经常会看到,当一个政治理想契合了许多人的想象时,这一理想的名称就

---

* 　首次发表于 The Law Quarterly Review(1977)。本文的一个草稿曾提交给由自由基金会和旧金山大学所赞助的一个会议。我感谢 Rolf Sartorius、Douglas Hutchinson 以及 David Libling 所提出的有益建议,他们以各种方式改进了本文的一个初稿。
** 　约瑟夫·拉兹(Joseph Raz),曾为牛津大学法哲学教授,现为牛津大学研究教授(Research Professor)、哥伦比亚大学法学院 Thomas M. Macioce 讲席教授。
***　朱振,吉林大学法学院教授。本文译自 J. Raz, The Authority of Law: Essays on Law and Morality, Oxford University Press, 1979, pp. 210-229。在翻译过程中,译者就翻译的疑难之处与学友韦洪发有过许多有益的交流,特此致谢。当然,翻译的所有失误之处由译者承担。
****　叶会成,复旦大学法学院师资博士后。
①　F. A. Hayek, The Road to Serfdom (London, 1944), p. 54.

变成了由它的众多支持者所使用的一个口号,但这一口号却与政治理想原初设计的用意甚少关联,或与之全无关系。不久前的"民主"与当下的"隐私"的命运正是这一熟悉进程中的两个例子。1959年在新德里召开的国际法学家大会就对法治理论的一个类似的曲解给予了官方认可。

> 在一个法治之下的自由社会中,立法机构的功能是创立并维持将会维护作为一个个体的人之尊严的诸多条件。这一尊严不仅要求承认他的公民权利与政治权利,而且要求确立社会的、经济的、教育的和文化的诸多条件,这些条件对于其人格的全面发展来说是必不可少的。②

这一报告接着提及或援引了几乎所有的政治理想,只要它们在战后世界的任何一个地方获得了支持。

如果法治意味着良法之治,那么解释法治的性质就成了提出一种完整的社会哲学。但如果是这样的话,法治这个术语就将缺乏任何有用的功能。如果只是为了认识到信任法治就是追求好的事物,那么我们就完全没有必要皈依法治。法治是一个政治理想,一个法律体系可能或多或少地缺乏或拥有这一理想。这基本是一个共识。我也坚持认为,法治仅是一个法律体系可能拥有和据以评价的诸多美德当中的一种。法治不能与民主、正义、平等(法律面前的平等或其他形式的平等)、任一种类的人权、尊重人或尊重人之尊严相混淆。一个建立在否认人权、广泛贫困以及种族隔离、性别不平等和宗教迫害基础上的非民主法律体系,也许大体上比更开明的西方民主国家中的任何一个法律体系都更好地遵循了法治的要求。但这并不意味着这个法律体系将比那些西方民主国家的法律体系更好。它将是一个无比糟糕的法律体系,但是它将在如下这个方面是突出的,也即其遵循法治这一方面。

考虑到近年来对"法治"这一表述的随意使用,我的主张将会警示许多人,这一点也不让人意外。现在我们已达到如下阶段:没有一个语言纯粹主义者(purist)能够主张真理就在他这边,并责备其他人歪曲了法治的概念。对于我的论述,我所能够主张的是:首先,我的看法呈现了一个关于法律体系应当拥有一种重要美德的连贯观点;其次,我的看法也不是原创性的,即我正在效仿哈耶克以及以类似方法理解"法治"的许多其他论者。

---

② 1959年在新德里召开的国际法学家大会第Ⅰ委员会之报告中的第1款。

一、基本理念

"法治"意味着就是其字面上所说的意思:法律的统治。就其最宽泛的意义而言,这意味着人们应当遵守法律并受其统治。③ 但是在政治和法律理论中,我们必须在一个更为狭隘的意义上解读法治,也即政府应当受法律的统治并受制于法律。此种意义上的法治理想经常被表述为"法治的政府而非人治的政府"这一习语。一旦有人使用这些俗套话,它们的模糊性就显现出来了。毫无疑问,政府既是由法律来统治,又是由人来统治。据说法治意味着所有的政府行为必须有法律上的基础,必须由法律来授权。但是,那不是一种同义反复吗? 不经法律授权的行为就无法作为一个政府的治理行为。它们将不具备法律效果且经常是不合法律规定的(unlawful)。

确实,我们可以精心设计出一个关于政府的政治概念(这个概念将不同于其法律上的概念):作为社会中真实权力之所在的政府。正是在这种意义上,我们能够说,英国被伦敦城(The City)或工会统治着。对于此种意义上的"政府",说它应当基于法律之上就不是一种同义反复。如果统治一个国家的工会为了对议会强加它的意志而违反产业关系法,或者如果总统或美国联邦调查局授权入室盗窃并密谋妨碍司法,我们就可以说它们违反了法治。但是,此处的"法治"是在服从法律这一原初意义上所使用的。正如其他任何人一样,有权势的人们和政府官员也应当服从法律。这无疑是正确的,然而这种看法穷尽了法治的含义了吗? 相比于法律和命令,法治需要更多的解释。相比于适用于政府的法律和命令,法治甚至意味着更多的内容。我接下来对法治的研究将建立在如下假设的基础之上,即我们关注的是法律意义上的政府以及适用于政府和法律的法治观念,而不仅是法律和命令之观念的应用。

但问题在于,现在我们又回到了最初的困惑。根据定义,如果政府是由法律所授权的政府,那么法治似乎等同于一种空洞的同义反复,而非一个政治理想。

这一令人迷惑的问题之答案在于区分"法律"的专业含义与非专业含义。对法律人来说,任何事物如能满足存在于法律体系中的承认规则或其他规则之中的有效条件,它就是法律。④ 这包括宪法、议会立法、行政法规、警方命令、有限公

---

③ 关于此一含义,请比较 Jennings, *The Law and the Constitution* (London, 1933), pp. 42-45。
④ 在此我遵循了哈特的观点, *The Concept of Law* (Oxford, 1961), pp. 97-107。

司的章程以及交易许可条件等等。对外行人来说,法律只是上述规则的一个子集(subclass)。对他而言,法律(the law)在本质上是一套公开的、一般的以及相对稳定的法律集合(laws)。如果"法律"意指一般、公开且相对稳定的法,法治而非人治的政府就不是一种同义反复。事实上,此一解释的危险之处在于,法治也许设置了一个过于严格的要求,没有法律体系能够满足它,并且这一要求也只体现了非常之少的美德(virtue)。根据人的(humanly)经验和知识,法律只能由一般性规则组成是令人难以置信的,即使如此也是非常不可欲的(undesirable)。正如我们既需要法律治理的政府,又需要由人来治理的政府,因此我们既需要一般的又需要特别的法律(laws)去完成诸多工作,正因为这些工作我们才需要法律(the law)。

　　法治理论并不否认每一个法律体系应当既由一般、公开且稳定的规则(法律的通行观念)组成,又由特殊法律(法律命令)组成,这些特殊法律是行政和司法等类似部门实施管理的一个必不可少的工具。正如我们将看到的,法治理论所要求的是,特殊法律从属于一般、公开且稳定的法律。特殊法律的制定应当受公开且相对稳定的一般规则的指导,这是法治理论的一个重要原则。

　　这一原则表明了法治而非人治的口号怎样被解读成了一个有意义的政治理想。然而,这个原则没有穷尽"法治"的含义,并且它自身也没有详尽阐明其被宣称的重要性的理由。因此,让我们返回"法治"的字面含义。它包括两个方面:(1)人们应当受法律的统治并遵守它;(2)法律也应当能够指引人们。正如上文所述,我们关注的正是第二个方面:法律必须能够被遵守。一个人遵守法律是在他不违反法律的意义上说的。但是,前提是他遵守法律的部分理由是他知道了法律,他才遵守了法律。因此,如果法律将被服从,它必须能够指引法律主体的行为。法律必须如此,从而人们能够发现法律是什么并根据它来行动。

　　法治理论源于以下基本直觉:法律必须能够指引其主体的行为。显而易见,这种法治观念是一种形式法治。它完全不涉及法律是怎样被制定的:通过专断君主、民主的多数决,或其他任一方式。它也完全没有提及基本权利、平等或正义。人们也许甚至认为,这种版本的法治理论是形式的,一定程度上就是说它几乎完全没有内容。这种看法大错特错。在我们用法治象征着所有关于国家的美德之前,我们能够从这一基本理念中得出与法治相关的大多数要求。

二、一些原则

源于法治这一基本理念的许多原则的有效性和重要性依赖不同社会的具体状况。尝试列举所有这些原则意义不大,但是其中一些较为重要的原则可列举如下:

(1) 所有的法律都应当是可预期的、公开的以及明确的。人们不能受一部溯及既往的法律的指引。在人们行动的时候,这部法律是不存在的。众所周知,有时候我们肯定要制定一部追溯既往的法律。当这发生之时,追溯既往并不与法治相冲突(尽管可以基于其他理由反对这部法律)。法律必须公开且被广为传播。如果法律要指引人们的行为,人们就必须能够发现法律是什么。基于同样的理由,法律的含义也必须是明确的。一部模棱两可、模糊不清、令人费解或不够精确的法律将可能误导至少一部分欲受法律指引的人们或带来混乱。

(2) 法律应当是相对稳定的。法律不应当被频繁修改。如果被频繁修改,人们将会发现在特定时刻找到法律的规定是困难的,并且人们也会持续地处于如下担心之中:即使他们最近知晓法律的规定是什么,法律也一直在被改变。但更重要的仍是如下事实,即人们需要了解法律,这不仅是为了短期决定(在哪里停车、多少酒水允许免税等等),而且是为了长期计划。对商业计划来说,至少了解税法和公司法的大体轮廓,有时甚至是了解细节,经常是重要的,(因为)这些商业计划只有在若干年后才能成功。如果人们在其长期决定中将受法律指引,法律的稳定性是必不可少的。⑤

该原则表明了如下三个要点:第一,遵守法律通常是一个程度问题,不仅当对作为一个整体之法律体系的遵守来说是利害攸关时是如此,而且对于单个法律的遵守来说也是如此。一部法律或者是追溯既往的,或者不是,但它或多或少是明确的、稳定的等等。然而应当记住的是,宣称遵守这些原则是一个程度问题并不意味着遵守的程度能经由计算违反法律的数目或某个类似的方法而得以量化。一些违反原则的行为要比另一些违反原则的行为更加恶劣。有一些只是在形式上侵犯了这些原则,并没有违反法治理论的实质精神。第二,法治诸原则主

---

⑤ 当然,由法律的不稳定性引起的不确定性也会影响人们的计划和行为。如果不是如此的话,稳定性也将不会有任何重要性。我想说的是,仅当法律是稳定的时候,人们才会受到他们对法律内容认识的指引。

要影响了法律的内容与形式（法律应当是可预期的、明确的等等），但是不独如此。法治诸原则也影响了政府的治理方式，这种影响超出了政府治理的原本方式或能够被法律有效规定的范围。稳定性的要求不能有效地受制于完全的法律规制（legal regulation）。很大程度上它是一个政府的明智政策的问题。第三，尽管法治主要涉及的是作为服从于义务和行使权力之政府机构（关于这点，下文将有更多论述）的私人公民，它也涉及私权力的行使。授予私权力的规则是被设计用来指引行为的，如果这些规则想要能够有效指引人们的行为的话，那么它们就必须要遵守法治理论。

（3）特别法（特别法律命令）的制定应受公开、稳定、明确以及一般性规则的指导。我们有时会认为，一般性的要求是法治的本质。这一观念源自（正如上文所述）"法治"的字面解释，即法律在其非专业的意义上被认为是局限在一般、稳定且公开的法律范围之内。这一看法也得到了如下这一信念的强化，即法治尤其与对平等的保护有关，而这种平等是和法律的一般性相连的。正如上文经常在谈论的，上述这一信念是错误的。种族的、宗教的以及所有的歧视方式不但是与一般性规则共存的，且通常都是经由一般性规则而得以制度化的。

我所正在捍卫的法治的形式观念并不反对特别法律命令，只要它们是稳定的、明确的等等。但是当然，特别法律命令主要被政府机构用来增加法律的灵活性。治安警察管理交通，证件审核机关在某些情况下发放许可证，所有上述以及诸如此类的情形属于法律中更具即时性的部分。就其本身而言，它们违背了法治的基本理念。这些行为使得人们基于对法律的了解而提前计划变得困难起来。如果即时性的特别法只是在一个由一般性法律所设定的框架内被制定，上述困难在很大程度上就能被克服，（因为）一般法要更加持久，并限制了特别命令所引起的不可预期性。

两类一般性规则为特别法的制定提供了框架：一类是为发布有效命令而授予必要权力的规则；另一类是为引导权力持有者如何行使权力而施加义务的规则。二者在为特殊法律命令的创立提供一个稳定的框架方面具有同等的重要性。

显然，类似的考量也适用于不符合稳定性之要求的一般法律规定。它们也应该被约束起来而遵守一个稳定的框架。因此，这一要求——大多次级行政法的制定应当遵循详尽的基本规则（ground rules）——也应当规定在框架性法律之中。然而必不可少的是，不要把这一主张与民主的主张相混淆，后者是使民选机构对非民选机构的立法进行密切监督。这些更进一步的主张也许是有效的，但与法治无关，并且，即使有时它们加强了法治的典型主张，但在其他场合它们却会支持与法治不同的、甚至是相冲突的结论。

（4）司法独立必须得到保证。国内法律体系的本质就是它们设立了司法机构，这些机构被赋予就起诉到法院的案件适用法律的义务（当然还有别的职能），并且司法机构对于那些案件之法律上的判决和结论是终局性的。既然几乎源于法律之中的任何问题都受制于一个最终的法庭判决，显然，如果当问题提交裁决之时，法庭将不适用法律而以其他理由裁判，那么基于法律而指引人的行为就将是徒劳的。这一点甚至能够以如下更强硬的立场提出来：既然法庭的判决最终确定了适用于案件的法律是什么，那么仅当法官正确地适用了法律的时候，双方当事人才能是受到了法律的指引。⑥ 否则，人们将只能根据他们关于法庭将可能做什么的猜测来指引自己的行为——但是，这些猜测不会是基于法律而是基于其他因素。

涉及司法独立的诸多规则——任命法官的方法、法官职位的稳定性、确定薪水的方式以及其他的服务条件——是被用来保证法官免于外来的压力，并独立于所有的权威而只服务于法律权威的。因此，这些规则对于法治的维续是必不可少的。

（5）自然正义原则必须被遵守。公开且公正的听证、免于偏见以及诸如此类的要求对于正确适用法律显然是必不可少的，并且考虑到上文提及的同样因素，它们对于法律指引行为的能力也是如此。

（6）法庭应当拥有对其他原则之实施的审查权。这包括对下位立法、议会立法以及行政行为的审查，但是就其自身来讲，它是一种非常有限的审查——仅仅是确保遵守法治。

（7）法庭应是易于接近的。鉴于法庭在确保法治中的核心地位（参见第 4 项和第 6 项原则），显然它们的可接近性至关重要。长期拖延、过高的费用等问题，实际上也许会把最开明的法律变成一纸空文，并将挫败一个人经由法律而有效引导其行为的能力。

（8）不应当允许预防犯罪机构（*the crime-preventing agencies*）的自由裁量败坏法律。不仅法院，而且警方和检方的行为都可能背叛法律。例如，不应当允许控方决定对某些犯罪或某些种类的罪犯所犯的罪行不予起诉。不应当允许警方为全力预防和侦察某些犯罪或起诉某些类型的罪犯而分配其资源。

上述列举是很不完整的。我们也能提及一些其他原则，而已提到的原则还需要进一步的说明和正当性论证（例如第 6 项原则所要求的，为什么是法庭而不是某

---

⑥ 我没有否认法官也在立法。法治的这一原则主要是在法官有义务适用法律的意义上适用于他们的。正如所有的立法者一样，法官只有作为立法者时才受制于这些相同的原则。

个其他的机构应当审查对法治的遵守？等等）。⑦ 我列举上述原则的目的只是为了表明法治之形式观念的力量与成效。然而应当记住的是，在最后的分析中，法治理论依赖其基本理念，即法律应当能够提供有效的指引。这些原则不能根据自身而得到证明。它们必须总是根据基本理念才能加以解释。

上述所列八项原则可以分成两组。第1—3项原则要求法律应当遵守一些标准，这些标准被设计用来使得法律能有效指引行为。第4—8项原则被设计用来确保实施法律的法律机构不应当通过歪曲的实施来剥夺法律引导行为的能力，并且确保法律机构应当能够监督对法治的遵守，并对违反法治的情形提供有效的矫正。所有的这些原则都直接涉及治理的体制与方式，而这些事务也都直接和法治相关。不必说，社群生活的许多其他方面可能会以更为间接的方式加强或削弱法治。一个由渴望捍卫法治的人们所经营的自由出版机构，将会为维护法治提供巨大的帮助，正如一个被压制的或由想要破坏法治的人们所经营的出版机构将会对法治产生威胁一样。但是我们在此不必关注这些更为间接的影响。

三、法治的价值

我正在捍卫的法治理论的诸多优点之一是，存在如此之多的法治并不为之服务的价值。遵守法治是一种美德，但仅是一个法律体系应当拥有的许多美德中的一种。这使得明确法治真正所服务的价值就变得更加重要。

法治经常被确切地用来与专断权力（arbitrary power）相对比。专断权力比法治更广泛。专断统治的许多形式都与法治兼容。一个统治者能够基于突发奇想或自私自利等等理由促进一般性规则而不违反法治。但确定无疑的是，专断权力许多更为常见的表现是与法治相冲突的。一个法治政府禁止溯及既往地、突然地或秘密地改变法律，无论这一做法在何时符合了政府目的，都是如此。法治排除所有形式之专断权力的一个领域就是在司法机关适用法律的职责中要求法官只服从法律并遵守相当严格的程序。⑧ 同样重要的是，法治施加了对于制定特别法以及因此对

---

⑦ 众多学者已经探讨过类似的原则清单。英国论者已被戴雪并不成功的理论迷惑得太久。与我类似的一个列举参见朗·富勒的《法律的道德性》（*The Morality of Law*, 2nd ed., Ch. 2）。他对于许多原则的讨论有着良好的见识与判断。我放弃他的一些原则的主要理由在于我和他对于一个法律体系内部众多法律之间的冲突有着不同的观点。
⑧ 法治自身并未排除由法官进行专断立法的所有可能性。

于行政部门权力的限制。为了个人目的——出于复仇或偏爱——而专断地使用权力最经常地表现在制定特别法律命令方面。严格坚持法治可彻底限制这些可能性。

"专断权力"是一个难以解释的概念。我们没有理由在此分析它。然而看起来好像是,仅当一个行使权力的行为要么对它是否能够服务于单独证成权力行使之目的表示了漠视,要么就认为它并不服务于这些目的的时候,这一行为才是专断的。这些被间接提及的目的之性质会随着权力的性质而变化。这一情形把"专断权力"看成是一个主观概念。它完全依赖于掌权者的心智状态。严格说来,法治并不直接涉及专断权力的范围。但是围绕专断权力的主观内核,它已生发出一个明确的客观边界。既然人们普遍认为基于私人目的而运用公共权力是错误的,那么任何这样的权力使用就其自身来说都是一个权力之专断使用的例子。正如我们一直所见,法治确实有助于控制这些形式的专断权力。

但是,还有更多的理由来珍视法治。我们珍视选择生活样式和生活形式的能力,即确定长期目标并把人的生活有效导向这一目标的能力。一个人这样做的能力,依赖于存在一些关于人的生活与行为的稳定且确定的框架。法律能够以两种方式帮助我们获得这些确定的参照标准(points of reference):(1)通过稳定社会关系的方式,如果没有法律的话,这些社会关系也许会以不稳定的以及难以预知的方式而瓦解或发展;(2)通过一个自我限制(self-restraint)的政策方式,这一政策设计使法律自身成为一个对个人计划来说稳定的和安全的基础。第二个方面正是法治所要关注的。

法治的另一美德经常被人——特别是被哈耶克——看成是保护个人自由。在自由的如下意义上,即自由被等同于一个在许多可能的选择之间进行有效选择的能力,这一看法是正确的。人之生活环境中的可预期性确实提高了人的行为能力。⑨ 如果这就是自由,那很好。但重要的是要记住,自由这一含义不同于政治自由通常意指的含义。政治自由由两部分组成:(1)对某些侵犯个人自由之行为形式的禁止;(2)为了把对个人自由的干涉最小化而对公共机构的权力加以限制。禁止侵犯个人的刑事犯罪是保护个人自由第一种模式的一个例子,政府不能限制迁徙自由是第二种模式的一个例子。正是在这一含义上,宪法上保障的权利至关重要才是与政治自由相关联的。法治也许还是保护个人自由的

---

⑨ 但是福利法和政府的经济调控经由提高人们的福利(如果成功的话)也增进了自由。在这一意义上,如果法治作为自由之堡垒而得到捍卫,原则上它就几乎不能被用来反对政府对经济的管理。

另一种模式。但是法治并不涉及免于政府干涉之行为领域的存在,并且与显著违反人权是相兼容的。

比上述两种价值更重要的事实是,如果法律想要尊重人的尊严的话,遵守法治就是必要的。尊重人的尊严需要把人们看成能够计划和构想他们未来的个体。因此,尊重人们的尊严包括尊重他们的自主性(autonomy),即他们支配其未来的权利。一个人对他生活的支配从来都是不完全的。有可能对许多生活方面中的任何一个方面的支配都是不完全的。这个人也许不知道他的选择,不能决定做什么,没有能力认识到他的选择或在选择的努力中遭受了挫折,或者他也许根本就没有选择(或至少是没有值得拥有的选择)。由于自然的原因或个人自我性格与能力的局限,所有的这些失败都有可能发生。

当然,一个人的行为也许会以许多方式影响着其他人的生活。只有某些这样的干涉才算侵犯受影响人的尊严或违背受影响人的自主性。这样的侵犯可以分成三类:侮辱、奴役以及操纵(我是在一种有点特殊的意义上使用后两个术语的)。如果一个侮辱包含或暗示了否定一个人是一个自主的人或他应被作为一个自主的人而对待,这个侮辱就侵犯了他的尊严。如果一个行为通过对环境的操纵而在实际上否定了另一个人所有的选择权,这个行为就奴役了他。(尽管这个行为也许是长时段的控制——正如在真实的奴隶制中那样,我在此意指的也包括在一个单独的场合强制其他人以某一方式行动。)一个人可以通过故意改变另一个人的偏好、信仰、行为能力或做决定的能力而操纵这个人。换言之,操纵是对人、对与内在于他的自主性相关的那些因素的操纵。奴役是通过改变外在于人的因素而消除了人的自我控制的能力。

法律能够以多种方式侵犯人们的尊严。遵守法治绝不保证这些侵犯不会发生。但我们清楚的是,蓄意忽略法治侵犯了人的尊严。法律的职责就是通过影响人们的选择而引导人的行为。例如,法律也许在没有违反法治的情况下建立了奴隶制。但是蓄意违反法治侵犯了人的尊严。违反法治可以表现为两种方式。它也许导致了不确定性,也许导致受挫的和让人失望的预期。当法律不能使人们预知未来发展或形成确切预期时(正如在模棱两可的情形中以及存在广泛自由裁量的大多数情形中),它导致的就是不确定性。当鼓励人们依赖现有法律并在此基础上进行计划的法之稳定性和确定性被溯及既往的立法或阻碍适当执法等等所破坏的时候,它导致的就是受挫的预期。不确定性的危害在于为专断权力以及限制人们为其未来而计划的能力提供了机会。挫败预期的危害更大。除了这些危害引起的具体损害之外,它们也表达出了以藐视人们自主性的方式侵犯人的尊严。如此情形中鼓励自主的行为的法律只是为了挫败其自身的目的。当这样的挫败是人之行为的结果或诸多社会机构之活动的结果时,那么它就对人表达了不尊重。通常,这与诱捕相类似:一个人被无辜地鼓励依赖法律,而随后这一保证又被撤回,这正是他对法律的依赖转而成为对他造成伤害的原因。一般而言,确实在总体上遵守法治的一个法律体系至少是在如下意义上把人当作人来对待的,即它试图通过影响人们的行为环境而指引其行为。因此,这一法律体系预设人们是理性的、自主的人,并意图经由影响他们的审慎思考而影响其行为与习惯。

遵守法治是一个程度问题。完全的遵守是不可能的(某些模糊性是不可避免的),并且最大可能的遵守总体来说是不可欲的(某个受控的行政自由裁量要比没有更好)。但人们普遍认同,全面地遵守法治将被高度珍视。但是,我们不应当贸然相信法治的价值,也不应当盲目坚守它。理清法治所服务的各种价值有助于明智地评估在各种可能的或现实的对法治的侵犯中什么是利害攸关的。其中一些情形是侮辱人的尊严、对专断权力不加约束、挫败人们的预期以及破坏人们的计划能力。其他的情形则只包含这些危害中的某一些。尽管法治理论依赖其基本理念的坚固内核,但违反法治之不同方式的危害却并不总是相同的。

四、法治及其本质

朗·富勒[10]一直主张他所列举的法治诸原则对于法律之存在是必不可少的。这一主张如果正确的话,那么它不但对于我们理解法治而且对于我们理解法律与道德之关系都至关重要。我一直在把法治作为一个理想,即作为法律应当遵守的一个标准,但法律能够并有时确实非常彻底地和系统地违反这一标准。尽管富勒承认背离法治理想的情况是可能发生的,但他否认这些背离是根本性的和彻底的。他主张,一个法律体系在某种程度上而言必然是遵守了法治的。从这一主张出发,

---

[10] 在《法律的道德性》(*The Morality of Law*, 2nd ed. [Yale, 1969])一书中,富勒的观点是复杂的,他的主张众多且难以理清。他的许多观点是不牢固且得不到支持的。其他一些观点是富有启发性且有益的。分析与评价这些观点不是我的目的。对此有一个我比较赞成的讨论,请参见 R. E. Sartorius, *Individual Conduct and Social Norms* (Encino, California, 1975), Ch. 9。

他得出结论,法律与道德之间存在必然关联。法律必然是道德的,至少在某些方面。

上文第二部分所列举的大部分原则并不能够被任何一个法律体系一并违反,这当然是正确的看法。⑪ 法律体系以司法机构为基础。除非存在设定这些机构的一般性规则,否则就不可能存在任何类型的司法机构。在一个具体的争论中,一个特别的规范能够授权司法裁决,但是无论多少数量的特别规范也不能设立一个司法机构。与此类似,溯及既往的法律能够存在,只是因为存在实施它们的机构。这意味着,如果溯及既往的法律想要拥有效力,则必须存在可预期的法律来指导那些司法机构适用溯及既往的法律。用哈特的理论术语就是,我们可以说,在每一个法律体系中,至少它的某些承认规则和审判规则必须是一般的和可预期的。当然,如果这些规则要让人看得明白的话,它们也必须是相对明确的,等等。

显而易见,一般性、明确性、可预期性等等对法律来说是必不可少之程度,是最低限度的,并且该程度与对法治的严重违反是能够保持一致的。难道上文论及的那些种类的考量不是充分确立了"在任何一个法律体系中,必定至少存在一些道德价值"的看法吗?我认为并不充分。法治在本质上是一种消极价值(negative value)。法律不可避免地创造出了一种专断权力的巨大危险——法治就是被设计用来把这种由法律自身创造的危险减到最小。与此类似,法律也许是不稳定的、模糊的、溯及既往的等等,并且因此侵犯人们的自由和尊严。法治也被设计用来阻止这一危险。因而,法治在如下两种意义上是一种消极价值:(1)除非通过避免恶,遵守法治并不产生善;(2)被避免的恶本来也只能由法律自身产生。当我们在狭义上将这一美德解释成避免欺骗时,它因此就有点儿类似诚实。(我并不否认,通常来讲,我们会认为诚实在更宽泛的意义上包括了其他有德行的行为及偏好。)诚实的好处不包括人们之间交流的好处,因为诚实是与拒绝交流相一致的。诚实的好处完全在于避免欺骗的危害——并且不是来自其他人的欺骗,而是来自诚实之人自己的欺骗。因此,只有一个能够欺骗的人才能是诚实的。一个不能交流的人不能主张诚实的任何道德价值。一个因无知或无能而不能毒死他人的人,不会因此而得到任何赞赏。与此类似,一条因为完全缺乏一般性、可预期性或明确性而不能惩罚专断权力或侵犯自由与尊严的法律,得不到任何道德称赞。上述看法只是

---

⑪ 在此我没有采用富勒的法律观念,而是宁可遵循我自己对哈特之观念的修改。请比较哈特的《法律的概念》和我的《实践理由与规范》(*Practical Reason and Norms* [1975], pp. 132-154)。因此,下文的讨论并不直接评论富勒自己的主张。

意味着存在一些种类的恶,这些恶是不可能由法律所引起的。正如法律不能实施强奸或谋杀因而不会拥有美德一样,这就不是法律的美德(法律所能做的就是惩罚这样的行为)。

富勒在法律与道德之间建立必然联系的努力失败了。遵守法治是一个道德上的美德,就此而言法治是一个理想,它应当成为一个现实,但也许无法实现。然而,存在另一个论证来确立法律与法治之间的必然联系,尽管这一论证并不保证对于法律的任何美德。无论法律被设计用来取得什么样的目的,遵守法治都是非常必要的。但这一陈述应当是有条件的(qualified)。我们能够把法律意欲服务的目的分成两类:一类是通过遵守法律自身而能实现的目的,另一类是法律意图实现的目的,它们是遵守法律或了解其存在的那些更进一步的结果。[12] 于是,法律禁止在政府雇佣中实施种族歧视的直接目的,是要在雇佣、升迁及政府雇员的服务条件方面确立种族平等(因为歧视行为是违法的)。它的间接目的也许正是想要在总体上改善国家中的种族关系,防止某些工会罢工的威胁,或者阻止政府声望的衰退。

遵守法治并不总是使法律间接目的的实现变得便利,但它对法律直接目的的实现至关重要。这些目的通过遵守法律而取得,对法律的遵守可通过人们把法律铭记于心并因此来指引自己的行为而得以实现(除非对法律的遵守是偶然获得的)。因此,要使法律的直接目的不被挫败,法律必须能够指引人之行为,并且法律愈是遵守法治的原则,它愈是能做得好。

在本文第二部分中我们认识到,遵守法治是法律应当拥有的诸多道德美德中的一种。当前的思考表明,法治不仅仅是一种道德上的美德——它在根本上还是法律直接服务任何良好目的一个必要条件。当然,遵守法治也能使法律服务于坏的目的。但那并不表明遵守法治就不是一项美德,正如如下事实一样,一把锋利的刀子能够被用来制造伤害并不表明锋利就不是刀子的一项好的品质。这至多表明,从当前的考量视点来看,它不是一个道德上的善。锋利是刀子的一个内在善的特征。一把好的刀子是一把锋利的刀子(当然还有别的特征)。与此类似,遵守法治是法律的一个内在价值,事实上是它最重要的内在价值。通过规则及负有适用规则之职的法庭而指引人之行为恰恰是法律的本质所在。因此,法治是法律特定的优秀品质。既然遵守法治就其自身来说是法律的美德,法律就是法律而不管它

---

[12] 关于这一区别进一步的讨论参见上述第九篇文章。(本文译自拉兹《法律的权威》一书,该书第九篇文章是《法律的功能》["The Functions of Law"],参见 J. Raz, *The Authority of Law: Essays on Law and Morality* [Oxford, 1979], pp. 163-179。——译者注)

服务于什么目的,那么,法治——法院以及法律职业人员负有的特殊职责所在——被看成是法律的少数美德之一,就是可以理解的,而且也是正确的。

把法治看成法律内在的或特定的美德是一种工具性法律观念(instrumental conception of law)的结果。法律不仅是一个生活事实(a fact of life),还是一种社会组织形式,应当被合宜地使用,应当追求合理的目的。法律是由人们控制的一种工具,它是多用途的并能为许多种合适的目的而被使用,这些方面是它不同于许多其他工具的地方。像使用其他的工具、机器以及仪器一样,除非一个事物至少拥有某种履行其功能的能力,否则它不能成为这类事物。一把刀子除非拥有某种切割的能力,否则就不是一把刀子。法律要成为法律,就必须能够指引行为,不管它是多么无效率。像其他的工具一样,法律拥有一种特定的美德,它就像工具对于它所服务的目的是中立的一样,它在道德上是中立的。这就是效率之美德,即工具能作为一种工具所具有的美德。对于法律来说,这一美德就是法治。于是,法治是法律的一个内在美德,但就其本身而言不是一个道德上的美德。

法治的特殊定位并不意味着遵守它就不具有道德重要性。当法律履行有益之社会功能成为必要之时,遵守法治也是一个道德上的要求,更不用说遵守法治也成了一个道德美德;正如当生产一把锋利的刀子为一个道德目的所要求时,生产刀子也许具有道德重要性。对于法治来说,这意味着遵守法治实际上总是具有巨大的道德价值。

五、一些陷阱

遵守法治所带来的毋庸置疑的价值不应使人们夸大它的重要性。我们看到哈耶克怎样正确地注意到了法治对于自由之维护的重要意义。我们也看到,法治自身并不提供对于自由的充分保护。然而,我们思考一下哈耶克的观点。他从一段宏大陈述(a grand statement)开始论述,这段陈述不可避免地导致了让人觉得夸大的预期:

> 法律下的自由观念(the conception of freedom under the law),乃是本书所关注的首要问题,它立基于下述论点,即当我们遵守法律(亦即指那些在制定时并不考虑对特定的人予以适用的问题的一般且抽象的规则)时,我们并不是

在服从其他人的意志,因而我们是自由的。正是由于立法者并不知道其制定的规则将适用于什么特定的案件,也正是由于适用这些规则的法官除了根据现行规则与受理案件的特定事实作出其判决以外,别无其他选择,所以我们可以说这是法治而非人治(Laws and not men rule)……由于真正的法律不应当指涉任何特定者,所以它尤其不应当指向任何具体的个人或若干人。⑬

在哈耶克意识到了这一段论述所导致的荒谬后,他接着修改了他的观点,但仍旧把法治看成是自由的最高守护者:

> 有关真正的法律规则必须具有一般性的要求,并不意味着在有些情况下一些特殊规则不能适用于不同阶层的人,当然,其条件是这些特殊规则所指涉的仅是某些人所具有的特性。有一些规则或许只能适用于女人,有一些规则或许只能适用于盲人,一些规则或许只能适用于到了一定年龄的人。(在大多数这样的情形中,有关规则甚至也没有必要指明该规则所适用的那类人;例如被强奸或怀孕;此时,有关规则就毋需明确指明该规则适用于女人,因为只有女人才能被强奸或怀孕。)如果这样的界分为该群体中的人和该群体外的人同时认为是有道理的,那么这类界分就不是专断的,也不会使某一群体中的人受制于其他人的意志。但这并不意味着这类界分的可欲性须得到一致的同意,而只是说个人的观点不取决于该个人是属于该群体还是不属于该群体。⑭

但是在这里,法治被改换成包含了一种经由同意的政府形式,恰恰是这一政府形式被断言能保护自由。这是一种滑坡谬误,导致了将法治等同于良法之治。

哈耶克主要反对政府对经济的干涉:

> 现在我们必须转向讨论那些为法治从原则上予以否弃的政府措施;这些政府措施主要是指那些仅仅通过实施一般性规则并不能实现它的目的,而只有在对不同的人施以专断性的差别待遇的前提下方能实现其目的的措施。其

---

⑬ F. A. Hayek, *The Constitution of Liberty* (Chicago, 1960), pp. 153-154.(这段引文的翻译采用的是哈耶克:《自由秩序原理》,邓正来译,生活·读书·新知三联书店1997年版,第190—191页。译文有所改动。——译者注)

⑭ Ibid., p. 154.(这段引文的翻译采用的是哈耶克:《自由秩序原理》,邓正来译,生活·读书·新知三联书店1997年版,第192页。译文有所改动。——译者注)

间最为重要的措施就是决定谁应当被允许以何种价格或以何等数量提供不同的服务或商品的政府措施——换言之,亦即那些旨在对进入不同行业和职业的渠道、销售条件、生产或销售的数量进行管制的政府措施。

人们有许多理由可以认为,政府直接管制价格的做法(不论政府是实际上规定价格,还是仅仅制定那些决定通行价格所须依凭的规则),是与一有效的自由制度不相容的。在政府直接管制价格的第一种情形中,试图根据那些将有效指导生产的长期规则来确定价格,实是不可能的。这是因为适当的价格不仅依赖于不断变化的情势,而且还必须持续不断地针对这些情势加以调适。在政府直接管制价格的第二种情形中,政府并不直接规定但却通过某种规则(例如,价格必须在一定程度上根据成本加以确定的规则)加以确定的价格,对于不同的销售者会具有不同的意义,而且正是基于这个原因,它们会阻碍市场发挥自行调适的作用。此外,另一个更具重要意义的理由是,由于这种规定的价格与在自由市场上可能形成的价格不同,所以它们将导致供求关系失衡,而又如果欲使这种价格控制有效,那么政府还必须找到某种方法,以决定什么人应当被允许进行销售或购买活动,而这种决定则必将是一种自由裁量的决断,一定是那种即时的特定的决策,且必定是根据本质上是专断的理由对人施以区别待遇的决定。⑮

在这里,再次显而易见的是,哈耶克用充其量表明某些政策因经济原因是错误的诸多论证来表明这些政策侵犯了法治,并谴责制定这些有误导性但却完全基于公义的特殊命令是一种权力的专断行使。

因为法治仅是法律应当拥有的诸美德之一,人们期望法治仅拥有初步的效力。法治总是不得不与相竞争的其他价值相权衡。因此,哈耶克的观点只是在一定程度上表明了某些其他目标不可避免地与法治相冲突,而并不是在原则上表明"借助法律手段追求这些目标是不适当的"这一类观点。法治与其他价值之间的冲突正是我们所能预料到的。遵守法治是一个程度问题,并且,尽管其他条件相同时遵守的程度越大越好——但其他条件很少是相同的。所以,我们之所以更青睐较小程

---

⑮ F. A. Hayek, *The Constitution of Liberty*, pp. 227-228. (这段引文的翻译采用的是哈耶克:《自由秩序原理》,邓正来译,生活·读书·新知三联书店1997年版,第287、288页。译文有所改动。须注意的是,这两段引文在哈耶克的著作中并不是连在一起的,中间还有一段话,具体参见哈耶克:《自由秩序原理》,邓正来译,生活·读书·新知三联书店1997年版,第287—288页。——译者注)

度地遵守法治,正是因为它能帮助我们实现其他的目标。

在思考法治与法律应当服务的其他价值之关系时,记住法治在本质上是一消极价值尤其重要。法治只是被设计用来使法律对自由与尊严的损害降到最低限度,法律在追求它的目标时也许会引起这些损害,无论这些目标可能是多么值得称赞的。最后,把法治看成是法律的内在优秀品质意味着法治在本质上起到的是辅助性作用(subservient role)。遵守法治使法律成为实现某些目标的一个好工具,但是遵守法治本身不是最终目标。法治理论的这一辅助作用既表明了它的力量,也表明了它的局限。一方面,如果追求某些目标与法治完全不相容,那么这些目标就不应当用法律的手段来追求。但是另一方面,我们应以法治之名而小心翼翼地剥夺法律追求大多数社会目标的资格。毕竟,法治意欲使法律提升社会之善,它不应当轻率地被用以表明法律不应这样做。为了法治而牺牲太多的社会目标,也许会使法律变得贫瘠和空洞。

为什么解释？ *

约瑟夫·拉兹** 著　许婷玉*** 译

　　这篇文章涉及法律解释，但并非关于"如何解释法律？"这一问题。确切地说，它的目的是让我们严肃考虑以下问题："为什么解释是法律实践的核心？"毕竟，并非所有的规范性实践都赋予解释如此核心的地位。在这一方面，法律和道德截然不同。这种不同的原因与来源（sources）在法律中的地位有关。所谓"道德来源"（moral sources）并不存在，然而，法律来源（legal sources）是法律的核心。我主张，法律解释主要是对法律来源的解释，而非对法律的解释。为了明白解释为什么是法律实践的核心，需要理解来源在法律中的角色：法律需要来源的理由，以及因此来源应如何被对待。我将展现对这些议题的思考是如何与一些传统的法理学难题相联系的，比如法律和道德之间的关系是什么？法律存在漏洞吗？法律或法律解释是客观的还是主观的呢？

---

* 本文译自 Joseph Raz, *Between Authority and Interpretation: On the Theory of Law and Practical Reason*, Oxford University Press, 2009, pp. 223-240, 首次发表于 *Ratio Juris*, vol.9, no.4(December 1996), pp. 349-363。感谢作者约瑟夫·拉兹教授和牛津大学出版社的授权。——译者注

** 约瑟夫·拉兹（Joseph Raz），曾为牛津大学法哲学教授，现为牛津大学研究教授（Research Professor）、哥伦比亚大学法学院 Thomas M. Macioce 讲席教授。我感谢 Jeremy Waldron、Kent Greenawalt、David Leebron、Jules Coleman 和 Liam Murphy 对本文草稿的评论。

*** 许婷玉，中国政法大学 2018 级法学理论专业硕士研究生。在本文的翻译过程中，沈宏彬老师、叶会成老师、孟媛媛博士、张泽键等师友均对译文提出了宝贵的修订意见，在此向他们表达真诚的感谢。当然，文责自负。

一

我们法理学者写了很多有关解释的文章。通常,我们讨论在法律中适用的或将适用的解释方法。但是,我们通常不会问:"为什么解释?"你可能会认为解释是如此深地根植于法律之中,以至于提出这个问题毫无意义。解释将继续存在。的确如此,但是仅仅当这种观点被理解为一个怀疑性的问题——如果法律实践不像现在这样跟解释紧密联系,就不会变得更好吗?——时,其才构成对"为什么解释?"的反对。然而,这不是我想讨论的问题。我的目标是试图理解:解释在司法裁判中扮演着如此关键的角色,从这一事实之中,我们可以探究到哪些法律的本质属性呢?

让我从解释在法律实践中的重要性所引发的五个议题谈起。

第一,法律经常跟道德相比较,在法哲学领域中,法律和道德之间的关系是不断被讨论的难题之一。对道德和道德实践而言,解释①并非必不可少的,但对法律实践而言却是。为什么存在这样的差异?这一差异可以在某种方式上阐明法律与道德的关系吗?

第二,法律旨在提供公共标准,以指导政治社会中的人们的行为,这已经成为人们对法律的一个普遍理解。在政治社会中,被承认的权威被授权去为这个社会而行动,尤其是当社会中的成员存在原则分歧或者利益冲突时,权威决定人们应当如何在这个社会中行动。法律的这个面向表明,它通常由公开颁布的标准所构成,这些标准理应可以被服从它们的人所获知,以便他们能够受其指引。但是,仅仅在被解释的对象意义不明时,解释才是可能的。因此,如果解释是法律的核心,那么法律是否还能为服从它的人所获知,这必然是存在疑问的。

第三,一些法律理论宣称法律必然是不完整的(incomplete),存在一些既不正确也不错误的法律命题。例如,根据这些理论,存在某些行为模式,认为其是合法的,既不正确也不错误。并且,在法律中存在着其他漏洞,关于权利、地位等等的法律漏洞。强调法律不完整性的理论通常主张法院具有双重功能:法院适用法律并

---

① 这跟一些作者的主张是相反的。See M. Walzer, *Interpretation and Social Criticism* (Harvard: Harvard University Press, 1987).

且制定新法或者修订旧法。② 然而,解释的普遍存在似乎会证实这一观点是不正确的。解释跨越了识别现存法律和创造新的法律之间的区分。当我们分析解释时,就会发现这样的区分并不适用。法院并非有时识别法律,有时制定新的法律,而是似乎总是在解释法律。

第四,正如识别现存法律与制定新的法律这一区分的合理性跟解释的角色不相一致,认为法律必然是不完整的这一普遍信念也是如此。如果法律是不完整的,法院就不能够通过解释法律来裁判案件。所以,一些人宣称,既然事实上通过法律解释就能够裁判所有的案件,因此法律是完整的。

第五,也是最后一点,与许多人所相信的观点——尽管道德事项可能是主观的,但法律事项是客观的——相对立,一些人认为,"法律是什么"是一项解释事业,这一事实就表明,法律是主观的,因为任何解释对象都允许多样化的解释;法律像美一样,就在于旁观者怎么看。

以上这些难题,以及其他类似的难题,都不是新出现的。已经存在的各种法律解释理论都对其中的一些难题提出了自己的解决方案。其中的一些理论可能是真的。所有的理论都很可能包含一些真理。然而,我们只有理解解释为什么是法律的核心后,才可能对其中的某一种理论充满信心,因为只有那时我们才有能力去评价关于法律解释的不同理论。

在我已经展开的讨论中,我在本文的目标是最温和的:提出"为什么解释?"这一问题,并且说服读者这是一个独特的问题,而不把它与通常讨论的"应当如何解释法律?"这一问题相混淆。正如我刚刚表明的,我不相信在回答"为什么解释?"之前,能够回答"如何解释?"。

法理学家们已经尝试,通过比较法律解释和其他领域的解释,来促进我们对法律解释的理解。③ 这种类比可以在两个方面十分有益:首先,在探索解释的一般性质方面,这种类比有助于避免由于将特属于某一领域之解释的特征赋予一般解释本身而引起的错误;其次,比较和对照法律解释与其他领域的解释,有助于我们理解什么是法律解释的独有特征,法律解释如何不同于其他领域的解释。我也将类比其他领域的解释,我将首先阐明解释的一些一般性特征,然后思考法律解释的独特性质。

---

② 严格说来,法律的不完整性仅仅表明,除了适用法律的职责,法院同样有义务解决并没有被法律所解决的纠纷。需要附加的论证来确立法院也可以制定新的法律,同时还需要一个独立的论证展现法院有权威去修订现存的法律。不过,这些论证通常是由那些接受法律的不完整性的理论家所发展的。

③ 菲什(S. Fish)和德沃金在法律和文学之间进行的类比尤其影响深远。

二

所有解释都具有的且有助于解决"为什么解释?"这一问题的一般性特征是显而易见的。第一,每个解释都是针对一个对象的。第二,有好的(good)解释,也有坏的(bad)解释(或者说更好的以及更坏的解释)。一些解释是正确的(correct)或错误的(wrong)(而不是好的或坏的)。然而,总的观点是:解释可以根据其成功性而被客观地评价。第三,对同一个对象,可能存在相互竞争的但均为好的解释。人们常认为一些事物有好几个解释,但这并不等同于对解释多元性(interpretive pluralism)的肯认。多个解释可能展现同一作品的多个不同的方面。例如,在解释一幅画时,一个解释可能会注重它的象征手法,另一个解释可能会注重它的形式结构。这两个解释可以被整合进一个对这幅画的更完整的解释之中。解释的多元性体现在这一事实中:几个相互竞争的解释可能都是好的解释。例如,格伦·古尔德(Glenn Gould)④和威廉·肯普夫(Wilhelm Kempff)⑤对贝多芬的钢琴鸣奏曲的解释可能都是杰出的。第四,判断解释好坏的根据,是解释帮助人们理解其对象意义的能力。

我认为这些特征是显而易见的,即使其中一些特征过去一直处于,并且仍然处于激烈的争议之中。例如,一些人怀疑任何解释都可以被真正地(truly)评价为好的或坏的。他们怀疑解释的成功性是客观的事项。然而,概念的特征可能是显而易见的,同时又是有争议的。显而易见地,"我现在意识到,我认为里赫特(Richter)⑥的解释是对李斯特(Liszt)⑦的 B 小调奏鸣曲的最好解释,这是错误的。事实上布伦德尔(Alfred Brendel)的解释更好",这是有意义的表述。换句话说,显而易见地,解释的这一概念——解释的成功性是客观的事项,正是由实践的重要部分所构成。那些怀疑解释客观性的人不会也绝不该否认这一点。他们对解释客观性的否定,作为对解释实践的一种分析或描述,跟我们实践的显著特征截然相反。但这种反对可能是正确的,确实应该将其作为一种对我们实践之可能性的否认而慎重对待。当然,在某种意义上,这样的实践一直存在:我们进行解释,并且判断解

---

④ 格伦·古尔德(Glenn Gould,1932—1982),加拿大钢琴演奏家。——译者注
⑤ 威廉·肯普夫(Wilhelm Kempff,1895—1991),德国钢琴家、作曲家。——译者注
⑥ 斯维亚托斯拉夫·特奥菲洛维奇·里赫特(Sviatoslav Teofilovich Richter,1915—1997),出生于日托米尔,钢琴演奏家。——译者注
⑦ 弗朗茨·李斯特(Franz Liszt,1811—1886),匈牙利著名作曲家、钢琴家、指挥家。——译者注

释有多成功。不过为了我们的实践讲得通并且有意义,实践必须是融贯的,并且实践的前提必须是真的。声称解释不是也不可能是客观的,这要么挑战了我们实践的融贯性,要么挑战了其前提;并且,这是在声称,解释实践不可能真的讲得通,或者真的有意义,除非其被改造为一个主观看法下的实践:除非我们现在所拥有的实践——将解释理解为是客观的实践——被改造。⑧

　　必须承认,一些哲学理论的改造的性质(reforming nature)并不总是清晰的。一些是被一个全面的、形而上学的世界观所激励,例如某种形式的物理主义(physicalism)。在尝试将这种世界观图景施加到各种的哲学议题中时,比如解释的本质,他们有时候会在以下想法间摇摆:一是试图根据他们的形而上学图景理解现象,主张现象恰当地符合他们的图景并且不需要重新解释(这些主张有时伴随着对我们实践之基本特征的无视);二是主张我们的概念需要加以改造,以便跟一些所谓真的形而上学原则相一致。还存在着其他关于这些主题的变种。例如,有时解释的客观性受到挑战并不是在于改造我们实践的行为,而是在于否认我们把解释视为客观的实践。这种否认有时候建立在对我们实践的严重误解之上。(例如,将"布伦德尔的解释比里赫特的更好"和"相比里赫特的表演,我[说话者]更喜欢布伦德尔的演绎"这两个表述等同起来。)

　　然而,在哲学上,有时候对像我所提到的那四点特征一样不言自明的真理的反对被一种怀疑所激发,这种怀疑主张,关于"解释是客观的"种种看法并不仅仅是对我们实践各方面的报道。(例如,一个人很可能喜欢里赫特的表演甚于布伦德尔的,但却认为布伦德尔的解释是更好的;再比如,一些考量可能促使某人承认,"里赫特的解释是更好的"这一判断是错误的,但是这一判断与更加喜欢里赫特的表演这一主张的正确性无关。)哲学家们有时怀疑客观性的相关讨论与他们所反对的一个形而上学观念有密切联系,因此他们反对解释是或者能够是客观的,而不考虑我们的实践是否以一种或另一种方式确立了解释的客观性。正如以上评论所清楚展现的,我并不支持这一哲学立场。当形而上学的图景发挥作用时,其是对我们实践的核心方面的概括性阐述。换句话说,它们对我们的实践负责,而不是我们的实践对它们负责。

　　我并不否认,我们的某些概念或许是不融贯的。但是,虽然教条的概念保守主

---

⑧　一些人可能会宣称他们并没有挑战我们的实践,而是以我们对实践的理解为目标。然而,这是错误的。实践包括了一些普遍性的观察,比如"你怎么能说这部电影是关于现代化的条件的呢?这部电影是纯粹的娱乐,别的什么也没有"。这就是客观性的实践,也就是说,一种承认对解释成功性的判断,并且评价这些判断是正确或错误的实践。

义(dogmatic conceptual conservatism)是误导性的,温和的概念保守主义(moderate conceptual conservatism)却是合适的。温和的保守主义假定任何概念都是融贯的。在本文中,我将会在这一假定的基础上推进,并且将会发现没有任何理由认为在"解释"的情形下该假定被推翻了。

温和的概念保守主义本身并没有解决我们概念各个方面之间的紧张关系。并且,当我们试图发展一种将解释视为融贯活动的理论时,主要的困难就是这些紧张关系。当考虑到提到的最后一个特征,即解释是根据其说明或阐释解释对象的意义的成功性而被评价时,解释的客观性和多元性之间的紧张关系尤其棘手。

为什么同一对象可能存在几个好的解释这一事实被认为跟解释的客观性存在紧张关系呢?多元性和客观性之间并没有类似的冲突或紧张。例如,不同价值的多元性与其客观性之间并不冲突。解释概念中的这一冲突来自于以下事实:一个解释只有在阐明了解释对象的意义时才是好的。然而如果解释对象的意义只有一个,怎么可能存在许多均为好的然而相互竞争的解释呢?如果解释是主观的,就不会产生这些问题。在那种情况下,解释对象的意义就在于观察者怎么看,任何解释都可能产生。

三

摆脱这种困境(impasse)的方式,也就是协调相竞争的解释的多元性与解释的客观性的方式,隐含在以下看法之中,其通常被比喻性地表述为"对象的意义并不在对象之中"。该比喻的有益启示是:如果解释部分地依赖解释对象之外的某些事物,那么这种额外的事物就可能是多元的,这将阐明好的解释的多元性。主观主义——主张任何解释都可能产生——是且只是理解这一比喻的一种极端方式。根据主观主义的看法,任何解释者在任何时候看待解释对象的方式,正如在解释中所表达出的,决定(determine)了解释对象的意义。这就是为什么所有的解释都是同样好的。然而,这一比喻本身允许更合理的阐释,这些阐释将其他因素识别为部分决定了解释对象的意义,因此决定了对解释对象的合理解释是什么。

话虽如此,我不得不补充道,这一在内部和外部之间的比喻性的对比通常会使人误入歧途。首先,一些人把这一对比作为一个解释,而不是一个需要阐明的模糊观点。其次,有时候,人们认为"外在"于对象,并且是跟该对象的解释相关的因素,是在一个群体或另一个群体之中普遍盛行的解释的传统或意义的传统。

这种主张常常充满信心,并且暗指在前现代、后现代的讨论中,传统是被忽视的。这有些令人诧异。自从人类不再相信魔法的力量后,没有人怀疑语言和其他意义载体对传统的依赖性。不过,无论如何,这种主张都不会成立,因为它误解了意义和意义的传统之间的关系。在某个群体之中存在意义的传统,这表明,他们都认为同样的事物具有同样的意义。这样的传统对交流来说是必要的,并且间接地对任何事物拥有意义而言也是必要的。不过传统并不是证成某个解释的根据。需要承认的是,我们可以正确地声称"妹妹"意味着女性的姐妹,并且补充说每个人都把"妹妹"(sister)理解为女性的姐妹(female sibling)。每个人都这样理解"妹妹"展现(*shows*)了这是它的正确意义,但这并非就是该意义是正确意义的理由(*a reason*)。

对比下面对萧伯纳(Bernard Shaw)的戏剧《卖花女》(*Pygmalion*)⑨的解释性对话:

解释者:"这是一部关于转变的戏剧,尤其是关于伊莉莎从一个野蛮少女到一个成熟妇人的转变。"

怀疑者:"为什么你这样说呢?为什么你不倾向于一个更浪漫的解释呢?"

解释者:"因为我的解释更好地理解了希金斯和伊莉莎⑩之间的关系。"

在此处支持解释者的解释的理由"它更好地理解了两个人物之间的关系"(为了此处的论证,假定这是一个好的理由,并且对于其任务来说是充分的),不仅仅展现了这是对该戏剧的一个好的解释。这一理由不仅仅假定了该解释是该戏剧的意义,同样阐明了什么使它成为这出戏剧的意义。并且,这一理由使得该解释是这出戏剧的意义变得可理解。这就是我所称的构成性理由(constitutive reason)。构成性理由是一个(或多个)使得解释正确的事实,因此对这些事实的理解(无论是否意识到)使得人们能够理解解释本身。既然解释在阐明解释对象意义的层面上是成功的,那么解释应当被构成性理由所支持,构成性理由展现了解释如何做到这一点。

---

⑨ 萧伯纳,全名乔治·伯纳德·萧(George Bernard Shaw,1856—1950),爱尔兰剧作家。《卖花女》(*Pygmalion*,又被译作《匹克梅梁》)是萧伯纳的戏剧,描写了语音学家希金斯(Higgins)和朋友匹克林(Pickering)上校打赌用街头卖花女伊莉莎(Eliza)做实验,通过六个月改变她的语言和外表,使之成为仿佛出身名门的贵族小姐。伊莉莎通过一系列训练,果然完全脱离了出身贫寒、言行粗俗,最终成功被上流社会所认可。情节参见萧伯纳:《卖花女》,杨宪益译,中国对外翻译出版社2002年版。——译者注
⑩ 希金斯(Higgins)、伊莉莎(Eliza),《卖花女》中主要人物。——译者注

尽管篇幅所限，无法继续讨论这个问题，这样一组准则之网络——解释是针对意义(meaning)的；解释不仅仅确立意义是什么，并且使其显而易见，即可理解的(intelligible)，因此解释受构成性(constitutive)理由的支持——标示出了我们所关心的解释类型，这一类型的解释促进理解，并且是艺术评论、人性和社会科学的特殊资料库。因为据我们所知，这个世界只有在人类投注意义的地方，才存在意义。

这一事实或许解释了下述观点的顽强，即认为解释就在于回溯作者或者理性能动者的意图。因为如果解释是针对意义的，而意义是人类理性能动性的结果，这不就意味着解释是人类意图的结果，因此成功地回溯了这些意图就是好解释的标志？正如我们所知，这一推论是无效的。有意图的行为比它所意图的创造了更多（也经常更少）。重要的是我们在行动中表达了什么，我们行动的成果表达了什么。

从讨论行为、实践或其成果的意义，转向它们所表达的内容，这并不能解决解释的难题。然而，既然我们所表达的并不必然是我们意图去表达的，这展现了至少在一个方面，我们行为的意义并不被我们意图让行为去表达的意义所穷尽。然而，从一个更广义的角度看，关注行为或其成果表达了什么，犯了跟意图主义者(intentionalist)同样的错误。两者都把解释的过程理解为回溯创造者投注在对象中的意义。

相反，主观主义者(subjectivists)处于另一个极端。由于认为意义就在于观察者如何看待，他们认为接受者是意义的唯一来源，而不是创造者。根据常识判断，两者都是错的。意义和解释以人类为中心的面向意味着，它们是对历史地构成的、关于人类本性的事实以及人类利益的响应。这些都不是任何人能够随意控制的。

因此，我在这里对解释的关键做一个初步的概括：一个解释在这一层面上成功阐明了解释对象的意义——解释回应了将解释对象作为其所属类别本身而关注的任何理由。这一概括性的表述需要仔细地展开，内容过多以至在这里无法细述。不过，我将在本文的结尾重新考察和细化这一表述。

为了阐明我的观点，思考一下人们可能拥有的或相信他们拥有的理解历史的不同理由。一些人可能认为历史是神的命令，他们学习历史是为了理解在历史中显现的、神传递给人类的讯息。另一些人可能认为历史一定是由物理、生物或经济因素所控制的，关注历史是为了预测未来。还有一些人可能把历史当作他们能够认同的故事和人物的资料库，认为历史是自我身份的象征。这些关注历史的不同理由——为了理解上帝传递给人类的信息，为了预测未来，为了塑造或发现自我身份——有理由假定这些理由将会导致对各种历史事件和进程的或多或少不同的解释，因此产生了对历史的解释的多元性。

我并不是以这一例子作为对多元性的论证。这仅仅是展现,关注历史的不同理由导致对历史的不同解释的方式。因此,认为我所提到的三个理由可能并不都是有效的,这并不构成反对意见。它们可能是好的理由,也可能同时有效。正如我所做的那样,只需要能用这些理由去展现理由的多样性如何导致解释的多样性即可。当然,解释的多样性完全跟解释的客观性相一致:一般理由是客观性的因素,解释性理由也不例外,对这些客观因素,我们可能作出正确的或错误的判断。

还存在其他方式,使得解释对关注其对象的理由的依赖性引发解释的多元性。对任何关注解释对象的单个理由而言,可能存在几个不同的解释,这些解释以某种方式并在某种程度上满足了这一理由,以至于没有一个解释比其他解释更好。这是另一个主题了,在这里无法进一步探讨。

四

谨记着这些一般性的评论,我们可以谈谈法律解释的议题。根据人们所拥有的、关注解释对象的多种理由来理解解释的多元性,这不仅仅使得在任何将解释作为理解的核心模式的领域(法律、艺术、社会学,尤其是历史),对任何对象进行多元化的解释成为可能。这同样使得以下情况成为可能:有一些理由决定其中某个领域的解释的本质,并且不同于其他领域的理由。那么,解释在法律推理中处于核心地位的理由是什么?

显然,我们有一些初步确定的理由相信,这些支持法律解释的理由不同于其他领域普遍存在的典型理由。法律跟艺术相似,因为典型的状况是,法律是被用来解释的,[11]但同样典型的是,历史并非被用来解释的。[12] 这有助于说明历史解释的理

---

[11] 艺术和艺术解释之间的关系参见我的文章:"Interpretation without Retrieval", in A. Marmor (ed.), *Essays on Legal Interpretation* (Oxford: OUP, 1995)。同样参见 A. Danto, *The Transfiguration of the Commonplace* (Harvard: Harvard University Press, 1981); A. Danto, *The Philosophical Disenfranchisement of Art* (New York: Columbia University Press, 1986)。例如,丹托(Danto)在他的后期著作中观察到:"原本难以理解的对象通过独特的和不同的解释的努力,成为非常特别并杰出的艺术作品,所以我认为解释具有将实物转变为艺术作品的功能。"(39)

[12] 一些历史事件是由这样的意图引起的:这些事件将会被一些人——政府的成员,那些有资格在下一届普选中投票的人,制造业的工人,等等——以特定方式理解。不过,很少有历史事件被这样的意图引起:它们将会在现在和将来被公众以特定方式解释。当这种情况发生的时候,我们会(通常是不赞成地)说"总统现在仅仅关心他在历史上的地位"之类的话。

由如何跟艺术解释的理由不同。艺术作品可能被专门创造出来,为了给解释性构想提供实施对象。然而,如果一个人做出一个具有历史意义的行为,其唯一目的是让该行为成为解释性构想的对象,这动机是十分奇怪的。在这一方面,法律当然像历史而不像艺术。在其他方面,法律解释跟艺术解释也存在相当显著的不同。艺术解释的新颖性本身被重视,这可能是特定时期的审美,但至少在一些文化环境中是这样。好的解释者(在同等条件下)可以使我们以一个新的视角看待被解释的作品。例如,彼得·塞拉斯(Peter Sellars)对《魔笛》[13]的解释设定在洛杉矶的一个形似意大利细面条的路口,或乔纳森·米勒(Jonathan Miller)对《弄臣》[14]的解释设定于20世纪20年代的芝加哥。我们谈论塞拉斯的《魔笛》和米勒的《弄臣》这一事实表明了艺术解释新颖性的价值。但是在这一方面,法律与艺术并不相像。

在法律解释中我们重视(在同等条件下的)连续性。我们同样重视权威性、法律发展和平等。[15]连续性、权威性、法律发展和平等是法律解释的四个关键要素。然而,连续性和权威性正是回答本文问题"为什么解释?"的关键,并且通过反思连续性和权威性,我们可能更能理解由该问题引发的其他议题。

我们几乎不需赘述权威在法律中的地位。法律是制度化的规范体系,制度化的过程是基于承认一些机构制定、适用和实施法律的权威。

连续性难道不是仅仅是权威的法律角色的副产品吗?一点也不是。在法律中,连续性的重要性主要体现为两个核心特征。第一,体现为以下事实:立法和先例在其制定者失去权力很长时间以后仍然有效。法律的生命力并不受限于法律制定者的生命力,这赋予了法律相当大的连续性。第二,法律教义的作用。法律教义提供了一种"结合力"(a glue),将不同的法律规定结合在一起。它润色并完善了法律,规范了立法和先例中不正常和不规范的方面。当然,对那些经历快速的政治变革或政治动荡的国家而言,这些特征并不能成为法律变革的障碍。

法律是什么,法律有多么稳定,最终都依相关国家的环境而定。不过,上述两个特征以一种形式或另一种形式出现在所有的法律体系中,它们构成了支持法律内在连续性的系统性基础。这两个特征还展现了连续性如何超越权威并与权威相

---

[13] 彼得·塞拉斯(Peter Sellars, 1957—),美国导演。《魔笛》,奥地利作曲家莫扎特(Wolfgang Amadeus Mozart, 1756—1791)创作的歌剧。——译者注
[14] 乔纳森·米勒(Jonathan Miller, 1934—2019),英国导演。《弄臣》,意大利音乐家 G. 威尔第(Giuseppe Verdi, 1813—1901)创作的歌剧。——译者注
[15] 我是在狭义上使用"平等"(equity)这个词的,其是指在特定环境下影响规则适用的方式的考量,准许对"规则文本"(the letter of the rules)的偏离,这并不意味着促进对规则的修正和发展。

冲突:第一点展现了连续性如何延长了法律的生命,超过了人们因为尊重颁布法律的权威而尊重法律的时间。第二点中教义的作用展现了连续性如何可能跟法律权威的权力相冲突,并且对其设置限制。

这些观察指出了连续性和权威性在法律中所具有的内在重要性。但其并没有证成两者的重要性,也没有说明它们所发挥的功能。这些观察也没有展现,为什么是连续性和权威性而不是法律发展和平等帮助阐明为何大量的法律推理是解释性的。为了阐明以上事项,必须反思法律在社会中的关键作用——既然法律能够在道德上得到证成。毫无疑问,内在于法律的是,法律以在道德上得到证成为目标,并且每个法律体系都宣称自身大体上在道德上得到证成。为了理解法律,我们必须理解法律理解它自身的方式,那就是法律的官员和其他接受法律的正当性的人理解法律的方式,我们必须按照那些认为法律是道德上得到证成的人的理解方式去理解法律,至少在守法是道德正确的这一意义上,⑯因此,我们必须将法律视为似乎就是如此得到证成的来理解法律。

这意味着法律解释的一般理论,即一个宣称一般有效性,而且不仅仅是阐述一个国家或者一种类型的国家中的解释的理论,必然建立在这一假定的基础上:法律是得到证成的,至少在守法这一意义上是得到证成的。一般解释理论的适用依赖于相信这一假定的正确性,其事实上可能不是正确的。在这一意义上,不存在严格意义上的普遍性的解释理论。普遍性的解释理论并不是关于如何在任何法律体系中解释所有法律的理论,而仅仅是对得到证成的法律的解释理论。

一般性的法律解释理论可能存在吗,即使我们限定在得到证成的法律体系之中?毫无疑问的是,任何国家的法律所追寻的具体目标都是众多且多样的,即使我们将关注仅仅限定在道德上得到证成的法律体系,也仍然是这种情况。尽管不同的法律体系的具体目标是多样的,但其共享某些一般性的特征:如果我大胆沿着这一思考路线,提供关于几个要点的简短及简化的概述,我希望读者能够谅解。

第一,法律采取的所有措施,在采纳它们的法律被制定的时间和地点上,对于该法律来说都是正确的;或者将它们视为已满足这些条件,至少是可被证成的。如果没有满足这一条件,那么法律对这些措施的接受就将无法得到证成,或者遵守这些法律将无法得到证成(也就是说,在实践中把这些法律当作似乎是得到证成的来对待;或者说,就像人们对待得到证成的法律的方式一样),这正如我们假定的那样。这一条件意味着(在同等条件下),把法律视为有效的证成,来自法律制定者的

---

⑯ 一个人可能一贯认为遵守一个道德上有缺陷的和需要变革的法律在道德上是得到证成的。

权威。我们应当以准确反映立法者在制定法律过程中的意图的方式理解追寻这些目标的法律。这一原则背后的推理很简单：实践权威的概念就是指一个人或机构有意图地决定应当如何行动。权威的通常证立假定了，人们通过遵从权威做出决定更能够跟理由保持一致。这意味着，权威颁布的法律是权威意图去颁布的，是权威所意图的法律。

第二，尽管一项法律的初始有效性通常来自其制定者的权威，但这不能解释法律超越权威统治的时间点之后的持续存在。以一项上世纪初制定的法律为例。任何关于正当权威的理论都无法认为我们现在仍服从早已不在的法律制定者的权威。然而该权威所制定的这项法律很可能仍然有效，并且遵守这一法律可能是道德上得到证成的。我认为能够解释这一事实的考虑包括连续性的道德重要性。连续性在道德上受到重视是出于各种各样的理由，其中一个理由就是需要为人们提供一些公共标准，以指导政治社会中的成员行动。这要求这些标准是相对稳定的。

五

以上概述，尽管过于简化，我认为仍是沿着正确的方向的，并且能够帮助明确我们的问题"为什么解释？"在阐明解释活动中的作用。解释是针对一个对象的，并且当存在附加到这一对象的理由时，解释才是合适的。就道德上正当的法律而言，这一简要的概述展现了附加到法律的理由是我们对解释对象所应持有的道德尊重。这并不是进行解释的一般理由：我们关注历史解释和历史事件的意义的理由，并非出于对历史的尊重。艺术解释也不是由对艺术作品的道德尊重所激发的。法律推理是解释性的，是因为对法律及其来源的道德尊重。

权威性和连续性这两个说明解释重要性的因素是系统地相关联的：在法律来源于对正当权威的尊重这一意义上，法律推理必须将法律视为由权威制定的来确立法律，也就是说法律推理必须依赖对法律权威的决定的解释，这些解释需要符合权威的意图。另外，在某种程度上，法律是出于确保连续性的需求而产生的，即使法律的制定者不再拥有权威，法律决定仍然具有约束力。这些决定的内容，是通过解释来确立的：当关注这些决定的理由是基于对发布决定的权威的尊重时，它们被解释为那样。

权威性和连续性是回答"为什么解释？"的关键，因此这两点也指导我们如何解释:应当以回应我们拥有的解释理由的方式来解释。然而,正如我已经提及的,有一些其他因素,尽管对回答"为什么解释?"这一问题没有帮助,但是对回答"我们应当如何解释?"这一问题十分关键。这些因素是法院在发展法律中的作用以及平等。

既然为了得到证成,法律必须对其所适用的人群来说是正义的,在法律的适用和实施中,平等发挥着无法忽视的独立作用。

正如正义要求存在一个相对稳定的原则框架,个人和社会生活受其统治,所以正义要求这些原则适用于具体情形时,应当受到平等的协调,以确保原则的适用不会导致任何不正义的结果。因为,如果一般规则的适用不受到平等的协调的话,在某些时候,其适用可能会导致不正义。平等并不总是借助解释性的推理体现。在普通法裁决中,陪审团是在不公布理由的情况下作出决定的,这是一个允许平等发挥作用的制度实例,其允许不借助解释来实现平等。[17] 然而,当面对一个提交到法院的诉讼案件的具体情形时,法院或者其他主体通过解释权威性决定的方式,同样能够体现平等。

在解释中体现平等的道德需求,结合制度发展秩序的趋势,即发展一个广义上可理解的普通法的趋势,引出了影响解释的第四个主要因素:法院在发展法律中的作用。关于法院促进法律发展的方式,跟平等一样,不同的司法裁决有不同的传统。不过相当普遍的情况是,法院具有这一个功能。

需要修改和发展法律以完善法律,需要调整法律以适应条件的变化,需要在提交给法院的诉讼案件中实现正义,这些需求深刻影响了法律被解释的方式。然而,这并不是问题"为什么解释?"的部分答案。恰恰相反,就这一问题而言,对平等和法院在发展法律中的功能这两个因素的考量会反对解释在法律推理中被赋予一个重要的地位。就这两个因素自身而言,或许会支持法院的推理应当具有和立法推理相同的特征。如果这两个因素对决定裁判推理的特征来说是首要的,那么裁判推理就会和国会或者附属的立法机构的立法依赖同样的推理方式。

这一点值得深思。这展现了"为什么解释?"这一问题为何是独特的,并且不应跟"我们应当如何解释?"这一问题混淆。这展现了,在很大程度上决定法律解释的特征的因素——平等和法院在发展法律中的作用——在说明"为什么解释?"的时

---

[17] 陪审团被期待对法律进行推理,即使他们的推理并不公开。这意味着,陪审团在行使职责时,他们确实在解释法律。然而,他们并没有被要求公开理由,这使得他们能够在一个解释性的框架之外依赖平等的考量。

候并没有发挥作用。将如此多的法律推理作为解释性推理的理由是对权威的尊重和法律的连续性，尤其是对权威的尊重。对连续性的需求在立法推理中起到了相似的作用，并没有赋予其解释性的特征。连续性仅仅在和法院对权威的尊重结合时，才支持解释性的推理。

所以，决定法律解释的性质的因素有两类：权威性和连续性，它们提供了解释理由，同样对确定解释的性质有贡献；平等和法律的发展，其本身并不是解释的理由，不过假如我们有解释理由，这两个因素帮助决定解释的性质。而且，这两种类型的因素一直是冲突的：权威性和连续性，对应广义上而言的解释中的保存性态度；平等和法律发展，对应创新性的态度。这种紧张关系（以一种形式或另一种形式呈现）是所有解释的典型特征。理解这种紧张关系及其来源，是理解什么使得解释成为解释的关键。

六

面对法律解释中保存性因素和创新性因素的冲突，我们回到本文最开始遗留下来的一些议题。首先，我对成功解释的本质的初步阐述，是根据一个人所拥有的将解释对象作为其所属类别本身而关注的那些理由而阐发的。看起来，这一特征并未留下任何余地以容纳那些决定解释行为，但并不首先是解释理由的因素。根据这一理解，一个人无法坚持平等和法律发展是指导法律解释的理由，而又否认它们提供了解释法律的理由。

我认为，反对者和我在这一事项上都是正确的。我们仅仅需要进一步的区分去协调这两个相反的主张。鉴于权威和连续性提供了关注法律的理由，平等和法律发展以某种方式或鉴于某些考量，成为关注法律的附加理由。它们是解释法律的次要理由，依赖于主要理由，因为如果不存在主要理由决定解释法律的需要，次要理由将无法成为解释理由。然而，假如存在主要的解释理由，这些主要理由将会吸引或引发附加的、次要的解释理由。我在前文对成功解释之特征的描述指的是关注解释对象的所有理由，包括主要理由和次要理由。然而，在法律解释的讨论中，我区分了首先激发解释的保存性理由和作为解释次要理由的创新性理由。

这两类因素的冲突把我们带回到了本文开头关于法律本质的五个议题，在下述总结中，我将简要谈到这些问题。法律对权威的依赖性阐明了为什么如此多的法律推理是解释性的,而道德推理却不是。道德并非在权威的基础之上建立。对权威的依赖性导致我们需要解释权威的决定,这也是法律解释的基本对象。我提到的其他因素——连续性、平等和法律发展,全都是解释权威性的行为和决定的因素。一个经常被忽视的问题就是:法律解释是对什么的解释?它是对法律、法律文本或法案的解释吗?毫无疑问,在一种情形或另一种情形之下,这些都需要被解释,并且通常被解释的是哪一个并不重要。不过,清楚阐明法律解释的主要对象是什么,可以让我们的讨论更加清晰。如果权威性和连续性提供了"为什么解释?"这一问题的答案,那么法律解释的主要对象就是法律权威的决定。并且通过解释它们,我们理解了由它们创造的法律的内容。

这揭示了一些人可能会认为的悖论:如果法律推理通过解释权威性的决定确定法律是什么,这意味着法律推理的目的仅仅是揭示发布这些决定的权威的意图。这就意味着在法律解释中并不存在考虑平等或法律发展的余地。这一表面上的悖论导向了一些错误的法律理论:一些人强调解释创新性的一面,并且——在道德主观主义(moral subjectivism)的影响下——在理解法律时倾向主观主义的多元论(subjectivist pluralism)。一些人将法律解释限制在其保存性的因素上,这些保存性因素经常受到诸如原旨主义(originalism)等理论的粗暴解读。还有一些人,正确地意识到解释并非完全保存性的,也不是完全创新性的,但否认对识别现存法律和制定新的法律进行区分的做法是融贯的,也否认这一区分在法院的运行中起到了核心作用。不过在阐明法律解释的过程中,没有人成功地不依赖(公开地或秘密地)这一区分提供一个解释理论。我们也不可能发现这样的理论。对法律理论而言,区分识别法律和改变法律是基本的,对任何融贯理解裁判决定而言也是核心的。同样重要的是,我们应当意识到这两个方面——保存性和创新性的方面——都呈现在法律解释之中,正如这两方面都呈现在对《哈姆雷特》[18]或对《唐璜》[19]的解释中一样。同样重要的是,理解下述一点,即这两方面的因素导致了指引司法裁决的因素之间的紧张,这种紧张在文章开头所提到的议题中已有所呈现:如果法律被创新性解释,其如何能够对人们的行为进行稳定指引?如果可能存在多元的有效解释,法律的内容如何是一个事实问题?

这些都是很好的问题,需要我们仔细推敲来给出答案。这些问题来自于我已

---

[18] 《哈姆雷特》,英国作家威廉·莎士比亚(William Shakespeare,1564—1616)创作的悲剧作品。——译者注
[19] 《唐璜》,英国诗人乔治·戈登·拜伦(George Gordon Byron,1788—1824)创作的长篇诗体小说。——译者注

经指出的法律解释中的根本冲突。对这些问题的回答要求识别这一冲突在法律中的不可避免性。这种不可避免性来自这样一个事实：由于人类社会的基本特征，法律和裁判必须履行好几个职能，因此，即使理想的法律也不能以一个理想的方式实现所有的功能。

《不可比较、不可通约与实践理性》导论*

张美露** 著　于婷*** 译

　　道德哲学家、政治哲学家与法哲学家对所谓"价值不可通约"(the incommensurability of values)的兴趣日益增长。然而,一般而言,他们所感兴趣的并非价值本身,而是作为待选择选项的价值承载者。在不可通约的选项中,我们应当如何选择?如果两个选项不可通约,是否可以由此断定在它们之间的选择无法得到证成?价值的承载者不可通约究竟为何意?它们是否不可通约?不可通约对于实践理性具有何种重要性?这些问题是本论文集讨论的主要话题。

　　然而,对于"不可通约"的哲学探究还处于初始阶段。对于"不可通约"的含义甚至还存在争议,也许正是这一阶段的典型特征。我们可以直接拒斥掉一种不符合我们目标的观念。这一观念由托马斯·库恩(Thomas Kuhn)最先提出,它主张,

---

* 本文是张美露为《不可比较、不可通约与实践理性》(*Incomparability, Incommensurability and Practical Reason*, Ruth Chang ed., Harvard University Press, 1997)论文集所写的导论。感谢张美露教授的慷慨授权。——译者注

** 张美露(Ruth Chang),牛津大学哲学博士,2019年正式担任牛津大学法理学讲席教授,此前为罗格斯大学(Rutgers University)哲学系教授(2014—2019)。非常感谢对本导论主题进行讨论的人。他们分别是 Rogers Albritton、Ricard Criswell、Barbara Herman、Frances Kamm、David Kaplan、Herbert Morris、Martha Nussbaum、Seana Shifflin 以及 Cass Sunstein。我要特地感谢 Kit Fine 与 Derek Parfit,他们犀利的批评和有益的建议使得本导论相对于任一统摄性价值而言都变得更好。我即将发表的另一篇文章对本文的诸多要点做了更为细致的讨论。

*** 于婷,中国政法大学法学院2018级法学理论专业硕士研究生。中央财经大学郑玉双老师与牛津大学陈竞之博士对本译稿的校对工作提供了非常有益的帮助;南京师范大学杨建老师为我对本文关键内容的理解与重要概念的翻译提供了宝贵的意见,特此致谢。

对不同概念体系、不同生活方式或文化作评价是不可能的。有关价值承载者的不可通约主义者担心的是我们进行评价的可能性，即，他们担心在一个概念体系中、在一种生活方式或文化中评价的可能性。将库恩式的观念放在一旁，在不可通约这一标签下还有另外两种主流观念。一种观念认为，不可通约的对象不能被单一的"价值刻度"（scale of units of value）所精确衡量。这一观念具有历史渊源。毕达哥拉斯学派最初测算出一个普通五边形的直径与边长是不可通约的：长度的比例不能体现为整数，因此，人们认为，不存在可据以测量它们长度的单一刻度。① 另外一些作家已经放弃了毕达哥拉斯式的观念，转而关注不可比较（incomparability），即对象无法被比较。例如，约瑟夫·拉兹将"不可通约"作为"不可比较"的同义词来使用。②

有时，有人认为，由第一个观念可以推导出第二个观念：如果不存在可据以衡量两个对象的统一价值单位（units of value），它们便是不可比较的。③ 但是，缺少单一价值刻度并不能推导出不可比较，这已经是经济和测量理论老生常谈的主张。比较并不要求存在可据以精确衡量对象的单一价值刻度。一个对象在道德上可以比另一个对象更好，但是不需要更好 2.34 个单位。可比较的对象可以序数的方式排序，即在一个列表上排序，而不需要以基数的方式排序，即依据某个价值单位精确地排序。考虑到两组观念具有显著的差异，我们就将"不可通约"这一术语留给不能参照统一的价值刻度进行精确衡量的对象，将"不可比较"这个术语留给不能

---

① 这并非是现代视角下不可通约的例子。不像还没有认识到无理数的希腊人，我们能够用实数来表示比率。不同学者对于不可通约何时被首次发现以及就何种数学对象被发现存在分歧。但毫无疑问的是，该发现对毕达哥拉斯学派产生了重要且深远的影响。因为，正如一位评论家所说，该发现一举摧毁了当时毕达哥拉斯哲学赖以建立的信念：一切都能用整数表示。Kurt von Fritz, "The Discovery of Incommensurability by Hippasus of Metapontum", in David Furley and R. E. Allen, eds., *Studies in Presocratic Philosophy* (London: Routledge & Kegan Paul, 1970), 1: 407. 据说，被很多人认为发现了不可通约的位于麦塔庞顿的希普索思，由于公开了此发现而被诸神沉于大海。See also Thomas Heath, *A History of Greek Mathematics* (Oxford: Clarendon Press, 1921), 1: 65, 154 – 157.

② Joseph Raz, *The Morality of Freedom* (Oxford: Clarendon Press, 1986), ch. 13. Compare his "Incommensurability and Agency" (this volume) especially n. 1 and accompanying text.

③ See, e.g., H. L. A. Hart, *The Concept of Law* (Oxford: Clarendon Press, 1961), p. 167. 在相互竞争的选项中作出的某种选择可能会基于以下理由得到合适的辩护：该选择是为了"公共善"或者"共同善"。但是这些短语的含义并不清晰，因为似乎并不存在一个据以衡量和确定不同选项对于公共善所做贡献的单一尺度。推导出该结论的一个不错的推理思路的总结（他并不支持该推理思路），参见 Bernard Williams, "Conflicts Of Values", in his *Moral Luck* (Cambridge: Cambridge University Press, 1981), pp. 76 – 77。

作比较的对象。④ 按照我们所主张的术语,本论文集的主题是不可通约与不可比较。

最近对于不可通约的讨论,主要围绕着它对诸种善之评价⑤、后果主义与功利主义⑥、实践慎思⑦、意志薄弱⑧甚至是伦理学的主要问题⑨的推定重要性。在本论文集中,卡斯·桑斯坦(Cass Sunstein)极力主张,特定的事项,例如原始海滩、恋爱关系以及公民权利,不能依据任何金钱尺度去精确地衡量,因此,经济学路径的评估方式,例如成本-收益分析,并不适用于这些善。约翰·菲尼斯(John Finnis)主张,在道德范畴内,不存在使得诸种善得以通约的条件,因此,预设了道德对象之间可以通约的功利主义以及背负期望的效用理论必然会走向失败。菲尼斯、大卫·威金斯(David Wiggins)以及迈克尔·斯托克(Michael Stocker)主张,如果没有可据以精确衡量对象的共同价值单位,那么必然要拒斥要求行动者追求最大数量价值的最大化理论。这些理论家中,每一位都认为不可通约指向了(不同的)非最大化实践合理性理论。事实上,斯多克认为,一旦承认不可通约,一个"具体的"价值观便会接踵而至,依据具体的价值观,传统抽象的行为引导伦理学便是执迷不悟地走在错误的道路上。

---

④ 我之所以说"精确地"衡量,是因为有些人认为基数比较可以是不精确的。参见我在脚注 10 中引用的 Parfit、Griffin 以及 Laird 的论述。可通约预设了基数比较必然是精确的。我对基数比较与序数比较的描述是直觉性的。如要了解以易于理解的措辞对这些概念所做的技术化阐释,参见 John Broome, *Weighing Goods* (Oxford: Blackwell, 1991), pp. 70 - 75。

⑤ Cass Sunstein, "Incommensurability and Valuation in Law", *Michigan Law Review* 79 (1994): 779 - 861. See also Elizabeth Anderson, *Value in Ethics and Economics* (Cambridge: Harvard University Press, 1993); Anderson and Richard H. Plides, "Slinging Arrows at Democracy: Social Choice Theory, Value Pluralism, and Democratic Politics", *Columbia Law Review* 90 (1990): 2121 - 2214. Anderson 和 Plides 关心的是不可比较,而非不可通约,但鉴于我在第三部分对 Anderson 的讨论中所将要呈现的清晰理由,该区分可能并不重要。

⑥ John Finnis, *Natural Law and Natural Rights* (Oxford: Clarendon Press, 1980), ch. 5, sec. 6.

⑦ Ibid.; David Wiggins, "Deliberation and Practical Reason", *Proceedings of the Aristotelian Society* 76 (1975 - 1976): 29 - 51, reprinted in Amelie Rorty ed., *Essays on Aristotle's Ethics* (Berkeley: University of California Press, 1980), pp. 221 - 240, and in his *Need & Values Truth* (Oxford: Blackwell, 1987), pp. 215 - 238; Martha Nussbaum, *The Fragility of Goodness* (Cambridge: Cambridge University Press, 1986), pp. 106 - 121.

⑧ David Wiggins, "Weakness of Will, Commensurability, and the Objects of Deliberation and Desire", *Proceedings of the Aristotelian Society* 79 (1978 - 1979): 251 - 277, reprinted in Rorty, ed., *Essays on Aristotle's Ethics*, pp. 241 - 266, and in his *Needs, Values, Truth*, pp. 239 - 267. See also Nussbaum, *The Fragility of Goodness*, pp. 113 - 117; compare Michael Stocker, *Plural and Conflicting Values* (Oxford: Oxford University Press, 1990), ch. 7.

⑨ See, e.g., Stocker, *Plural and Conflicting Values*.

尽管这些主张很有趣，但在这篇导论中，我打算将第一个观念——不可通约——搁置一旁，主要关注第二个观念——不可比较。尽管近来不可比较引起了学界的兴趣，但是对于这一观念的哲学探究却几乎不存在。更重要的是，我认为不可比较在最终意义上是更为重要的观念。例如，不可通约是否具有不可通约主义者归之于其的重要性，这一点并不清晰。受到攻击的不同观点——成本-收益评估、结果主义、功利主义、最大化理论等等——似乎往往都有办法规避掉由不可通约所提出的问题，因为对于其中任何一种观点而言，依据单一的价值单位对对象作精确的衡量都不是本质性的。然而，可比较却是本质性的。如果成本和收益不可比较，如何可能通过对成本和收益之间的权衡对事物作出评估？如果功效、好结果或者价值的实例不能被比较，它们如何可能最大化？如果选项之间不可比较，实践理性如何可能引导选择？事实上，如果由不可比较来主张不可通约所宣称的重要性，引起的争议会更少一些。

尽管我在本篇导论中所考虑的问题部分上是对本论文集所收录之内容的一个反思，但我的目标并非为接下来的文章提供一个系统的综述。本篇导论有两个目标：(1)为不可比较这一主题提供概念背景；(2)为未来的讨论提供一个聚焦点。因此，这篇文章应当主要被理解为在努力清除误解与错误，而非为某一个实质立场做辩护。然而，在掌握了一些重要区分并驱除了常见的混淆之后，我们得到了两个重要的结论。首先，可以确定地说，支持不可比较的论证并不容易。许多现有的论证具有致命的缺陷，而那些没有致命缺陷的论证，要么迫使我们采取某种一般性的、有争议的立场，例如证实主义（verificationism），要么是最好被理解为在支持一种不能被公众所接受的广义可比较观，而非在支持不可比较。其次，从第一个结论可以推导出，任何支持不可比较的论证如果想要成功，便必然面临着这样一个问题：应当如何理解可比较？正如我将要表明的，可比较的内涵比呈现于我们眼前的更为丰富。在处理比较是否会失败的问题之前，应当先弄清楚事物能够以哪些方式进行比较。

导论分为四部分。第一部分为不可比较提供了一个定义，该定义突出强调了比较概念一个重要却经常被忽视的结构性特征。我将表明，对该特征的忽视，恰恰是有关不可比较之某些主张的错误所在。第二部分检验了不可比较对于实践理性的重要性。我们有好的理由认为，无论一个人对于理由的实质观点是什么，选择的证成取决于选项之间的可比较。第三部分概述了七种主要的不可比较主义者的论证。我主张，这些论证全无吸引力。其中四种论证毫无成功希望，剩余三种就目前发展而言存在其他困难。最后一部分引入了"非可比较"(noncomparability)这一现象,更为一般性地讲,是比较的形式失败现象。正如我所表明的,如果形式比较失败与实质比较失败之间的区别确定了实践理性的范围,那么实践理性便永远不会要求行动者在形式意义上比较失败的对象之间做选择。如此,一类通常为不可比较主义者所感兴趣的、常见的实践困境便得到了化解。

如果我在本篇导论中的主张正确,那么支持不可比较的常见论证以及推定的不可比较实例都建立在错误之上。如此,"存在不可比较的价值承载者"这一观点便要受到质疑。我自己所持有的观点是,并不存在不可比较的价值承载者。我希望,当到达导论的结论时,读者将能够理解,为何否定不可比较并没有最初看起来那样不合理。

一、基本概念

我们以对不可比较的一个粗略定义为切入点:如果两个对象之间并不存在积极的价值关系,那么它们就是不可比较的。就我们的目的而言,积极关系究竟意味着什么这一问题可以通过直觉得到阐释:当某人在说两个对象之间存在积极价值关系时,他表达了一些对于它们之间是何种关系的积极观点。例如,X 比 Y "更好"(或者 X 比 Y "更残忍",或者 X 和 Y "一样残忍")这一主张表达了有关 X 与 Y 如何关联的积极观点,而 X "并没有比 Y 更好"(或者"X 即使善良,也没有比 Y 更善良",或者"X 既不比 Y 更残忍也不比 Y 更善良")这一主张却没有。我将以积极价值关系关联对象的前主张称为"积极比较",或仅仅是"比较",将后主张称为"消极比较"。如果对象不可比较,那么对于它们之间的价值关系,便没有任何积极的东西可予以言说。消极比较可能适用于不可比较的对象,但它们中的任意一个可能与某个其他对象存在积极比较关系,不过它们彼此之间并不存在积极比较关系。

一个几乎普遍的预设是,任意两个对象之间积极关系的逻辑空间为三分式关系——更好、更差、一样好——所覆盖。我将该预设称为三分法命题(The Trichotomy Thesis),依据该命题,如果一个对象既不比另一个更好,也不比它更差,两者也不一样好,那么对于它们之间的价值关系,便无任何积极的东西可予以言说:它们是不可比较的。一些哲学家认为,不可比较应当以这些措辞来定义。但是三分命题是一个需要辩护的实质命题,我们应该谨慎一些,不要把它嵌入到不可比较的直觉式概念中。理性选择理论中的很多内容可以被视为恰恰犯了这一错误:采用事实上是实质性的东西对该概念做界定。

本论文集的几位作者以三分式关系的失败来界定不可比较,以及许多作者都含蓄地视三分法命题为真,无论他们是否对不可比较做了界定。例如,唐纳德·里甘(Donald Regan)通过论证两个对象之间总是存在标准三分式关系中的一种,为不存在不可比较提供了坚定的辩护。在我看来,三分法命题为假;存在第四种积极关系——"对等"(on a par)——它与传统上的三种关系一起覆盖(exhaust)可比较的概念空间。我认为,对等在反对不可比较的论证中处于核心地位。德里克·帕菲特(Derik Parfit)、詹姆斯·格里芬(James Griffin)、托马斯·赫卡(Thomas Hurka)已经提出了"不精确的一样好"与"粗略的一样好"这一对相似的概念。[10] 在本论文集中,詹姆斯·格里芬简要地讨论了他的"粗略的一样好"观念,而里甘对此提出了异议。在这篇导论的最后一部分,我们将回到是否存在第四种价值关系这一问题上来,在此处仅需注意,我们的讨论应当被理解为保留存在第四种关系的可能性。

我们知道,不可比较涉及某种比较失败,但是是何种类型的失败呢?两个对象之间特定积极价值关系的不存在可能确定(它们之间存在积极关系这一论断可能为假),也可能不确定的(它们之间存在积极关系这一论断可能既不为真也不为假)。通常的预设是比较失败是确定的。在本论文集中,约翰·布鲁姆(John Broome)为相反的结论提供了异乎寻常的论证:不可比较可能是比较谓词模糊性导致的结果。[11] 既然这里的分歧是实质性的,那么我们的界定应当在两类失败中保持中立:如果两个对象之间存在任一种特定的积极价值关系这一论断不为真,即,这一论断为假或者既不为真也不为假,它们便是不可比较的。

我们必须对这一界定做进一步的、关键性的完善。每一次比较都必须参照某个价值推进。某个"价值"是能够作出有意义的评价性比较所基于的任一考量。我

---

[10] Derek Parfit, *Reasons and Persons* (Oxford: Oxford University Press, 1986), p. 431, and *Practical Realism*, forthcoming; James Griffin, *Well-Being: Its meaning and Measurement* (Oxford: Oxford University Press, 1986), pp. 81, 96 – 98, 104; and Thomas Hurka, *Perfectionism* (Oxford: Oxford University Press, 1993), p. 87. See also John Laird, *An Enquiry in Moral Notions* (London. George Allen & Unwin, 1935), ch. 16.

[11] 不确定性可能来源于价值本身的"模糊性"。See Griffin, *Well-Being*, p. 81.

将这一考量称为该比较的统摄性价值(covering value)。⑫ 统摄性价值可以指向善,例如慷慨与善良;可以指向恶,例如羞耻与残忍;可以指向一般性,例如审慎与优秀的道德品质;可以指向具体,例如卑鄙下流与取悦我的祖母;可以指向内在性,例如愉悦与幸福;可以指向工具性,例如效率;可以指向结果主义,例如结果的愉悦性;可以指向道义论,例如履行某人的义务;可以指向道德,例如勇气;可以指向审慎,例如深谋远虑;可以指向审美,例如美丽,等等。⑬ 大多数统摄性价值都包含多种促成性价值(contributory values),即促成统摄性价值之内容的价值。哲学才能包含的促成性价值有原创性、思想的清晰性、洞察力等等。一个对象在该价值上的表现便是它的品质(merit)。

价值关系要么是一般的,要么是确切的。一般化的价值关系,例如,"更好""同等有价值"以及"更差"都预设了一个统摄性价值。它们是严格的三方结构:x 在 V 方面比 y 更好,这里的 V 统摄了诸多价值。当 V 变得确切,一般化的关系便具有了相对性。而对于确切的价值关系,例如"更善良""同样残酷""更俗气",统摄性价值已经内嵌于其中。我们可以合理地假设(正如三分命题所暗示的那样),每一段确切的价值关系都对应着具有相对性的一般化关系。例如,"更善良"对应着"在善良方面更好"。因此,我们无须再谈论确切的价值关系,而是采用与之相对应的、具有相对性的一般化价值关系。"比较"和"价值关系"应当指涉的是各种各样一般化的、积极的比较与价值关系。

我们主张,所有的比较都必然参照某种价值来推进,一旦我们尝试去理解一项无视该要求的比较性主张,这一要求反而变得显而易见。例如,在作出哲学比图钉更好这一简单的论断时,如果没有诉诸可参照的某种面向,它便不能得到充分的理解。哲学或许在获得理解力或者在内在价值方面更好,但是在提供休闲放松或者发展手眼协调能力方面更差。尽管在作比较时所参照的面向并不总是明确,但任何比较想得到理解,必须要有某种价值暗含其中。

否认比较必须相对于某种价值,便是主张存在一个合理的绝对化(simpliciter)

---

⑫ "covering value"一词借用了杨建老师在张美露另一本著作《论比较的重要性》(Ruth Chang, *Making Comparisons Count*, London: Routledge Press, 2013)中对该词的翻译,特此致谢。张美露目前唯一的专著《论比较的重要性》正由杨建老师翻译,待出。——译者注

⑬ 这里的价值概念比通常的更为宽泛。例如,"履行某人的义务"在狭义上不是价值,"残忍"有时会被认为是反面价值,但是考虑到我们能够基于履行某人的义务或者残忍而在评价性意义上比较事物,我将它们定义为价值。我之所以使用广义的价值概念,是因为我所做的有关比较的论证适用于所有评价性比较,而不仅仅相对于按照一般理解更为狭义的价值比较。

可比较观。但并不存在这样的观念。考虑一下非评价性关系"更棒"。这支长杆也许在长度、质量、导电性方面比另一支更棒，但它不可能是更棒，然后就以句号结束。正如简单地说一个东西比另一个东西更棒毫无意义，简单地说一个东西比另一个东西更好同样毫无意义。事物只能在某一面向上更好。这并不是在否认特定的价值可能会处于优势地位。例如，有人可能会认为，某物比另一物简单地更好，则意味着它能够最大化幸福的数量。然而，对一物比另一物更好这一简单的论断的理解必须依旧相对于某种价值，无论该价值是否处于优势地位。[14] 因此，对所有价值关系的理解都必须相对于某种价值。方便起见，接下来我通常不会明确地提到统摄性价值，但它应当总是得到理解。

正如比较必须相对于统摄性价值，失败的比较也是如此。那么，我们对不可比较的定义如下：如果相对于某统摄性价值而言，两个对象之间不存在或者不确定是否存在任何积极价值关系，那么相对于该统摄性价值而言，它们是不可比较的。那些认为三分命题为真的人会说，如果就某统摄性价值而言，第一个对象不比第二个更差或者不确定是否更差，也不比第二个更好或者不确定是否更好，也不与之一样好或者不确定是否一样好，那么相对于该统摄性价值而言，它们就是不可比较的。

有关不可比较的特定主张之所以错误，是由于没有意识到不可比较是相对于统摄性价值而言的。这些主张涉及非常不同的对象，例如"苹果和橘子""粉笔与奶酪"。武士荣誉准则如何能够与新教工作伦理作比较？爱国行为如何能够与忠孝行为作比较？一篇小说与一部战争电影如何作比较？这些问题一旦相对于某一个统摄性价值，比较便没有那么费解：作为乔迁礼物，奶酪比粉笔更好；就预防坏血病而言，橘子比苹果更好。

但是引用这些例子的人也许并不意图主张，这些对象之间不能作任何比较。也许他们仅仅是在主张，这些对象的内在品质（*intrinsic merits*）无法被比较。例如，武士荣誉准则就某种工具价值——例如减少贸易赤字的效率——而言，与新教工作伦理是可比较的，但是它们的内在品质不能参照某种统摄性价值得到比较。

---

[14] 统摄性价值要求是否意味着不存在绝对意义上的好（相对于更好）是我未曾探究的一个问题，对这一点更为有趣的讨论，参见 Judith Jarvis Thomson, "Evaluatives and Directives", in Gilbert Harman and Judith Jarvis Thomson, *Moral Relativism and Moral Objectivism* (Oxford: Blackwell, 1996), pp. 128-129。Thomson 认为，事物只能在某一方面好而非绝对的好这一事实"导致"了如下事实：所有的事情只能在某一方面更好。她提到了某物可以在五个方面（用途、技巧、愉悦、益处或者道德善）比另一物更好，这为统摄性价值的分类提供了帮助。

当伊丽莎白·安德森(Elizabeth Anderson)说,比较一位科学家之天赋与一位绅士之操守的尝试必然是失败的,她内心所想的恰恰是这一点。⑮ 然而,在这类情形中,内在品质不能参照某种统摄性价值得到比较的论断具有歧义,有两种可能的含义:(1)并不存在任何可据以比较对象内在品质的统摄性价值;(2)存在某个统摄性价值,但是就该价值而言,对象的内在品质不可比较。第一种含义并非是有关不可比较的主张,而是在主张统摄性价值并不存在。因为不可比较必须是相对于统摄性价值而言的,如果不存在任何可据以比较内在品质的统摄性价值,那么事物之间既不是可比较,也不是不可比较(在最后一部分我们将展开讨论这一可能性)。然而,第二种含义的主张是有关不可比较的主张。"作为道德准则之善"可能是为比较荣誉准则与工作伦理之内在品质提供参照的统摄性价值。也许就"作为道德准则之善"而言,这两者无法比较。但这一点并不明显。事实上,接下来我们会看到,为这样的论断提供依据并不简单。

二、重要性

我们应该问一问,所讨论的这一切为何重要。为什么我们应该关心,就某个特定的统摄性价值而言,两个对象之间是否存在某种积极的价值关系?我认为,尽管不可比较对有关价值的特定形而上学问题有一些有趣的影响,但在本文中我想关注的是它对实践理性的影响,尤其是对正当选择可能性的影响。

每一个选择情形都由某种价值所主导,我将这种价值称为选择价值(choice value)。粗略来说,选择价值是选择情形中至关重要的东西。例如,在两个哲学家之间做选择时,如果选择情形涉及的是选择某人担任某个哲学职位,选择价值可能就是哲学才能;如果涉及的是选择授予某人"最整洁的哲学家"头衔,选择价值可能就是衣着优雅。选择价值有助于确认,在选择情形中证成选择的东西到底是什么。"一个人穿了涤纶衬衫而另外一个却没有",在一种情形中能够证成选择,而在另一

---

⑮ 非常感谢安德森澄清这一点。See her "Practical Reason and Incommensurable Goods" (this volume, n. 14). 作为本论文集的编者,我乘此机会就该问题最后再发表几点看法——至少是在导论这几页里。我将在最后一部分更为详细地讨论她的主张。

种情形中却不能。无论证成是主观的还是客观的，都是如此。⑯

所有的选择情形要么是比较性的，要么是非比较性的。在比较性的选择情形中，基于一个合适的统摄性价值来对诸选项进行比较，对于选择的证成是必要的。但在非比较性的选择情形中，并非如此。存在比较性的选择情形在直觉上是显而易见的。最为清楚的例子是，选项之间就某个统摄性价值而言存在竞争关系。例如，假设你是钢琴比赛的评委，你必须在阿娜特里斯和比阿特丽斯之间作出选择，将第一名的奖项颁给其中一人。主导这一情形的选择价值是"音乐才能"。当然，对于选择其中一个而非另一个的任何证成，取决于两个钢琴家在音乐才能方面的比较关系。如果候选人在音乐才能方面不可比较，那么在这一选择情形中任何选择都不能得到证成。假设你将奖项授予了阿娜特里斯，但比阿特丽斯确信她在卡耐基音乐厅拥有一席之地，她要求为这个在她看来很离谱的决定提供证成。如果你尝试提供的证成是基于阿娜特里斯演奏了你最喜爱的肖邦，或者她的外表非常吸引人，或者她的名气更大，那么比阿特丽斯对此感到愤怒是恰当的，因为所有这些考虑因素在以上描述的选择情形中根本没有提供任何正当性依据。比阿特丽斯提醒你，在这一选择情形中，重要的是音乐才能。于是你指出，阿娜特里斯的乐句划分令人愉悦，但这同样不能提供正当依据。尽管"乐句划分的愉悦感"是音乐才能的一个促成性价值，但如果比阿特丽斯的乐句划分更令人愉悦，你的选择还能得到证成吗？于是，你指出阿娜特里斯的乐句划分比比阿特丽斯更为令人愉悦。但如果比阿特丽斯在音乐才能方面更好，这同样不能提供证成。因为，尽管阿娜特里斯可能在某些促成性价值方面更好，但如果比阿特丽斯总体上更好，你的选择同样不能得到证成。

假设阿娜特里斯和比阿特丽斯在音乐才能方面是不可比较的，然而，你作为评委必须作出决定。我们不应该受到迷惑，误以为作出决定这一事实——即使该决定得到证成——便表明了阿娜特里斯和比阿特丽斯在音乐才能方面一直都是可比较的。因为，我们仅仅是在重新理解选择情形时才能够作出决定——甚至是正当的决定；在这个新的选择情形中，重要之事不（或不仅仅）是音乐才能，而是乐句划

---

⑯ 我在此处做几点说明性的注释。首先，我关心的是什么能够证成选择，而非如何实现证成，尽管两者可能以一种明显的方式相关联。其次，选择的证成是决定性的，即不能被否决或者胜过。再次，选择的证成是特定的，即相对于特定选择情形中的特别之处，而非追问在所有情形中何为真（尽管正如我们将要看到的，可能会从对特定情形的考虑中认识到有关证成的一般主张）。最后，我的讨论不应该被视为仅仅关注行动、客体、事件或者事态。任何能够被选择的东西，例如特定的感情、态度、目的等，都可以是待选择的"对象"。

分带来的愉悦感,或者是努力,或者是取悦赛事的保险商——阿娜特里斯的叔叔。选择价值的转换是常见的审慎策略。当我们缺乏作出相关比较所需要的事实信息时,我们通常会从一个选择情形转换到另一个选择情形。例如,你不得不在希区柯克的惊悚片和一场巴赫的音乐会之间选择周末的娱乐项目。这一选择情形中重要的是愉悦感,但是由于你并不了解你会对通过敲击红酒杯叮当响的巴赫创意曲有何感受,你可能会将选择价值转换为创新性,以使你的决定更容易。选择情形改变后,你的选择能否得到证成则与新的选择情形相关。

以上我所陈述的观点主张所有的选择情形都是比较性的,我将这种观点称为比较主义(comparativism)。即使由于选择价值的转变,选择的情形发生变化,新的选择情形依旧要求诸选项就新的选择价值而言是可比较的。依据比较主义,如果要有正当的选择,诸选项必须就选择价值而言是可比较的。因此,如果比较主义正确,诸选项之间的不可比较确实会非常重要。因为如果诸选项之间不可比较,便无法作出正当选择,从而实践理性在指引选择时所扮演的角色会受到限制。

如果比较主义正确,不可比较确实会给实践理性带来严重威胁,这一威胁促使人们寻找比较主义的替代方案。广泛存在的不可比较和实践理性的普遍成功也许可以同时存在。本文并没有太多空间为所有可能的替代性方案提供充分的说明,但是那些出现在本论文集中的观点还是很值得一提的。

一些作者主张,尽管在某些情形下作出正当的选择似乎需要比较,但当比较失败时,仍存在一些非比较性的考量能够证成选择。例如,伊丽莎白·安德森认为,合理性规范(norms of rationality)能够为在不可比较的选项之间所作的选择提供依据。⑰ 詹姆斯·格里芬坚持主张,审慎、法律共识或者道德共识可以有助于塑造和扩展道德规范,依据这些道德规范所提供的标准,在道德上不可比较的选项之间作出的选择可以得到证成。⑱ 查尔斯·泰勒(Charles Taylor)极力主张,对诸种善的"表达",对我们生命形态以及适切地安置在该形态内部不同善的敏锐直觉,为证成在不可比较的选项之间作出的选择提供了一些可利用的资源。以上每一位作者似乎都认为不可比较对正当选择造成了威胁,但是这一威胁并非他们的理论不能最

---

⑰ 另外一种相当不同的合理性规范观点可能为在不可比较的对象之间做选择提供证成,参见 Adam Morton's five 'dilemma management strategies', in ch. 2 of his *Disasters and Dilemmas* (Oxford: Blackwell, 1991)。

⑱ See also James Griffin, *Value Judgement: Improving Ethical Beliefs* (Oxford: Clarendon Press, 1996).

终应对的。

另外一些作者坚持认为，正当选择不能要求对某些特定的选项作比较，因为比较往往会歪曲它们的本质，或者是伤害到指引选择的合理性规范。史蒂文·卢克斯（Steven Lukes）指出，一位僧侣选择禁欲的正当性并不取决于选项之间的比较，而是要求他所做出的"牺牲"。伊丽莎白·安德森认为，某些善的"地位"比另一些善的地位高，任何有关处于不同地位之善的比较都是错误的。由于金钱和友谊是处于不同地位的善，在它们之间做选择并不能依赖于品质的比较。卡斯·桑斯坦对不可通约持有类似的观点：以某种方式得到合适评价的某物不能与以另一种方式得到合适评价的另一物相通约。

另一些作者主张，正当选择从来或者几乎不要求在选项之间作比较。迈克尔·斯多克提出了一种实践合理性观念，依据该观念，比较似乎没有发挥任何功能。他主张，当选择满足某种绝对的——非比较性的——评价标准时便能得到证成。选择 A 而非 B，仅仅基于 A 是好的便能够得到证成，A 没有必要比 B 更好，甚至没有必要与 B 可比较。大卫·威金斯认为，正当选择取决于"作为实证性的、价值论的、道德的以及其他任何性质的、反思的实质工作的评价标准、规范性目的与理想典范"，这些标准都起源于"生活经历"，以及有关如何存在和如何生活的整体实践观。[19] 伊利亚·米尔格拉姆（Elijah Millgram）认为，一个实践慎思者可以将其选择的正当性建立在从经历中逐渐习得之事上。[20] 这一主张似乎在说，具体阐释重要的价值或者应用从经历中获得的洞见并不依赖于对特定选项之品质的比较。

约瑟夫·拉兹在面对不可比较时，提供了一个有关正当选择的准存在主义观点（quasi-existentialist view）。理由决定了诸选项的理性资格（eligibility），而"意志"，即"选择和实施意向行动的能力"，则施以援手帮助我们决定选择哪个选项。运用"意志"并非运用理性；运用意志就是在做选择。因此，理性提供给我们一组具备理性资格的选项，我们仅仅需要在它们中慎重地做选择。然而，无论我们作出何种选择都会得到证成，因为它们都为理性所认可。拉兹预设了不可比较的选项都

---

[19] 像威金斯使用的具体主义（specificationism）路径经常表现为对实践慎思过程而非实践证成的阐释，最近对该观点的发展，参见 Henry Richardson, *Practical Reasoning about Final Ends* (Cambridge: Cambridge University Press, 1994); Wiggins, "Deliberation and Practical Reason", and Aurel Kolnai, *Ethics, Value and Reality* (Indianapolis: Hackett, 1978)。

[20] See also Elijah Millgram, *Practical Induction* (Cambridge: Harvard University Press, 1997).

具备理性资格,因此,在面临不可比较时,正当的选择总是可能的。[21] 正当选择会要求某些选项是可比较的,因为正是通过比较,诸选项才得以被筛选到具备理性资格的一组。然而,一旦确定了资格,诸选项之间的可比较对于作出正当选择来说就不再是必要的——甚至不再是可能的。

我并不会审查这些观点的利弊,而是要提出比较主义的任何替代方案都必须面临的两个一般性挑战:一个是实用的归谬法(reductio),另一个是理论的还原法。让我们从决策和理性选择理论常用的归谬法切入。依据任何替代方案,在不可比较的选项之间做出的选择能够得到证成,也许两个选项都能得到证成,也许只有一个选项能得到证成。但是,如果在不可比较的选项之间做的选择能够得到证成,在原则上,实践理性或者"意志"将能够证成一系列与循环偏好(cyclical preferences)相似的选择,这会导致灾难性的"货币泵"(money pumps)后果。

假设我正要享用一杯刚刚冲泡出来的、冒着热气的茶。你打断了我,想用你的咖啡来换我的茶。假设茶和咖啡的味道不可比较。依据替代方案,在不可比较的选项之间做出的选择能够得到证成。假设我选择把茶换成咖啡可以得到证成。正当我要品尝咖啡时,你再次打断,这次提供给我一杯不那么热气腾腾、不那么新鲜的茶。这杯温茶和咖啡不可比较,但我再次作出了可以得到证成的选择。因此,我现在拥有的是一杯温茶,但我最初拥有的是从我的角度看一杯味道绝对更好的热茶。借由一系列由实践理性或"意志"认可的选择,我本来所拥有的、在我看来更好的东西最终变成了在我看来更差的东西。当该选择模式重复地应用于诸选项和诸种统摄性价值时,我们只会剩下没有什么价值的生活。如此,行动者生活的价值可能会被"抽空"。因此,针对反对比较主义的理论家提出实用的挑战,就是在提供一个动机良好、非权宜之计的说明,说明实践理性如何阻止行动者遭受"价值泵"(merit pumps)。[22]

---

[21] 注意拉兹的准存在主义观点并没有区分选项不可比较情形中和选项一样好情形中的恰当慎思。相关观点, see Isaac Levi, *Hard Choices: Decision Making Under Unresolved Conflicts* (Cambridge: Cambridge University Press, 1986);他认为只要被选中的对象是"可接受的",选择就能得到证成。菲尼斯处理有关不可通约对象的证成问题时与拉兹持有相似的观点:理由决定了资格,并为个人选择留下了"感觉"的空间,同时为集体选择留下了"正当程序"空间,从而引导我们在不可通约、符合资格的对象中做选择。See John Finnis, "Commensuration and Public Reason" (this volume).

[22] 上文所考虑的某些观点可能会有应对该问题的理论资源。例如,Millgram 将证成限制在过去的选择,从而有能力避免"价值泵"问题。另外一些观点需要表明如何避免问题。可以从以下学者对紧密相关问题的讨论中提取一个可能回应:Edward McClennen, *Rationality and Dynamic Choice* (Cambridge: Cambridge University Press, 1990), especially ch. 2, 10, and by Warren Quinn, "The Puzzle of the Self-Torturer", *Philosophical Studies* 59 (1990): 79–90, reprinted in Quinn, *Morality and Action* (Cambridge: Cambridge University Press, 1993), pp. 198–209.

然而,对比较主义替代方案更为严重的挑战是理论性的。让我们来看看任意一种推定不依赖于选项比较的选择证成理论。这样的理论认为,证成选择的理由与选项之间的比较无关。例如,一个选择可能会出于以下理由得到证成:该选择得到某种合理性规范或者道德规范的支持,或者具备理性资格,或者满足某种评价标准,或者受到慎思理解的支持,该慎思理解可以借助对生命形态的敏感获得,可以通过对重要价值的具体说明获得,也可以从反思过往经历中获得。当然,除了这些,还有其他公认的非比较性证成:心血来潮地选择某个选项,有义务选择某个选项,选择的选项能够满足某种欲望这一事实,某个选项是具备好品质的行动者都会选择的,等等。我们可以对以上的所有观点提出这样一个问题:"它们所提供的证成可以被恰当地理解为是在对选项作比较吗?"为什么这些候选的证成理论不能被恰当理解为是在对选项作比较,例如基于"合乎规范""理性资格""表达我的慎思理解""满足我的欲望""履行我的义务""表达美德"等等这些考量对选项作比较?毕竟,某些看起来并非比较性的证成最后可能是比较性证成。

然而,我怀疑,所有或者许多被公认为非比较性的证成,如果被恰当地理解,最终依旧是比较性证成(我认为那些令人感兴趣的非比较性证成确实如此)。例如,如果合理地理解对家庭的义务,它并没有涉及对选项作比较,然而该义务能够为选择提供证成。在我看来,这一点似乎也适用于本论文集中作者所主张的观点。但比较主义者没必要因此气馁,因为,尽管这些非比较性证成自身并非比较性的,但它们是否依赖于选项之间的比较依旧有待讨论。

接下来我们将要进入一片密度非常大的领域,但此处我们只能投下空中一瞥。这里的核心是,区分支持选择的证成性理由与该理由提供证成时所凭借的东西(*that in virtue of*)。每个理由都有规范性力量;证成性理由拥有证成一项选择所要求的规范性力量。对于任一给定的证成性理由,我们都会问:它凭借什么而拥有了其现在所拥有的证成力? 理由的证成力类似于前提的逻辑力量、原因的原因力以及动机的驱动力。让我们来看看从前提"p"到"q"和"如果 p,则 q"的推理。前提在逻辑上支持该结论,但是它们支持结论所凭借的是演绎推理这一推理规则。这条规则并不为该结论提供支持,而是赋予前提以逻辑力量。或者让我们来看看打破窗户的原因。篮球导致窗户破裂,这颗球凭借将事物关联为因和果的特定法则而拥有打破窗户的原因力。这些法则并不是原因,它们是原因获得其所拥有的原因力所凭借之物。这同样适用于驱动力。正如托马斯·内格尔(Thomas Nagel)所论证的,动机可以凭借性情而拥有驱动力,但是性情自身并没有必要被理解为动机的一部分,它是动机产生驱动力所凭借之物。㉓ 同样,我认为,理由是一回事,理由的证成力是另外一回事。理由可以凭借某物为选择提供证成,但该物并非是证成的一部分,而是给予理由以证成力。

我试图主张,所有证成性理由拥有证成力所凭借的是选项之间的比较。想要明白为何如此,可以假设一下相反情形。如果证成一项选择不依赖于选项之间的比较,那么无论选项的比较性品质如何,假定的证成性理由都会为选择提供证成。假设外出赴晚宴会很有趣这一事实能够为我赴晚宴而非待在家里修改试卷提供证成。但是如果晚宴仅仅是略有趣,而修改试卷极其有趣,这一事实还能够为我的选择提供证成吗?或者我们以两个职业之间的选择为例。也许我选择做律师而非哲学家可以得到证成,因为这一选择表达了我对生命中重要之事的理解。但是如果我选择做哲学家能够更好地表达这一理解,它还能证成我的选择吗?㉔ 或者以遵守承诺的义务为例。守诺义务如何能够证成我参加婚礼的选择(之前我已对此有所承诺),如果参加我叔叔的葬礼(之前已有所承诺)能更好地履行此义务?(当然,这预设了义务的良好履行是程度性的。我认为,在"义务的良好履行是程度性的"这一主张面前,义务的"非衡量性本质"能够得到维持。但我将换个时间讨论这一问题。)即使一个选项符合某种资格,也不能为选择它提供证成,除非该选项就符合某种资格而言和所有其他选项是平等的。当然,在该情形下,合资格性对于经由比较后得出的平等关系必不可少,但是为被选中的选项提供证成的是如下积极事实:该选项与其他所有选项受到理性的同等支持。一般而言,有意义的评价性比较都是基于选择情形中的重要之事来推进的,因此,如果此类评价性比较不存在,在此情形中的选择便不会得到证成。㉕

我们对比较主义替代方案的理论反驳有两个方向。要么经由恰当理解,选择

㉓ Thomas Nagel, *The Possibility of Altruism* (Princeton: Princeton University Press, 1970), ch. 5.
㉔ 在此对比亨利·理查森(Henry Richardson)对具体主义的辩护,他反对诸具体主义理由在最终意义上是相对某种高级标准的比较,无论该标准是实践融贯、能动性的统一还是某种不可名状的东西。他正确地指出上述主张误解了具体主义。但是我在此处提供的论证并没有犯同样的错误。我仅仅主张,任何具体主义的理由要想提供证成,必须相对于满足或表达该理由来比较诸对象。See Richardson, *Practical Reasoning*, pp. 179 – 183.
㉕ 通过相对于合适的统摄性价值对诸选项作比较,证成性理由得以获得证成力。我的这一主张是实质性的,不应当被误认为是关于实践证成结构的概念主张。依据某物在实践意义上得到证成这一事实,我们可以得出一个不那么重要的结论:在可证成性方面,该物至少与其他备选项同样好。然而,我并不是在主张,比较为所有证成性理由提供证成力;我所主张的是,就特定于某选择情形之价值而言的比较为证成性理由提供证成力。换言之,我关注特定于某选择情形之证成的规范性,尽管从对具体情形的考虑中会认识到有关证成性理由之规范性的一般主张。

的证成本身就是选项之间基于合适价值的比较,要么选择的证成依赖于此类比较。如果,正如我已经主张的那样,我们有好的理由认为以上的反驳正确,那么比较主义任何推定的替代性方案都会失败,选项之间的比较对于证成一项选择而言是必要的。如此,选项的不可比较对实践证成所施加的威胁确实不可消除。

三、不可比较主义者的论证

如果相对于一个合适的统摄性价值,两个选项是不可比较的,那么在它们之间做出正当选择便是不可能的。但是选项之间会出现不可比较的情形吗?

在本部分,我将检讨文献中提到的,在我看来是支持不可比较的最重要的几种论证。它们可以被划分为七类。每一类都诉诸七种支持不可比较的充分理由中的一种。(1)价值的"多元化";(2)比较性品质的"双向性",即这样一种状态:一个对象在统摄性价值中的某些促成性面向更好,而在另一些面向上更差;(3)某些选择情形所要求的实践慎思具有"非计算性";(4)特定善的构成性特征,或者引导对特定善恰当态度的规范;(5)对象间冲突在理性上的不可化解(rational irresolvablility);(6)对诸选项有多种正当的排序方式;(7)在某些选择情形中,以下判断是合理的:两个对象中没有更好或更差,然而对其中一个进行微小的提升之后并不会使之比另一个更好。尽管前四个论证很流行,也具有影响力,但我将论证它们存在致命的错误。我认为,有关不可比较的讨论应该集中于后三种论证。然而,后三种论证并非没有困难。它们要么依赖于有争议的一般哲学立场,要么最好被理解为支持传统三分式关系——"更好""更差""一样好"之外的第四种比较关系,而非支持不可比较的论证。最后,我将尝试通过概述第四种关系的某些本质特征来说明它的存在。

(一)价值多元化论证

最为常见被援引用来支持对象不可比较的依据是,诸对象各自承载价值的多元化。对多元化的理解有多种方式。有些人将其理解为本体论意义上不可还原的价值具有多样性。[26] 另一些人将价值多元化理解为不同"类型"的价值,或者是承

---

[26] Samuel Guttenplan, "Moral Realism and Moral Dilemmas", *Proceedings of the Aristotelian Society* 80 (1979-1980): 61-80.

载诸价值的不同体裁之善,无论它们在本体论意义上是否可还原。例如,内格尔认为价值可分为六种类型:义务、权利、效用、至善主义目标、个人承诺(private commitment)以及个人利益。这样的价值碎裂(fragmentation)解释了为什么会在承载某种类型价值的对象与承载另一价值的对象之间存在真正的困境。[27] 约瑟夫·拉兹主张某些善,例如小说和战争电影,不能被比较,因为它们属于不同的"体裁"。[28] 还有一些人用价值所在的不同"维度"或者"刻度"来解释它们的多样性。[29] 多元化论证所隐含的观点是,对象之间如此不同,以至于不存在一个进行比较所依赖的共同基准。假定不可比较必须相对于一个统摄性价值,那么我们应当按照以下方式理解多元化论证:该论证依赖的是统摄性价值中促成性价值的多样性。例如,如果莫扎特所承载的创造性价值中的促成性价值与米开朗琪罗如此不同,即,在不可还原的意义上存在明显的区别,或者属于不同的类型或体裁,或者处于不同的刻度或维度,以至于对两者作比较是不可能的,那么就创造性而言,莫扎特和米开朗琪罗便是不可比较的。

  无论各种多元化论证之间存在何种实质性的差别,它们都要面临一个有力的反驳。这一反驳依赖于我们可能称之为"名-实"(nominal-notable)的比较。将一个极好地代表了某价值的价值承载者称为该价值的"实际承载者"(notable),将一个极差地代表了某价值的价值承载者称为该价值的"名义承载者"(nominal)。例如,莫扎特和米开朗琪罗是创造性的实际承载者,而吴天分,一个非常糟糕的画家,是名义承载者。名-实比较显然是成功的。就它们所承载的价值而言,实际承载者总是比名义承载者更好。现在假定吴天分在创造力方面承载着与米开朗琪罗相同的促成性价值,只不过吴天分的承载是名义上的。例如,两者都承载着技巧价值,但吴天分的承载方式显而易见是名义上的。如果莫扎特和米开朗琪罗由于在创造力方面所承载的促成性价值非常不同而不可比较,那么对于莫扎特和吴天分来说也同样如此。但是,我们知道莫扎特在创造力方面比吴天分更好。如果莫扎特和米开朗琪罗在创造方面不可比较,则不可能是因为他们承载的促成性价值非常不同。对于任何两个由于分别承载的促成性价值非常不同而被推定为不可比较的对

---

[27] Thomas Nagel, "The Fragmentation of Value", in his *Mortal Questions* (Cambridge: Cambridge University Press, 1979).

[28] Joseph Raz, "Mixing Values", *Proceedings of the Aristotelian Society* 65 (suppl.) (1991): 83 – 100. Compare James Griffin, "Mixing Values", *Proceedings of the Aristotelian Society* 65 (suppl.) (1991): 101 – 118.

[29] Ronald de Sousa, "The Good and the True", *Mind* 84 (1974): 547 – 548; Walter Sinnott-Armstrong, *Moral Dilemmas* (Oxford – Blackwell, 1988), pp. 66 – 68.

象,我们都可以非常合理地假设,存在着相同价值的实际承载者与名义承载者,它们事实上是可比较的。因此,价值多元化本身不可能解释价值承载者之间的不可比较。

价值多元化论证之所以失败,是因为它们不足够精细,以至于不能区分推定的不可比较情形与确定的可比较情形。要想回应名-实反驳,这些论证的支持者要么必须说明,为何名-实比较是例外,要么必须提供一个更为细致的多元化理论,该理论不再依赖于价值,而是依赖于某种更为确切的东西,例如承载价值的方式。㉚ 但是,第一种回应可能只是权宜之计,第二种回应由于不再依赖于价值多元化本身(*per se*),将会导致以一个完全不同的理论来说明是什么使得价值承载者不可比较。

在任何情形下,如果莫扎特和吴天分在创造力方面可比较,我们便有好的理由认为莫扎特和米开朗琪罗也是可比较的。首先,吴天分和米开朗琪罗在创造力方面的差距仅仅体现在他们承载创造力的方式,他们承载的为创造力所包含的促成性价值相同,区别在于,一个以实际的方式承载,另一个以名义的方式承载。现在让我们来考虑吴天分[+],与吴天分相比,他在创造力方面略微更好一些,他承载着与前者完全相同的促成性价值,但其承载方式更为显著一些。在创造力方面微小的提升当然不会触发不可比较;如果某人与吴天分可比较,那么他与吴天分[+]也可比较。因此,我们可以构建出一个包括吴天分和米开朗琪罗在内的画家连续体(a continuum of painters),其中所有画家承载的为创造力所包含的促成性价值都相同,但他们承载方式的显著性在逐渐提升。任意两个相邻画家创造力之间的差距并不能为不可比较提供合理的支持:如果莫扎特与连续体中的某一个画家可比较,那么他便与这一连续体中的所有画家都是可比较的。因此,如果莫扎特与吴天分可比较,他与和吴天分仅仅在连续体中相隔几个等级的米开朗琪罗也是可比较的。某人与米开朗琪罗的不同仅仅体现在,相比前者,后者承载统摄性价值的方式显著地呈连续性递增;如果莫扎特与此人可比较,他又怎么可能与米开朗琪罗不可比较?从这一论证得出一个异乎寻常的结论,即,只要构建出一个上述类型的连续体,并

㉚ 例如,辛诺特-阿姆斯特朗坚持认为,只有依据不同刻度才有可能排序的某些(并非所有)对象之所以不可比较,是因为"刻度的多样性",但是他没有解释为何只有那些对象不可比较,而另一些却不会。参见他的 *Moral Dilemmas*, p. 69。查尔斯·泰勒主张,导致诸种不同善的特定实例不可比较的是善的多样性。但难以理解的是,单纯的多样性事实如何能够解释,不可比较仅仅存在于不同善的特定实例之间,而同时在另外一些实例之间是可比较的。参见他的"Leading a Life"(this volume)。

且连续体中的任一对象都可与连续体之外的某一其他对象作比较,那么该连续体中的所有对象都可与该对象作比较。[31]

在讨论其他不可比较主义的论证之前,有必要偏离一下主题。我们已经明白,从价值多元主义中并不会必然推导出不可比较,因此,我们也有好的理由认为,从价值一元论中并不会必然推导出可比较。依据一元论,所有的价值最终都还原为一个超级价值(super value),而这必然会推导出可比较,因为如果最终只有一个价值,对象之间的评价差异必然会还原为超级价值数量上的差异,而同一事物的数量总是可以比较的。因此,如果一元论正确,则会推导出完全的可比较。由此,许多假定这一论证具有合理性的哲学家认为不可比较摧毁了经典形式的功利主义。功利主义坚持认为所有善都是效用数量问题,因此它坚持完全的可比较。

然而,从一元论到可比较的推论犯了两个错误。首先,一元论并不总是如此粗糙。正如约翰·斯图尔特·密尔在很久之前所指出的那样,价值不仅有数量维度,还有质量维度。尽管快乐是一种价值,但我们会体验到躺在阳光下奢侈而放纵的快乐,也会体验到听到期待已久的好消息时骤然而强烈的快乐。[32] 因此,在终极的意义上可能存在一个超级价值,但正如其他所有价值,它可能也会有质量维度,在原则上能够导致价值承载者不可比较。因此,可能存在容纳不可比较的复杂一元论功利主义。[33]

其次,即使是粗糙形式的一元论也并不必然会推导出价值承载者完全可比较,因为假定各种不同数量的同一价值都可以比较是错误的。这一错误可能源于"更有价值"这一短语的模糊性。某些事物可能是在评价意义上"更V"(more V),也可能是在非评价意义上"更V",这里的V包括各种各样的价值。

非评价意义是数量的维度,与某个对象"更N"(more N)是同一个含义,这里的

---

[31] 我以连续体的措辞来构建该论证,但这并不意味着连续体内相邻的对象之间创造力的差异完全是量化的。我在别处对该论证提供了更为详细的辩护。对比 John Broome's "Is Incommensurability vagueness?" (this volume),本文中他使用连续体论证为比较的不确定性辩护。

[32] See also Charles Taylor, "The Diversity of Goods", in Amartya and Bernard Williams, eds, *Utilitarianism and Beyond* (Cambridge: Cambridge University press, 1982); Stocker, *Plural and Conflicting Values*; and Anderson, *Value in Ethics and Economics*. 托马斯·赫卡主张,单一价值的差异体现在:以不同的方式容纳由于过去不那么有价值的选择而产生的理性悔恨。See his "Monism, Pluralism, and Rational Regret", *Ethics* 106 (1996): 555 - 575. 承认同一价值的不同面向是否会使我们面临多元主义? 就该问题请对比 Hurka, and Michael Stocker, "Abstract and Concrete Value: Plurality, Conflict, and Maximization" (this volume), especially nn. 7 - 10。

[33] Compare Amartya Sen, "Plural Utility", *Proceedings of the Aristotelian Society* 81(1980 - 1981): 193 - 215. 功利主义的间接形式同样容纳可还原为超级价值的诸价值之间的不可比较。

N 包括各种非评价性的考量,例如长度或者重量。如果一根棍子在长度上的数值比另一根棍子更多,那么它便比另一根更长。承载着数量不同的价值(例如友善)的对象就该价值而言在非评价性意义上是可比较的;友善数量更多的对象更友好(more friendly)。但是价值数量越多并不必然等同于就该价值而言更好(betterness);在数量上更多的友善可能会导致更糟糕的友谊——某人可能会太过友善。因此,尽管某物的价值在数量上越多,它在非评价性意义上会"更有价值",但这并不必然在评价性意义上更有价值。

某些价值在本质上是量化的,即非评价性意义的"更 V"等同于评价性意义的更 V。就拯救的生命数量而言,"拯救的生命数量"在量上越大,价值上便更好。某一价值在数量上的特定增加可能会使之更好,但是对于所有的价值而言,评价性意义上的"更 V"观并不一般性地等同于非评价性意义上的"更 V"观。让我们将非评价性、量化的"更 V"观称为"q more V"。既然在数量上越多的价值并不总是更好,那么数量不同的同一价值便可能不可比较。因此价值多元主义/价值一元论与价值承载者的不可比较/可比较并不存在一一对应的关系。

(二)"双向性"论证

在不可比较主义者之间有一个常见的想法是,如果一个对象相比另一个对象在统摄性价值的某些方面更好,而在另一些方面更差,那么两个对象就该统摄性价值而言是不可比较的。就可靠性而言,乘私家车去上班比乘地铁更轻松,但如果考虑的是没必要为公路交通堵塞而担心,乘地铁更为轻松。

然而,"双向性"不能够成为支持不可比较的基础。假设由于地铁轨道处于崩塌的边缘,开关生锈,地铁的出发与到达时间彻底不可靠。尽管乘坐地铁在某一方面确实更为轻松——不用担心公路的交通拥堵,在另一方面不那么轻松——地铁非常不可靠,很明显它是轻松性更差的对象。一般而言,双向性不能成为支持不可比较的依据,因为存在名-实比较:名义承载者在某一方面比实际承载者更好,但是在另一方面更差。

(三)计算性论证

"更有价值"这一惯用语的模糊性也许要为另一类不可比较主义论证负责。依据这些论证,实践慎思并不总是在"计算",即加减某一价值单位的数量,这使我们有理由认为对象是不可比较的。计算论证形式如下:(1)比较仅仅是在加减某一价值单位的数量;(2)如果比较是如此的量化性质,那么有关选择哪个对象的恰当慎思必须采取"计算""权衡""衡量"或者"协调"（trade off）的形式；（3）在某些情形下，恰当的慎思并不能采取这样的形式；（4）因此，某些对象是不可比较的。这些论证混淆了可比较与可通约。

　　伊丽莎白·安德森和史蒂文·卢克斯在本论文集中的论文中提供了这种类型的论证。安德森主张，那些认为理性选择依赖于选项比较的人一定认为，"价值概念唯一的实践角色是为诸种善分配分量（weight）……以及所有的价值都是纯量的"（原文加重了"分量"一词）。问某个价值是否为"纯量"就是在问"它是否是一个数值，不同数学关系和运算是否适用于它"。除此之外，"分量的确定是连续性的，它要求被比较之善有共同的测量单位，并把这些善置于同一水平面（on the same plane）"。但是，她雄辩地论证道，内在价值并非是纯量的，它们为诸种善分配的是"地位"（status），而非"分量"。例如，她认为，友谊和某人妈妈的生命是处于不同地位的内在善，因此不能被比较，在它们之间做选择时必须依据义务原则。史蒂文·卢克斯似乎预设了一个类似的可比较观。他在脚注中直截了当地处理了可比较与可计算的问题："可能有人会主张比较没有必要涉及计算，但是我认为这一主张在通常情形下很难被接受。如果有人主张 X 比 Y 更好，那么'有多好'这个问题总是有某种答案的，无论答案有多么不精确。我假定，比较暗含着计算。"㉞像安德森一样，卢克斯似乎认为比较只能依据一个共同的量化价值单位来推进。依据卢克斯，"神圣的"善不能通过计算来评估。既然比较必然包含着计算，那么，那些不能通过计算来评估的诸种善必然是不可比较的。卢克斯得出结论说，神圣价值不能与纯量价值相比较。

　　我们已经了解到，比较并非某个价值在数量上更多的问题。更不容置疑的是，比较也不是某个价值单位的数量问题。一旦我们认识到评价性意义的"更 V"并不一般性地等同于量化意义的"更 V"，我们便没有理由认为比较就是对价值数量做数学运算。换句话说，比较并不要求回答卢克斯的量化问题"有多好"，也许它要求回答的是"以何种方式更好"或者"在哪种程度上更好"，但是这些问题的答案没必要是量化的。尽管相对于某种价值的更好并不一般性地等同于该价值在数量上更多，但存在一些价值，这些价值单位的数量越多，它们越好。例如，被救起的生命数

㉞ 该脚注注释的正文令人困惑："权衡表明了我们基于任何可利用的刻度——无论是基数还是序数，精确还是粗略来计算诸对象之善的价值。"（着重号是我做的补充）See Steven Lukes, "Comparing the Incomparable: Trade-offs and Sacrifices"（this volume）. 但是序数刻度并没有必要涉及计算。序数比较可以是非基数的量化，即不必然承认存在可据以衡量对象的价值单位。我们已经看到比较不必然是某种价值数量的计算。

量(这一价值)在数量上越多,就"被救起的生命数量"这一价值而言,它便越好。同样,就"被救起的生命数量"这一价值而言,拯救四条生命的对象是拯救两条生命对象的两倍好。在这些情形中,比较确实是在加减价值的数量,那么慎思体现为计算的形式也确实是合适的。如果面临的选择中重要之事是被救生命的数量,那么正确的慎思方式(假定慎思适当)当然是计算哪个对象救起的生命数量更多。

这类不可比较主义者的论证误以为可比较预设了价值的纯量性,以及由此而得出了慎思的计算性。可比较并不要求比较必须是对价值数量的比较,更别说对某个价值单位的数量作比较。认为可比较要求单一的量化价值单位来为对象的权衡提供标准,其实是混淆了可比较与可通约。

(四) 构成性论证或规范论证

一条相关的论证思路将不可比较的依据奠基于特定善的构成性特征,或者是那些决定了对特定善合适态度的规范。例如,约瑟夫·拉兹主张,作为朋友判断友谊与金钱不可比较是一个概念真理。判断它们不可比较构成了朋友之为朋友的一部分。然而,判断两者可比较并非不理性,某人作出这样的判断仅仅表明,他没有能力成为朋友。因此,友谊和金钱的不可比较是友谊的构成性特征。

这一论证在几个方面都令人感到古怪。[35] 依据该论证,对象之间的不可比较之所以被推定为真,是因为如下主张:某人必须判断它们不可比较;否则,他要面临批评,但是这种批评并不是因为他不这样做不理性,而是因为他没有能力实现某种善。更进一步,对象之间不可比较的结论是相对于行动者实现特定善的能力而言的。因此,金钱和友谊可能对你来说不可比较,而对我来说却是可比较的。

然而,我们很难相信,从概念的角度看,一个人是否有能力成为朋友取决于他是否判断友谊与金钱不可比较。假设我要在一美元与一段友谊之间做选择。假如我判断友谊比一美元更有价值,我难道就会因此失去所有朋友吗?即使假设这一判断使得我不适合做朋友,在选择情境下作出不可比较的判断并不意味着在实践情境之外会作出相同的判断。例如,当某人不得不在友谊和一笔金钱之间做选择

---

[35] 古怪可能并非是拉兹的过错。拉兹仅仅是在陈述一种立场——作为朋友去判断友谊和金钱是可比较的这一观点在概念上是不可能的,还是在尝试为友谊和金钱至少对于朋友来说是不可比较的这一结论提供依据?我发现这一点并不清晰。我将后一种主张作为我的目标,因为考虑到我们的目的,该主张更为有趣;因为它得到了其他的支持(See Lukes' volume essay)。无论如何,我对该观点的第一种反驳同样适用于仅仅主张概念不可能性的论断。See Raz, *The Morality of Freedom*, pp. 346 - 352. 卡斯·桑斯坦对于不可比较持有相似的观点。See his volume essay and "Incommensurability and Valuation in Law".

时,他可能对朋友负有构成性义务,即判断它们不可比较。然而,这一指引决定去做什么的判断和以下的认知是相一致的:关于它们是否可比较还存在一个不同的理论判断——与个人实现特定善的能力以及对他人的特殊义务无关。一个人面临选择时,对"它们是可比较的吗?"这一问题的回答方式可能不同于他在哲学讨论中的回答。我认为,不可比较主义者需要确立的是理论判断——一个"对于"每个人来说都为真的判断。

当然,可能有些人会回应,构成友谊本质部分的不可比较判断就是理论判断。采取友谊和金钱不可比较的哲学立场构成了朋友的本质。这是非常不合理的,但是出于论证的考虑,我们先勉强承认这一主张。然而依旧存在这样一个问题:有关不可比较的理论主张是否正确。为了证明确实存在进一步的问题,我们可以考虑摩尔的一个观点来做类比。依据摩尔,让一个人相信他所持有的信念错误在概念上是不可能的,但是某人是否持有错误的信念确实是一个真正的问题。同样,让一个人作为朋友的同时去判断——从理论或者实践——友谊与金钱可比较,也许在概念上是不可能的,但它们是否可比较确实是一个真正的问题,也许它们确实可比较。

我们对两个问题作了区分,一个是实践或理论上的评价性判断问题,另一个是究竟何为真的问题;如果我们像实用主义者伊丽莎白·安德森那样认为,价值由实践理性所构建,这一区分便失去了反驳力。依据安德森,规定对包括友谊在内的诸种善采取合适态度的规范并不能给予我们好的理由去比较友谊和金钱,而缺少好的实践理由恰恰印证了它们不可比较的事实。[36] 然而,实用主义论证并非没有困难。不能否认的是,存在一些规范规定着对友谊的合适态度。例如,似乎存在一条规范,反对为了合适的价格出卖朋友。但是,如果进一步审视规定了对包括友谊在内的诸种善采取合适态度的规范,我们将会发现这些规范并没有给我们理由去认为对象之间不可比较,这些规范反而给了我们理由去持有相反的想法。因为这些规范必然蕴含着(至少相兼容)品质的不对称,而不可比较并没有蕴含着不对称。

需要注意的是,友谊在很大程度上是内在善,而金钱很大程度上是工具善。实用主义引用的最有说服力的例子具有该特征。规定对特定内在善采取合适态度的规范似乎并不支持其与特定的工具善相比较,因为这些规范的内容包含了这样一

---

[36] 安德森主张,如果没有好的实践理由去比较对象,那么它们便是不可比较的。严格意义上,该论断并不依赖她的量化比较观。但是该论断的说服力却有此依赖。无论如何,我们可以在不预设量化比较观的情形下解释该主张,因此,我在第三类和第四类不可比较主义者论证中都将其作为例子来讨论。

种想法：比较会以某种方式败坏内在善，但是不会败坏工具善。因此，这些规范依赖于这样一种判断：在某种意义上，内在善比工具善更有价值，或者说位置更高——我们可能会说，前者相比后者"明显"（emphatically）地更好。㊲ 这就能解释，为什么坚持认为对友谊持有合适态度之人必须拒绝判断友谊比一美元更好似乎是一个奇怪的想法。为什么这样的判断表达了对友谊的不恰当态度？从规定了对友谊采取合适态度的规范中推导出来的，并不是没有理由去比较友谊与金钱，而是有好的理由认为友谊更有价值。然而，不可比较导致的是一个相反的结论：如果两个对象不可比较，那么谁也不比谁更好。因此，友谊规范并不能决定友谊与金钱的不可比较，因为这些规范并不与不可比较的结论相一致。㊳

以上的四类论证没有一种具有说服力。任何发展这些论证思路的尝试无论在他们自己看来多有趣，都不会确立起支持不可比较的成功论证。每种论证都犯了一个基本的错误：多元化和双向性论证与名-实比较相抵触；计算论证错误地预设了比较必须是基数性质的；构成性与规范论证将明显的更好误解为不可比较。现在我想要转为讨论在我看来更有前景的论证。

（五）冲突在理性上的不可化解

有一个经常被援用但是仍有待解释的不可比较主义论证主张，选项之间在理性上不可化解的冲突足以支持不可比较。"冲突的合理化解"可以被理解为对选项间冲突关系的确定。㊴ 这一论证便变成了：如果我们在原则上不能知道如何比较两个对象，那么它们就是不可比较的。然而，这一论证预设了证实主义，至少可以说，作为真理一般理论的证实主义是高度不可信的。即使证实主义正确，仍旧存在一个问题：我们如何知道我们在原则上没有能力知道两个对象如何比较。如果这一论证想让我们得出存在不可比较的对象的结论，它将必须告诉我们，何时我们在原

㊲ See also Donald Regan, "Authority and Value: Reflections on Raz's Morality Of Freedom", *Southern California Law Review* 62 (1989): 995-1095. 当然，内在善是否更有价值取决于工具善是相对于何种善的工具。引导对内在善采取合适态度的规范所蕴含的想法可能是，尽管并非各类友谊都比各种数额的金钱更好，但是该内在善相对于工具善享有特殊的地位。

㊳ 安德森引用了另外一组例子来支持她的实用主义原则："如果没有好的实践理由去比较，那么就是不可比较。"有时候没有好的理由去比较对象是因为这会看起来有些"无聊""愚蠢""没有意义"。例如，比较世界上所有五行打油诗的内在审美价值就是无聊、愚蠢或者没有意义的。但是，如此绝对的主张能够维持下去吗？我们当然可以想象，一般而言毫无道理的比较能够具有某种意义。作为《世界最美五行打油诗》的编辑，你可能会看到，就内在审美价值而言去比较打油诗具有重要的意义。我觉得，只要有足够的想象，我们总能在看起来毫无道理的比较中发现实践意义。

㊴ 如果不将冲突的"合理化解"理解为对象间比较关系的确定，那么此类论证会明显变弱。反驳此类论证的考量，参见 Michael Stocker, "Abstract and Concrete Value" (this volume)。

则上不能知道对象如何比较,而这是一个众所周知的难题。

在任何情形下,该论证都不能得出不可比较。因为,如果它预设了只有当一个选项比另一个更好或两者一样好时,冲突才能得到合理的化解,它便预设了需要辩护的、实质的三分法命题。也许选项之间存在除传统三分关系之外的第四种关系。另一方面,如果它把在理性上可化解理解为包含所有可能的价值关系,那么不可化解确实会迫使我们得出结论认为对象之间不可比较。但在此种情形下,判断冲突在理性上不能得到化解的可信度被极大削弱。因为我们现在只具有这样一种可能性:可比较的对象之间存在第四种关系。因此,该论证是否能为存在不可比较的结论提供支持还处于未知。

(六) 多重排序论证

如果对象的多种排序都正当,且没有胜出者,那么对象可能不可比较。例如,我们来比较尤尼斯和珍妮斯的哲学才能。哲学才能由多种促成性价值组成:原创性、深刻理解力、思维清晰性等等。但是,去"衡量"哲学才能的这些不同面向时,也许并不只有唯一正确的方式。每一种促成性价值贡献于统摄性价值的方式是多样的、可替代的。换句话说,我们可以不同的方式"清晰化"(sharpen)对统摄性价值的理解。例如,依据某种清晰化的方式,原创性可能极其重要,深刻理解力相当重要,思维清晰性相对而言没那么重要。依据另一种清晰化方式,一些不同的东西可能为真。不同的清晰化方式会导致不同的比较结果。依据某种清晰化方式,尤尼斯可能比珍妮斯更好;依据另一种清晰化方式,尤尼斯可能更差。然而依据第三种清晰化方式,两者可能一样好。既然每一种清晰化方式都正当,那么尤尼斯和珍妮斯的多种比较结果都是正当的。既然并不存在唯一正确的比较结果,那么尤尼斯和珍妮斯必然是不可比较的。我认为,对多重排序论证的最有力理解是将其视为统摄性价值概念的模糊性论证。哲学才能是一个模糊概念,因此它可以多种方式被清晰化。约翰·布鲁姆在本论文集中的文章对此类论证做了重要的讨论。[40]

---

[40] 相关立场 see e.g., Lewis Kornhauser, "The Hunting of the Snag: Incommensurability in Ethics and Economics" unpublished ms。他认为针对诸选项排序的合理限制条件可能会为唯一正确的排序提供不充分的支持;Sinnott-Armstrong, *Moral Dilemmas*, pp. 66–68,他认为,如果诸道德要求的力量不确切,那么它们就是不可比较的。T. K. Seung and Daniel Bonevac, "Plural Values and indeterminate Rankings", *Ethic* 102 (1992): 799–813, 他们认为,如果一个对象既比另一个对象更好,也比其更差,同时也与其一样好,那么两者就是不可比较的。Isaac Levi 的 *Hard Choices* 对多重排序可能性进行了具体、有力的处理。

但是作为支持不可比较的论证,它是奇怪的。它主张,不可比较成立的条件是,存在多种冲突的比较结果,而非得不到比较结果。为什么仅仅因为有多种正当方式比较尤尼斯和珍妮斯,我们就应该认为两者在哲学才能上是不可比较的?

为了说明这一想法为何没有依据,我们来考虑尤尼斯和尤尼斯*的例子。这两位哲学家的不同仅仅在于,尤尼斯*在技巧上稍微比尤尼斯更熟练,但在表达上却没有后者那么清晰。依据某些清晰化方式——技巧的娴熟对哲学才能做出了重要的贡献——尤尼斯*比尤尼斯更好。依据另一些清晰化方式,尤尼斯*比尤尼斯更差。依据所有其他清晰化方式,两者一样好。因此,对于这些哲学家存在多种正当的排序方式。但是显而易见,尤尼斯和尤尼斯*的哲学才能并非不可比较。在品质上几乎相同的两个事物如何可能不可比较?因此,如果尤尼斯和尤尼斯*并不会因为她们有多种排序方式而不可比较,那么尤尼斯和珍妮斯也不会因此而不可比较。

多重排序论证并不能确立对象之间不可比较。然而,它们确实使我们有理由认为,没有一种三分关系——更好、更差、一样好——会成立。既然没有处于优势地位清晰化方式,便没有理由认为某种特定的三分关系成立。但这是令人困惑的。既然有理由认为三分关系不成立,怎么会没有理由认为两个对象不可比较?一旦我们意识到第四种价值关系的存在,这一困惑便会消失。[41] 尤尼斯和珍妮斯之间存在第四种关系意味着,她们并非不可比较,然而她们之间却不存在任何一种传统三分关系。当然,这一困惑还可能通过另一种方式得到解决。例如,有人可能会认为某些比较是模糊的。无论如何,多重排序论证都不能确立不可比较。相反,它使我们有好的理由认为,可比较这一概念所蕴含的东西远比我们所认为的要多。

(七) 微小提升论证

我认为,不可比较主义者的最后一种类型论证是最有力的。它的论证基础是以下判断的推定合理性:两个对象中谁也不比谁好,但是对其中一个进行微小的提升并不会使之比另一个对象更好。使用这类论证的不可比较主义者包括约瑟夫·拉兹、沃尔特·辛诺特-阿姆斯特朗(Walter Sinnott-Armstrong)以及罗纳德·德·苏泽(Ronald de Sousa)。[42]

---

[41] Compare Hurka, *Perfectionism*, p. 87.
[42] See Raz, *The Morality of Freedom*, ch. 13; Sinnott-Armstrong, *Moral Dilemmas*, pp. 65–66, also his "Moral Dilemmas and Incomparability" 22 (1985): 321–329, 327; de Sousa, "The Good and the True", pp. 544–546.

让我们来考虑经过修正后的拉兹的例子。㊸ 假设我们合理地判断,就职业优势而言,作为特定职业的单簧管手,既不比作为特定职业的律师好,也不比它差。(填充任何可使得该判断最为合理的细节。)我们可以在职业优势方面对单簧管手进行稍微的提升,也许是通过加薪十美元来实现提升。由此,我们在理性上就必须判断:提升后的音乐职业好过法律职业吗?似乎理性的做法是拒斥这一结论。如果拒斥该结论是理性的,那么最初的职业便不可能一样好,因为,如果两者一样好,那么对其中一个进行微小的提升必然会使之变得更好。因此,它们必然是不可比较的。一般而言,如果(1) A 既不比 B 好,也不比 B 差;(2) A^+ 比 A 好;(3) A^+ 并不比 B 好;那么(4) A 和 B 不可比较。对谁也不比谁好的两个对象中的一个进行微小提升,并不总是能够支持我们得出结论说被提升的对象比另一个更好。当该结论不能得到支持时,最初的两个对象便不可比较。

唐纳德·里甘对这一论证提出了看起来很致命的认知反驳。里甘是我们可能会称之为"严格三分主义者"的学者,即,他认为,任何两个对象之间必然存在"更好""更差""一样好"这三种关系中的一种。㊹ 简单而言,他论证道,尽管上述的前提 2 和前提 3 有合理的依据,前提 1 却没有合理的依据。他注意到,在 1 到 3 的判断模式貌似合理的那类情形中,涉及非常不同的对象和一个复杂的统摄性价值。在这些情形中很难形成有关比较品质的正确判断。因此依据该反驳,我们所做的判断——例如,就职业优势而言,单簧管手既不比律师更差也不比律师更好——不能得到证成。在此类情形中,同时正当地排除掉"更好"和"更差"两种关系对于我们来说具有内在的困难(当然,某些单簧管手职业是显而易见地更好,而另一些是显而易见地更差)。在此类情形中,理性的判断仅仅是,我们不确定它们之间存在何种价值关系(如果它们之间确实存在价值关系的话)。如果没有哪一个职业更好这一判断没有合理的依据,便不能得出结论说它们不可比较。

然而,在抽象的意义上作出 1 到 3 的判断似乎完全合理。例如,如果上帝把所有可比较的、成对的职业(它们就职业优势而言进行比较)都放入一个黑匣子中,那么 1 到 3 的判断至少适用于一对职业。例如,某人认为价值不精确或者形状不规则,以至于,对谁也不比谁好的一对对象中的一个进行微小的提升并不会使之变得

㊸ 拉兹与苏泽的论证诉诸的是合理的中立态度,而非直接诉诸我们所做的合理判断。但是如果从合理判断的角度来理解该论证,它的力度会更强。我这里考虑的强论证版本是辛诺特-阿姆斯特朗在有关道德要求的论述中提出来的。

㊹ See Regan, "Authority and Value".

比另一个更好。如果不精确或者形状不规则的价值具有概念上的可能性,那么严格的三分主义者必须同意判断1到3可能具有合理的依据。

特定情形下的现象学也能够支持以下观点:1到3的判断是合理的。假设你是哲学任命委员会的成员之一,该委员会的任务是,就哲学才能而言比较作为形而上学家的尤尼斯和作为道德哲学家的珍妮斯。你和你的同事都同意,更有哲学才能的候选人将被授予哲学系的教席职位。设想一下,你与其他委员会成员合作,共同深入地调查了两位候选人,详细地审查并讨论了她们的写作成果,征求了来自全国各地的经过深思熟虑的意见,评估了推荐信,等等。经过认真、冷静的思考,你和你尊重其意见的同事当然可能合理地判断出,就哲学才能而言珍妮斯不比尤尼斯更好,尤尼斯也不比珍妮斯更好。该判断并非不确定,你们也不是不知道哪一个更好。相反,谨慎而仔细的慎思、专家意见的权威性提供了所需的积极证据,以使我们合理地判断出谁也不比谁更好。至少,谁也不比谁更好这一判断有一些合理依据。在此种情形下,可以合理地认为对候选人之一进行微小的提升并不会使之比另一位候选人更好。

作为回应,严格的三分主义者一定会顽强抵抗,坚持说上述现象学具有误导性:珍妮斯和尤尼斯谁也不比谁好这一判断看似合理,事实却是必然有一个更好。他们认为,也许我们忽略或低估了与尤尼斯相关的某一事实,或者,他们持有另一种不那么可靠的观点,即,在评价性事实看似不确定之处,就候选人之间的比较性关系而言,确实存在一个为真的判断。严格的三分主义者使我们面临着一个有关我们判断的错误理论(error theory)。但是上述现象学与该理论之间存在紧张关系;此类判断出现的频率越高,认为它们合理的想法会越普遍,便越没有理由认为此类判断有错。⑮ 不可否认的是,现象学很常见。除此之外,三分关系之一成立所依据的推定模态(modality)越强,我们犯此类错误的可能性越低。例如,很难相信我们会忽略概念上的必然性。另一方面,如果推定模式弱一些,三分关系的不成立在概念上便是可能的。那么,严格的三分主义者为何如此确定三分关系必然成立呢?

尽管认知反驳并不能决定性地反驳掉微小提升论证,我们还有另外一些理由认为微小提升论证是不成功的。现在回想一下我们有关尤尼斯和尤尼斯*的论证。尤尼斯*和尤尼斯的不同之处仅仅在于,前者比后者的技术略微熟练些,而在写作

---

⑮ 苏珊·赫尔利(Susan Hurley)做过相似的论证来反驳Mackie有关道德判断的错误理论。See her *Natural Reasons* (Oxford: Oxford University Press, 1988), pp. 278-279. 当然,正如我所描述的那样,严格的三分主义者总是随心所欲地反驳现象学判断。但是,他们的反驳没有揭露现象学的错误何在,因此纯粹是武断的教条。

的清晰性方面略微差一些。现在引入尤尼斯⁺,她在哲学才能方面比尤尼斯*略微差一些而比尤尼斯略微好一些。尤尼斯既不比尤尼斯*更好,也不比她更差。但尤尼斯⁺比尤尼斯略微好一些。由此可以得出结论说尤尼斯⁺比尤尼斯*更好吗?拒绝这一结论似乎完全合理,然而认为尤尼斯*和尤尼斯不可比较是非常不合理的,因为她们几近相同。她们如何可能不可比较?因此,如果微小提升论证不能成功表明尤尼斯和尤尼斯*不可比较,它们也不能表明珍妮斯和尤尼斯不可比较。

我认为,在这些情形中,对象处于对等关系(on a par)。如果两个对象谁也不比谁更好,而对其中一个对象进行微小的提升并不会使之变得比另一个更好,那么对象便处于对等关系。我们可以采用微小提升论证的前提,但是拒斥它所得出的不可比较结论。申言之,对于不可比较主义者的结论至关重要的三分法命题是错误的。微小提升论证使我们有理由认为,并非存在不可比较,而是存在第四种比较关系。㊻

什么是第四种关系?接下来我将对我所认为的第四种关系的本质特征给出一个简短的、直觉性的概述。关注相对于统摄性价值的评价性差异概念有助于我们深入到对等观念的核心。如果两个对象之间存在某种评价性差异,那么差异是:(1)零(*zero*)或非零(*nonzero*);(2)有倾向性(*biased*)或者无倾向性(*unbiased*)。如果差异没有大小(extent),那就是零差异。如果差异支持某个对象,相应地不支持另一个对象,那么它便有倾向性。零差异必然是没有倾向性的。价值关系的传统三分法可以通过这些术语得到解释。如果差异非零且有倾向性,那么必然有一个对象更好。如果它倾向于 X 而反对 Y,X 便比 Y 更好。如果差异非常大,X 便比 Y 好得多。相反,如果差异为零,由此没有倾向性,那么对象便一样好。

如果我们用评价差异概念来解释价值关系,便自然而然引出以下问题:为什么我们应该认为非零、有倾向性差异(更好和更差)和零(无倾向性)差异是唯一的差异类型?尤其是,我们为什么应该排除非零、无倾向性差异的可能性?

非零、无倾向性差异这一观念并不陌生。我们可能想要了解采用两条路线到达伦敦所花费时间的无倾向性差异。经过牛津的路线和经过剑桥的路线之间的差异会超过一小时吗?或者我们想知道两本小说在篇幅上的、两种厨房电器在价格上的、两个天体在重量上的非零、无倾向性差异。在数学中,3 和 5 以及 5 和 3 之间

㊻ 在这一点上我非常感谢德里克·帕菲特,他最初向我指出,微小提升论证不必然推导出不可比较。帕菲特使用微小提升论证来表明"粗略"可比较的存在,即不精确的基数可比较。See Parfit, *Reasons and Persons*, pp. 430-431.

的无倾向性——"绝对"（absolute）——差异是2。当然，这些无倾向性差异的例子与潜在的倾向性差异相关联。我想主张，在评价性范畴上存在无倾向性差异，却并不存在潜在的倾向性差异。如果我们将对象之间的评价性差异类比为点与点之间的距离，两个对象之间的无倾向性差异就像是两个点之间的绝对距离。伦敦和格拉斯哥之间的绝对距离是345空英里，而非是朝北方向的345空英里。像倾向性差异一样，无倾向性差异可能更大也可能更小。尤尼斯和珍妮斯在哲学才能上的无倾向性差异可能比尤尼斯和尤尼斯*的更大。在评价方面存在差异却并没有倾向性的对象不可能不可比较，因为如果两个对象不可比较，它们之间就不存在评价性差异（no evaluative difference）——既不存在零差异也不存在非零差异。它们可能在促成性价值方面存在差异，但是在统摄性价值方面却不存在差异，因此更不必说，不可比较的对象不可能在统摄性价值方面存在程度性的差异。

我们可以通过修正由亚当·莫顿（Adam Morton）提出的不可比较模式，来细致地理解有倾向性差异和无倾向性差异之间的区别。㊼ 想象以下情形：设定如下四个点，我们将其连接后会得到一个钻石的形状。位于顶端的点为 A 点，位于底端的点为 C 点，在水平面上相对的两个点分别为 B_1 和 B_2。与 C 相连接并处于 C 上方的 A 比 C 更好，C 比 A 更差。相似地，A 比 B_1 和 B_2 更好，C 比它们更差。两个相连接的对象在垂直轴上相隔多远可能（并不必然）会反映某个对象比另一个对象更好的程度。然而 B_1 和 B_2 并不相互连接，因此它们之间的距离无关于比较。尽管它们都可以与 A 和 C 比较，却不可以相互比较。

现在让我们偏离莫顿的模型，画一条水平线来连接 B_1 和 B_2。B_1 和 B_2 之间的距离反映了它们之间的差异，就像 A 和 B_1 之间的距离反映了 A 更好的程度。B_1 和 B_2 相连接，由此相互可比较，但是它们的差异是依据水平轴线而非垂直轴线来衡量。依据垂直轴线衡量的差异具有倾向性，依据水平轴线衡量的差异无倾向性。B_1 和 B_2 并非不可比较，它们也并非一样好，因为一样好的对象之间的差异从一开始就不是非零；它们中也没有一个更好，因为衡量它们差异的依据并非是垂直轴线。通过水平轴线连接的任意两点之间存在的就是第四种关系。

如果两个对象之间的评价差异非零且没有倾向性，那么它们就处于对等关系。此处我无法提供一个充分的辩护，但正如我所描述的，我希望它的可能性符合直觉

㊼ 我稍微改动了莫顿的模型。See Adam Morton, *Disasters and Dilemmas* (Oxford: Blackwell, 1991), pp. 34-35. 需要注意的是，既然我采用莫顿的"钻石模型"作为有倾向性差异与无倾向性差异的模型，我们便不应该期待从中发现根本没有任何评价性差异的不可比较的对象。

且具有启发性。

四、非可比较与统摄性价值

在第一部分我已经主张过,不可比较必须依据统摄性价值来推进,如果在比较中没有明示或暗示某种价值,便无法理解比较究竟意味着什么。但是,统摄性价值作为必要条件同样要求相关价值必须"统摄"(cover)正在进行比较的对象。"味觉愉悦"并没有统摄粉笔和切德奶酪,但是它统摄了芝士蛋糕和切德奶酪。本部分我将论证,推定的统摄性价值无法统摄对象导致的并不是不可比较,而是另一种不同的现象:非可比较(noncomparability)[48]。非可比较与不可比较的区别在于,前者是比较的形式失败(formal failure),后者是实质失败(substantial failure)。

我们从以下观点切入:每一个谓词都有一个应用域。由于比较总是相对于一个统摄性价值,我们可以将论证结构中的第三方固定,并且集中关注二元谓词,例如"就美丽/审慎/道德品质等等而言是可比较的"。对于任意二元比较谓词,都存在一个该谓词可适用的对象对范畴(a domain of pairs of items)。

处于一端的可比较和不可比较与处于另一端的非可比较之间的区别,可以被视为谓词可应用与无法应用之间的区别的一个实例。如果对象对属于比较谓词的应用域,它们就是可比较或者不可比较的;如果对象对不属于比较谓词的应用域,它们就非可比较。我们可以合理地假定,如果两个对象都落入相关联的统摄性价值谓词的范畴,那么它们便也落入比较谓词范畴。以可比较谓词"就听觉之美而言可比较"为例,对象对〈煎蛋,数字9〉并没有落入可比较谓词的范畴,因为煎蛋和数字9并不属于"听觉之美"的领域。同样,对象对也没有落入不可比较谓词的应用域内。我们应当说,听觉之美这一价值并没有"统摄"煎蛋。

尽管我将谓词可应用与无法应用之间的区别视为理所当然,仍需依次做两点澄清。首先,无法应用既可能源于对象的本质特征,也可能来源于偶然性特征。例如,我们知道数字9由于是一个抽象的客体而不可能具有听觉之美。但客体的偶然特征也会使得谓词无法应用。一生恰巧都没有举办过音乐演出的米开朗琪罗并不在"音乐演出成功"这一范畴内。(当然,某些偶然的特征并不能排除应用,仅仅

---

[48] "noncomparability"一词同样借用了杨建老师在张美露另一本著作《论比较的重要性》中对该词的翻译,特此致谢。——译者注

是使得应用错误;一栋偶然性丑陋的建筑依然落在"美丽"范畴内,尽管这一应用是错误的。)其次,我们可以合理地认为,如果对象属于谓词的应用域,那么原则上讲,谓词的应用要么正确,要么错误;由于我们自然地认为对错的前提是谓词能够适用,当它们不属于应用域时,将存在真值的不确定性(indeterminacy in truth value)。我之所以说在谓词能够应用的情况下,"原则上"要么对要么错,是因为即使谓词能够应用,谓词(或者谓词指涉的价值)的模糊性也可能会导致真值的不确定性。("菲力·科林斯是秃子"可能既不为真也不为假,但菲力·科林斯属于"秃"这一范畴。)在谓词能够应用的情形下,可能还会存在其他原因导致真值的不确定性。

因此,我们可以区分比较的形式失败与实质失败。如果使得比较以及不可比较有可能发生的必要条件不成立,便是形式上的失败。我们所关注的形式条件是,存在一个为比较能够推进提供依据的统摄性价值。我们已经看到过该形式条件没有得到满足的一种情形:没有价值得到明示或暗示。现在我们看到了统摄性价值无法成立的另一种情形:被明示或暗示的价值并没有统摄对象。在这两种情形中,我们都不能理解(有关比较的主张)在说些什么。如果没有某种价值为比较的推进提供依据,比较便无法得到理解。如果可比较或者不可比较谓词无法应用于比较对象,我们便不能理解任何有关它们的说辞。与形式失败形成对照的是,实质失败已经预设了使得可比较以及不可比较有可能发生的条件成立,但坚持认为,在实质的层面,对象不能基于统摄性价值得到比较。

我猜测,当不可比较主义者坚持认为,只有在比较中存在某个"共同基准",比较才能成功时,他们心中所想的条件是有一个统摄性价值能够统摄对象。统摄性价值谓词必须应用于比较对象。如果对象之间如此"不同",以至于相关的价值没有统摄它们,它们便无法被比较。但是,缺少统摄性价值是形式上的失败,由此并不能推导出不可比较。非可比较既不接近可比较,也不接近不可比较。

区分形式比较失败与实质比较失败对于确定实践理性的范围具有基础性的作用。实践理性从来不会让行动者去处理可能会在形式上失败的比较。很明显,实践理性并不要求我们去比较非可比较之物。例如,作为理性的行动者,我们永远不会在法国吐司和芝加哥市之间选早餐,也不会在灯和窗户之间选首相。事实上,如果对诸选项的比较是基于一个无法统摄它们的价值,那么任何选择都无法从比较中得到证成或者获得证成力。出于此原因,非可比较不能威胁实践理性,而不可比较,正如我们所见,能够威胁到实践理性。

实践理性从来不要求行动者去比较非可比较之物，这使得我们能够回应有关非可比较的论述可能面临的两个反驳。首先，有些人会否认存在可适用与无法适用的区分。凡是谓词便都能适用于对象（但适用有可能是错误的），由此，并不存在我们所描述的非可比较的空间。其次，假定存在无法适用这一情形，可能还是有人认为，为了得到可比较或不可比较的结果，并没有必要要求两个对象都在统摄性价值谓词的范畴之内。例如，法国吐司在味觉价值方面比芝加哥市更好，或者两者不可比较。我们可以对这两个反驳作出相同的回应。即使谓词永远都可以适用，我们依旧想区分实践理性可能会使我们面临的情形与完全在实践理性范围之外的情形。因此，我们其实做了一个同等意义的区分，只不过没有采取可适用与无法适用的措辞。相似地，即使假定存在无法应用，且得到可比较或不可比较的结果只需要一个对象落入统摄性价值谓词的范畴，以下事实在某种程度上也值得注意：以上情形永远不会出现在实践慎思中。考虑到以上两种反驳，我们依旧有理由区分不可比较与非可比较。

实践理性从来不要求我们去比较非可比较之物。但是，如果统摄性价值的条件是以另一种方式未得到满足呢？如果没有明示或暗示的价值为比较的推进提供依据，实践理性会要求我们比较对象吗？这里需要区分两种情形。简单情形很大程度上是一种理论情形，在该情形中，统摄性价值的内容没有限制；任何价值，只要它统摄对象，便会满足应当存在某种价值的要求。但是还有另外一种更为复杂的情形。选择情形会对统摄性价值的内容做出限制。例如，如果我们比较两位哲学家的工作能力，智力、洞察力、思想清晰性等等都是有相关性的，而着装的优雅性却无关。在某些情形中，与选择相关的是内在价值；在某些情形中，是工具价值；而在另一些情形中，是效用价值和义务价值。在特定的选择情形中，我们并非寻求任意的比较，而是期待比较选项时所基于的价值能够反映选择情形中的重要之事。

然而，似乎有时候并没有这样的统摄性价值。假设我们知道，得到些好处的快乐与对他人负有的义务这两个因素都与某个选择相关。似乎并不存在一个价值，能够为两个选项相对于快乐与义务的优点之间的比较提供基准，即，不存在这样一个价值，依据该价值，我们可以说，考虑到快乐与义务，其中一个选项"总体上"更好。因此，在没有统摄性价值，由此比较必然基于形式原因而失败的情形下，实践理性似乎有时还是会要求我们去比较选项。如此，实践理性对比较的形式失败与实质失败之间区别的关注（track）是错误的。

我们已经看到，为什么缺少一个为比较选项诸相关品质提供依据的统摄性价值不会导致不可比较。如果不存在一个为比较诸选项相关品质提供依据的统摄性价值，那么既不会出现可比较也不会出现不可比较。但是，我们还有另外一种可以消解不可比较主义者直觉的方式：通过表明实践理性从来不会让我们处理这类情形。

考虑以下经过简化后的经典例子。假设你有两种花掉圣诞节奖金的方式，你必须选择其中一种：要么捐钱帮助遥远地区的饥饿儿童，要么投资基金作为你的退休储备金。捐钱选项具备很好的道德品质，而退休储备金选项具备很好的审慎品质。也许，捐钱选项具备名义上的审慎品质，而投资选项具备名义上的道德品质。实践理性似乎要求我们对这个问题作出回答："考虑到与选择相关的价值是道德和审慎，哪个对象总体上更好？"我们可以说哪一个就道德而言更好，哪一个就审慎而言更好，[49]但似乎没有办法说，就道德和审慎而言，哪一个更好。换句话说，似乎并不存在一个同时包含道德和审慎价值的统摄性价值。然而，实践理性可能要求我们基于这个不存在的价值去作比较。

回应这一挑战要分为两步。首先，我们通常有理由认为，统摄性价值尽管表面上看起来不存在，实际上却是存在的。其次，在那些确实不存在统摄性价值的情形中，我们可以合理地认为选择情形遭到了误解；实践理性要求的并非是那个比较，而是另外一个不同的比较——该比较在形式层面上并非必然会失败。

我们可以出于何种理由认为，在当下的例子中存在一个合适的统摄性价值？可能会有人主张，总是会存在非常一般的考量，例如"通盘考量后，应当做何事"或者"通盘考量之后的更好"，这些考量为任意两个对象比较的推进提供依据。然而，这些考量除了其出现在的选择情形所赋予的东西之外，再无其他内容。它们是概要性的（schematic）。一个概要式的考量，例如"通盘考量之后，应当做何事"，在某些情形下相当于内在的道德价值，某些情形下相当于工具审美价值，另一些情形下相当于后果主义的经济价值。概要性考量与伯纳德·威廉斯（Bernard Williams）所称的"慎思应当"（deliberative ought）指涉的范围相同（cover the same ground）。[50] 它们是任意价值的占位符（placeholder）。既然它们仅仅是占位符，那么它们自身便不是价值，因为只有凭借它们所代表的价值，评价性比较才会有意义。我们现在又回

---

[49] 需要注意的是，即使一个对象仅仅承载道德价值而另一个对象仅仅承载审慎价值，无论就道德价值还是审慎价值而言，这也不会是非可比较的情形。具有道德价值的行动通常是属于"审慎"领域的对象，反之亦然。

[50] See Bernard Williams, *Ethics and the Limits of Philosophy* (Cambridge: Harvard University Press, 1985).

到了最开始的那个问题:是否存在一个统摄性价值,就其而言,选项的道德品质和审慎品质可以得到比较?

我们有好的理由认为存在这样的统摄性价值。考虑以下情形。你要么可以为自己免去一点点不方便,要么可以解救一位住在偏远地区的陌生人的严重身体创伤与心理创伤。假设一个行为仅仅承载着名义的审慎(也许是名义的道德)价值,而另外一个行为承载着显著的道德(也许是名义的审慎)价值。我们不仅仅可以说,一个行为在道德上更好,另外一个行为在审慎品质上更好。我们也可以说,同时就审慎与道德价值而言,后一个行为更好:考虑到两种价值,救助陌生人整体上更好。一般来说,同时就审慎与道德价值而言,一个显著的道德行为比名义的审慎行为更好。因此,必然存在一个统摄性价值,就其而言,道德品质与审慎品质可以得到比较,它由道德价值与审慎价值两个成分所组成。我们知道它存在,是因为对它的结构有些了解:特定的道德品质比特定的审慎品质更重要。如果不存在这样一种价值,我们就不能判断出这些考量因素的相对重要性,无论该价值有多么不确定,它都是判断的依据。一般来说,名-实比较帮助我们在那些似乎很难找到统摄性价值的情形中找到它们。

在这些情形中,之所以很难意识到存在一个统摄性价值,是因为不像其他价值,这些价值通常没有名字。(换句话说,这类价值的唯一名字是概要式考量的名字;作为任意价值的占位符,它们的名字为所有价值的名字提供了替代方案。)正是通过"名-实测试",我们才能看到这类价值的存在。某些类型的直觉主义以及具体主义(specificationism)可能会被理解为致力于确定没有名字的价值的轮廓。查尔斯·泰勒、伊丽莎白·安德森、约翰·菲尼斯、詹姆斯·格里芬、大卫·威金斯以及其他人所讨论到的"真正重要之事""自我理想""完整的人类实现"等等,也许都可以被启发性地理解为在努力搞清楚某些没有名字的价值的内容。如果我的主张——价值的结构由该价值的诸承载者之间的比较构成——是正确的,那么这便要求进一步检讨诸价值承载者之间的比较。[51]

这并不是在说,所有看起来没有合适的统摄性价值的例子中,都能揭示出一个没有名字的价值。但我们可以合理地认为,在那些名-实测试失败的情形中,行动者其实是误解了实践理性的要求。假设我正在考虑的给朋友的生日礼物有两个备

---

[51] 讨论道德价值的这类代表作品,参见 Frances Kamm, *Morality, Mortality*, Vol. II, (New York. Oxford university Press, 1996), ch. 12。Kamm 的讨论可以被理解为,通过探究道德价值中的两种促成性价值——"权利与义务"和"福祉/对善观念的追求"——之间的关系来尝试阐明道德价值中的含糊部分。

选对象：一本美观的《傲慢与偏见》和一条优雅的雪纺围巾。假定我的选择依赖于对该问题的回答："哪一个对象的内在价值更好？"这本书的内在价值之一是文学价值，围巾的内在价值之一是着装价值。但是在一本文学著作和平淡的着装之间并没有名-实比较。这么说是讲不通的：考虑到文学价值与着装价值是唯一相关的价值，《战争与和平》整体上比一条皱布喇叭裤更好。因此，并不存在可据以比较书本和围巾分别具备的所有内在价值的统摄性价值。[52]

鉴于此，我们可以很自然地得出结论说，我误以为选择情形要求作出这样的比较。例如，我可能关注了不合适的选择价值。经过反思后，我可能意识到，指引礼物选择的并不是内在价值，而是我朋友的品味，或者是内在之美，或者是使得比较具有形式可能性的任何选择价值。正如我们从来不需要在道德善方面比较棒棒糖和铅笔，我们也从来不需要基于一个从来不存在的价值作比较。实践理性作为一般意义合理性的组成部分，如何能够要求我们去展开基于形式理由而不能成功的慎思？

我们最初面临的实践困境如下：我们确定了哪些价值与选择相关，但似乎并不存在一个可据以比较诸选项在这些价值方面之品质的统摄性价值。我们现在对该困境的处理如下：要么存在统摄性价值，要么不存在。如果存在，它的存在大概率可以通过名-实测试被发现。如果确实存在，它很有可能是没有名字的。就该统摄性价值而言，对象之间是否不可比较是进一步的问题。如果统摄性价值不存在，那么统摄性价值的条件便不能得到满足，由此我们误以为选择情形要求那样的比较。既然不存在一个统摄性价值，相对于该统摄性价值，诸对象可能不可比较，对象便不是不可比较的。无论在哪种情形中，认为发现一个合适的统摄性价值的艰难足以支持得出结论说对象之间不可比较这种观点都是错误的。

当然，我们并没有表明只要存在统摄性价值，对象之间就必然可以比较。也许相对于一个合适的、没有名字的价值而言，捐助对象和投资对象是不可比较的。然而，很难看到可能会存在何种理由支持这一结论。

在本篇导言中，我们研究了三类不可比较主义者的论证。有一些人犯了致命的实质错误：他们忽略了名-实比较的存在，忽略了序数比较的可能性，或者将对更好的明显主张误解为不可比较。有一些人犯了致命的形式错误：他们没有使不可比较相对于某一个价值，或者使其相对于某一个没有统摄力的价值，或者主张不可

---

[52] 需要注意的是，如果文学价值与着装价值并非其他任何价值的组成部分，那么便不存在一个将所有价值作为组成部分的超级价值。

比较存在于以下情形中,即不存在一个能够统摄(capture)推定为与选择情形相关价值的统摄性价值。最后,还有一些人并没有犯实质的错误,但却有他们自己的困难:他们要么依赖于有争议的实质立场,例如证实主义;要么最好被理解为支持除"更好""更差""一样好"之外的第四种价值的论证,而非支持不可比较的论证。

法律可以让我们变得道德吗?

金柏莉·布朗利　理查德·蔡尔德* 著　杨茂峰** 译　王威智 校

一部好的宪法并非来自道德;但是,反过来,好的宪法可以给一个民族带来良好的道德状况。

——伊曼努尔·康德《永久和平论》[①]

一、导论

人们对道德之含义的诠释是多种多样的,因此,自然有多种路径来解释法律能否让人变得道德这一问题。对于结果论者而言,重要的是法律能否让人们实现更有价值的结果;对于道义论者而言,问题是法律能否让人们更好地遵守道德义务;对于美德伦理学家而言,问题是法律能否让我们变得更有美德。

---

* 金柏莉·布朗利(Kimberley Brownlee),华威大学法律和道德哲学副教授(k.brownlee@warwick.ac.uk);理查德·蔡尔德(Richard Child),剑桥大学哲学和法律方向梅隆博士后研究员(Mellon Post-Doctoral Fellow)(rnc28@cam.ac.uk)。这篇文章最初投稿在《哲学指南》(*Philosophy Compass*)。我们非常感谢亚当·克列顿(Adam Cureton)、米歇尔·马登·登普西(Michelle Madden Dempsey)、马西莫·伦佐(Massimo Renzo)和弗朗索瓦·坦古艾-雷诺(François Tanguay-Renaud)对这篇文章提出的有益点评。
** 杨茂峰,中国政法大学国际法学院2017级本科生。
[①] Kant, Immanuel (1795), *Perpetual Peace: First Supplement* (Various editions), see: http://www.constitution.org/kant/1stsup.htm.

在这篇文章中,我们会从上述三个视角对我们的核心问题进行思考。在此过程中,我们仔细地对(a)抽象意义上的法与(b)属于某一特定法律体系的实在法进行了区分。我们发现,尽管一些特定类型的法律体系的确能让人们在前文提到的三个方面都变得道德,但是许多实在的法律体系则导致了严重的不道德与非正义。想在这种体制下变得道德并很好地生活,甚至可能比在缺乏任何法律体系的体制中更艰难。

二、法律的工具性价值与内在价值

如果法律的确有能够让人们变得道德的价值,那么这种价值要么是工具性的,要么是内在的(或者两者兼之)。在工具性价值的层面上,法律是帮助人们实现各种道德目标的工具。② 我们将会在三个标题下思考法律的工具性价值:(1)作为道德顾问的法律;(2)作为道德范例的法律;(3)作为道德激励的法律。

如果在工具性价值以外,法律还有内在价值,这就意味着,法律的存在本身便是特定道德价值的具体化,而与任何其致力于实现的进一步目的无关。一些人认为,将人们的行为置于法治之下是一种有独一无二价值的理想状态,代表着最符合道德要求的人类治理形式。③ 我们认为,纵使法律的确拥有内在价值,这也只是偶然的。

三、法律的工具性价值:作为道德顾问的法律

如果按照法律的指示行事能够让人们更道德,那么法律可以成为一个很好的道德顾问。这是道德专家的建议模式(advice model)。这个建议模式是关于命题性知识的(即知道做什么)。如果一本车辆修理指南的指示清晰地告诉我们该如何修

---

② 相关议题的探讨,参见 Green, Leslie (2010), "Law as a Mean", in *The Hart-Fuller Debate in the 21st Century*, Peter Cane (ed.), Oxford: Hart, ch. 9。
③ See, e.g., Fuller, Lon L. (1964), *The Morality of Law*, London: Yale University Press; Finnis, John (1980), *Natural Law and Natural Rights*, Oxford: Oxford University Press; Simmonds, Nigel (2007), *Law as a Moral Idea*, Oxford: Oxford University Press.

理一辆车,并且因此帮我们修好了车,那么它就对修车提供了好的建议。但是,当然,指南本身并不能修好车。

若法律想承担道德顾问的角色,则或许有两条主要路径。我们把它们称为法律的"协调功能"和"道德引领功能"。

(一) 法律的协调功能

法律发挥协调功能的方式之一为,采纳特定地区的人们遵守(或应该遵守)的各种抽象道德准则与理想,并且更详细地对它们加以规定。以规范在公共道路上驾驶的准则为例,抽象的道德并不关心人们在道路的哪一侧驾驶,④没有倾向于让人们靠某一侧驾驶的道德依据。然而,安全驾驶是有道德依据的,因此,调整人们的驾驶行为从而避免相撞就是有依据的。(如果想得到鲜活的证据,请看这段驾驶视频。⑤)通过要求人们靠左或靠右驾驶,法律采纳了安全地驾驶这一模糊的道德命令,并且把它转变成一个具体的行动指南。与每个人按照自己的方式实践安全驾驶的道德命令相比,将法律的指示视为权威会让我们的行为更加道德。⑥

托马斯·霍布斯(Thomas Hobbes)为我们展示了法律在解决道德协调问题时的另一种可能的方式。⑦ 霍布斯认为,法律的价值不仅在于精炼现有的道德,还在于创造新的道德。在无国家状态——我们所知的"自然状态"下,在决定道德的内容尤其是人们权利的内容这个问题时,每个人有同等的权威。问题不在于没有人能够知晓人们现存权利的内容,而是——按照这种观点——根本就没有现存权利:人们彼此之间没有请求权。在这种情形下,法律的工具性价值以及我们需要创建一个法律体系的原因,不在于它能够把现存的权利具体化,而在于它能创造一个权

---

④ 这个例子和思路来源于 Gardner, John (2010), "Ethics and Law", in *The Routledge Companion to Ethics*, London: Routledge, pp. 420-430。关于法律如何具体化并据此促进特定的道德规则的讨论,参见 Raz, Joseph (2004), "Incorporation by Law", *Legal Theory*, 10, pp. 1-17。安德鲁·斯密斯特(Andrew Simester)和安德烈亚斯·冯·赫希(Andreas von Hirsch)使用了这一段中提到的观点去证明为什么国家将特定行为认定为犯罪是正当的,例如在右边开车行驶(在英国)或者捕获超过特定数量的鱼,虽然它们并不是典型的自然犯。See their (2011), *Crimes, Harms and Wrongs*, Oxford: Hart Publishing, pp. 24-29.
⑤ 原文献附带些许视频材料,由于译文形式限制,无法给予展现。——译者注
⑥ 的确,在任何时候,不需道德蒙受任何损失,驾驶法就可以被修改。因为这些法律使必须安全驾驶的道德义务更加明确,而有很多同样可以增强这种明确性的方法。我们感谢亚当·克列顿强调了这个观点。
⑦ Hobbes, Thomas (1996 [1651]), *Leviathan (Revised Student Edition)*, Cambridge: Cambridge University Press;我们感谢弗朗索瓦·坦古艾-雷诺提出的这个观点。

利体系。⑧

(二) 法律的道德引领功能

道德引领功能可以分为两个部分。首先,法律通过吸收某些道德准则展现出其道德引领功能。这些道德准则尽管大体上被很多人赞同,但在法律制定之时却没有得到人们一致强烈的支持。法律对婚内强奸的禁止、对儿童应该被给予特殊保护的规定,以及对残疾人的特殊的需求应该被满足的认同,都是法律发挥道德引领功能的例子。美国政府1964年制定的反歧视公民权利法案就是一个实例,该法案在许多州加速了民众对平等权利的支持。据说当美国总统、民主党人林登·贝恩斯·约翰逊(Lyndon B. Johnson)签署公民权利法案时,他向自己的助手坦言他知道这样做会在接下来几代人的时间里将美国南部拱手让给共和党人。(这一说法来源于约翰逊签署法案时的演讲。)

再者,确认并且推广在当时只被一小部分人认可的道德准则,是法律实现其引领功能的更加引人注目的方式。法律通常以强有力的手段强调被忽视的道德准则(参见本文第五部分),以此扩展我们的道德视野,并且促使我们关注一些之前没有被重视的问题。⑨ 当然,法律能在多大程度上积极地否定公众观点,并促进对公众尚未关注的权利和良善的保护,则取决于法律对于民主压力的反应。如果法律对这种压力敏感,那么根深蒂固的文化或宗教偏见或许会阻碍法律开辟这样一条道德路径。民主的悖论就在于,它对立法者自治权的限制既是它最大的优点,又是它最大的缺点之一。

(三) 法律作为道德顾问的局限

规定明显不公正或不道德的规则,是阻碍法律实现其协调、引领功能的最直接的方式。例如,如果法律否认女性有基本的政治权利和自由,那么,和道德顾问的

---

⑧ 康德提出的相似观点是,法律是正义存在的条件。当然,因为对康德而言,道德远超正义,他不会同意霍布斯的观点,即"所有的道德都是法律创造的"。康德的观点,参见 Kant, Immanuel (1996 [1797]), *The Metaphysics of Morals*, Cambridge: Cambridge University Press。

⑨ 正如哈特著名的观点,尽管法律规范的诞生经常来源于道德考量的驱动,但法律和道德的相互影响某些时候是反向的,一个特定社会的传统道德的内容是由法律实体的革新驱动的。See Hart, H. L. A. (1963), *Law, Liberty and Morality*, Stanford: Stanford University Press, pp. 1-2.

角色恰好相违背,法律加剧了不公正并且掩盖了道德真相。⑩

法律也可能因其他原因无法实现其协调及引领功能。例如,书写法律的语言极其复杂以至于人们不能理解它的规定;或者法律与现存的规则发生不可避免的冲突;抑或是法律要求我们做客观不能之事。在某种程度上,若一个法律体系包含了无法满足某些基本标准的规则——这些标准构成人们普遍认同的"法治"的核心⑪——则这样的法律体系将不能承担起道德顾问的角色,尽管相关规则本身实质上并没有表现出明显的不道德。⑫

当然,尽管构成一个法律体系的规则在道德上是有价值的,并且完全符合法治的要求,法律仍不能担负起道德顾问的角色,除非人们把它的指示视为权威。就像修车指南在人们不按照其指示操作时并不能帮人们修好车一样;除非人们遵守法律的要求,否则它也不能确保人们在驾驶过程中的安全或在其他活动中得体地行事。那么,重要的问题是:在什么时候应该把法律的要求视为权威?

约瑟夫·拉兹的经典表述是,尽管法律应被视为权威这一论述是根植于法律的本质中的,但这一主张也只在以下情形为真时才能被证成,这种情形为,认可法律的权威并因此把它的指令作为断然性的行动理由,和让人们自己决定如何去做(即直接考虑那些适用于我们的理由而不是借助法律的协调权威)相比,能使人们更好地遵循正确的理由。⑬ 譬如,如果我们只是简单地遵循在弯曲道路上应慢行的指令,而不是遵循我们自认为正确的驾驶方法,我们就更好地遵守了我们必须安全驾驶的理由。因为高速驾驶虽然危险但或许有趣,如果我们遵循自己的决定,那么意志不坚定的人就会被诱惑,因而不按照正确理由行动。

拉兹的观点与这样一种思想一致,即法律的正当权威是很难被证成的。(事实上,它与法律的正当权威从未被证成的观点一致。)无论拉兹有关正当权威的"服务概念"(service conception)的细节是否正确,对于法律在何时拥有真正权威这一问

---

⑩ 当然,就像我们在下一部分中提到的,一种讽刺性的现象是可能出现的,即通过制定明显不公正的规则,法律可能激起人们的正义感,并因此引发人们的反击,从而在较长时间维度上产生了积极的道德结果。
⑪ 对形式上构成"法治"的"八项原则"的经典表述,请参见富勒(1964)。我们将会在下文详细地探讨他的观点。
⑫ 当然,许多作家都会认为,没有满足法治的基本要求的法律体系不仅是没能实现其建议者的功能,而是根本没有资格被称为法律体系。谢谢马西莫·伦佐指出这个观点。
⑬ 对于拉兹的权威理论更详细的表述,参见 Raz, J. (1986), *The Morality of Freedom*, Oxford: Oxford University Press, pp. 21-109;以及 Raz, J. (2006), "The Problem of Authority: Revisiting the Service Conception", in *Minnesota Law Review*, 90, pp. 1003-1044. 对拉兹观点的批判,参见 Quong, J. (2011), *Liberalism Without Perfection*, Oxford: Oxford University Press, pp. 112-120.

题,唯一可能的答案必然要在某种程度上指向其内容的道德价值。当然,我们可以把法律的规定视为权威,尽管其并不具备这样的资格。但是,不容置疑的是,只有当服从于法律的权威存在充分的理由时,法律才能让人们变得更道德。就像我们接下来要解释的那样,我们万万不可未经质疑便接受法律的权威。

最后,法律作为道德顾问的能力在本质上是有限的,因为其内容在道德上的不完整性是不可避免的。法律不能也不应该试图干涉道德的所有领域。首先,如果人们仅仅是出于法律义务的要求而去履行,那么某些美德是无法实现的。例如慷慨,和这种美德相关的行为包括给慈善机构捐钱。一旦人们被法律强迫去做这样的行为,这种行为将不再具有实现慷慨这种美德所需的不可计量的自发和自愿,而是变得像交税的行为一样。[14] 其次,有部分道德可以但是不应该被法律吸收,如配偶拥有的对方不得隐瞒不忠行为的道德权利,以及认真倾听从而能很好地总结他人发言的美德。(观看雅各布·内德勒曼[Jacob Needleman]关于认真倾听是一种非常符合道德要求的行为的讨论,认真倾听可以让我们更好地理解他人的想法。[15])最后,有部分美德能够并且或许应该被法律吸收却没有被吸收,这是因为法律不是万能的。只要没有越过道德的底线,法律通常都会保持沉默。[16] 因此,法律给人们的道德性建议不可避免地是不完整的。

这些原因意味着,作为道德顾问,法律是不完美的,至少从美德伦理或结果主义的角度来看是这样。既然法律不可避免地会忽视道德的许多最好的部分,那么它只能不是那么完美地让我们变得有道德并实现有道德价值的结果。(当然,或许没有一种行为指南可以做得更好,但这只是假设。一位明智的家长或者一种人道主义的精神传统或许可以提供比法律更好的指南。)从义务论的角度看,法律作为道德顾问所固有的局限并不是很多。既然法律能够吸收并具体化道德的基本部分,那么法律有能力——尽管在实践上可能不总是成立,但至少在理论上——帮助我们履行基本的道德义务,如禁止伤害他人的义务。

---

[14] 正如菲利普·佩蒂特(Philip Pettit)和杰弗里·布伦南(Geoffrey Brennan)所言,"无意识的参与给行为带来的意义是无法估计的。但是,这种无意识的倾向带来的好处,会在持续的行为计算中消失。Cf. Pettit, Philip and Geoffrey Brennan (1986), "Restrictive Consequentialism", in *Australasian Journal of Philosophy*, 64: 4, pp. 438–455.

[15] 相关的评论开始于16分20秒。

[16] 一些事务被(不知正确与否地)界定为对于法律而言过于琐碎。例如,刑法上的"法律不过问琐事"的经典格言就指出,法律将一些事务视为琐碎的。我们感谢弗朗索瓦·坦古艾-雷诺强调了这个观点。

四、法律的工具性价值：作为道德范例的法律

法律具有的设立道德范例的能力是其工具性价值的第二个潜在方面。如果遵循某一道德范例可以让人们更道德，法律就可以为人们设立这样一个范例。这是道德专家的效仿模式（emulation model）。这个效仿模式是关于操作性知识的（即知道怎样去做）。一个国际象棋专家在象棋领域有着令人钦佩的操作性知识，他看一眼棋盘就知道接下来应该怎么走。如果我们能像他一样，我们也会成为象棋高手。但是，如果这个象棋专家不能够解释他为了得出最好的行棋步骤而做了什么，那么他将不能提供给我们该做什么的建议。（这部分讨论的效仿模式与上部分讨论的建议模式可以被结合起来。一些专家——或许是最好的专家——可以同时知道要做什么和怎样去做。）

法律之工具性价值中的道德范例作用可以通过两种方式表现出来：第一，法律实践其宣扬的内容；第二，法律自身作为美德典范。

（一）法律实践其宣扬内容的价值

法律可能因实践其宣扬内容而被重视并不等于法律拥有内在价值（我们将在本文第六部分讨论内在价值）。相反，法律的这一部分价值在于其工具性作用，它增大了人们按照道德上应然的方式行为的可能性。因此，正如法律可以通过将特定的道德准则吸纳为其命令的方式给我们建议，它也可以通过自身体现某些道德准则的方式设立良好的道德典范。例如，一个禁止杀人的法律体系可以通过废除死刑以及拒绝批准不公正的战争设立一个关于不得杀人的道德典范。同样，一个禁止基于性别、年龄、种族、身体状况、国籍或者性取向等原因而不公平地歧视他人的法律体系，也可以通过确保自身制度没有歧视性来建立一个道德典范。

这里有一个有趣的问题：如果法律不宣扬其所实践的东西，则能否设立一个良好的道德典范？如果负责法律体系运行的官员，例如法官、警察、狱警，自始至终都遵守例如禁止杀人、不得施加酷刑等道德禁令，但是法律自身并未对这些禁止进行明确的规定，那么这种法律能够成功地对人们的行为产生一些积极影响吗？或者这些影响的一个必要条件是法律须宣扬它所实践的东西吗？我们对这个经验性问题持开放的态度。

(二) 作为美德典范的法律

通过上文讨论我们可以得知,有些道德,如宽恕、慷慨、仁慈,不能被法律吸收从而强制人们执行,因为这样做会使这些行为丧失其作为美德的不可计量的高尚。然而,在一定程度上,法律可以通过其政策示范这样的美德。法律可以选择慷慨地对待社会中需要帮助的外来者。这种慷慨可以表现为欢迎游客与移民,或者帮助面临困难及灾难的其他群体;可以表现为原谅冒犯自己的人,支持弱势群体,或者欣赏与自己意见不同的政客;也可以表现为容忍不同的生活方式。因此,通过政策,法律可以在一定程度上塑造与美德(如宽恕、慷慨、仁慈)要求一致的行为典范。

法律还可以用更深层次的、更抽象的方式塑造美德。像哈特指出的那样,强行地让我们的意愿服从于一个一般规范体系的指令必然会涉及某些"形式价值"的应用,这些"形式价值"与已被规则的特定内容列举出来的实质价值不同。[17] 这些形式价值包括从中立的视角分析行为问题,考虑他人的愿望、期待及反应,以及运用自律使我们的行为符合互惠的要求。[18] 因此,尽管某些地区的法律的内容在道德上并非特别有价值,但是与其他也会这样做的人一起遵循一套普遍适用的规范的经历,将会为我们提供一个有关遵循客观道德要求的实践推理的众多形式要素的生动例子。效仿由守法生活的体验而得到的例子,可能让我们更容易遵守道德规范。

(三) 法律作为道德范例的局限

把法律当作道德范例的一个明显的问题是,通常情况下,仅仅法律的存在就意味着我们不信任彼此。这意味着我们不能期望其他每个人普遍承认一个事实,即杀人、强奸、酷刑、盗窃、侮辱以及诽谤是错误的。(即便如此,我们似乎的确期望别人至少能够承认某些行为是出格的。在许多地方,并没有法律禁止同类相食,这或许是因为我们理所当然地相信在非紧急情况下人并不会认为吃掉同类是可接受的。)法律所蕴含的人们彼此的不信任为其道德范例功能的价值蒙上了阴影。营利性企业即便向慈善机构捐大量的钱,也很难成为慷慨的典范;同样,一项被不信任驱使的事业,如法律,尽管被如实地、公开地适用,也很难成为信任与开放的典范。法律事业的本质与目的会对它所设立的任何道德范例都产

---

[17] 严格地说,哈特讨论的是实证的(即社会的)道德规则,但是他的观点同样适用于实证的法律规则。

[18] Hart, H. L. A. (1963), *Law, Liberty and Morality*, Stanford: Stanford University Press, p. 71.

生不好的影响。⑲

　　这里有一些有趣的问题，我们将把它们指出来，但不会加以论述。刑事司法的消极机制(pessimistic apparatus)是不是意味着立法者事实上认为他们制定的法律过于严苛呢？或者在立法者能够预料人们无法达到法律的要求并因此会做出错误行为的情形下，他们是否仍认为这些法律是合理的呢？如果立法者确实认为这些法律是合理的，是否由于他们认为法律在某种程度上与政策制定的其他方面，如动机、支持、人们的受教育程度相分离？

　　认为法律作为道德范例的价值有限的最后一个原因是：即便在一个非常好的社会里，法律也必须要求人们理所当然地去做一些道德上值得怀疑的事情。法律号召官员或市民去做一些事情，例如威胁他人，攻击他人，制定会对他人造成损害的法律，欺骗他人，拘留他人，将他人隔离，控告他人，宣判他人的罪行，判处他人接受刑罚，对他人施加惩罚，剥夺他人的资源，甚至在极端情况下监禁他人和杀害他人。即使一个非常好的社会也不可避免要实施这些（或其中许多）任务。法律能做的至多也不过是尽可能地减少在执行其命令时给人们带来的道德负担。⑳

　　鉴于现实的复杂性，我们有必要对法律这一普遍适用的一般规则持适当的态度。把它们视为不可避免地不完美的行动指南之外的任何东西都是不明智的。至关重要的是，我们需要培育一种普遍的责任感与合理的实践判断力，并且用它们去解释和适用法律中过于生硬的、一般性的要求。像杰拉尔德·波斯特玛(Gerald Postema)指出的那样，这样做不仅取决于我们所受训练的质量，而且取决于我们从广阔的道德经验中汲取资源的能力，这反过来需要我们努力塑造一个完备的道德人格。这是因为实践判断既是一种情感倾向也是一项技能，必须

---

⑲ 这不是看待法律的存在的唯一方法。还有另外两种可能。第一，一个人可能会认为，鉴于法律珍贵的协调功能，即使我们都心怀好意并且完全信任彼此，法律依然会存在。对于这个观点的佐证是，即使是天使和道德完美的人，也需要一个国家。See Kant, Imannauel (1797), *Perpetual Peace*: *First Supplement*, and Kavka, Gregory (1995), "Why Even Morally Perfect People Would Need Government", in *Social Philosophy and Policy*, 12, pp. 1－18. 作为回应，协调性法律自身却表明缺少完全的信任。他们称，尽管我们可能相信彼此会善良行事，但我们不相信彼此之间能够共同地安全驾驶，除非有一个清晰的、正式的道路法规。第二，一个人可能会认为，法律的存在表明我们希望彼此之间作为平等的政体成员和道德代表者被尊重，而非表明彼此之间的不信任。See Christiano, Thomas (2008), *The Constitution of Equality*, Oxford: Oxford University Press. 我们感谢马西莫·伦佐提出的这个观点。

⑳ See Brownlee, Kimberley (2012), *Conscience and Conviction*: *The Case for Civil Disobedience*, Oxford: Oxford University Press, ch. 3.

通过学习获得而且需要持续不断的练习。他说:"如果我们严肃地思考道德责任这件事情……那么关注这种情感倾向的发展状况以及这种技能的练习情况是十分重要的。"[21]

五、法律的工具性价值:作为道德激励的法律

除了在道德的内容上给我们建议以及提供行为上的范例外,法律或许还有第三种工具性价值,它具有通过其激励作用让人们遵循道德命令的独特能力,从而让人们变得道德。在这一部分,我们将思考法律的激励力量让人们变得道德的三种可能的方式:(1)通过直接向人们传达强制命令;(2)通过(迫使人们)尊重法律的间接压力,这种压力是由整个社会施加的;(3)通过法律在支持互惠实践中发挥的作用,这种支持是通过强化互惠义务实现的。

(一)法律的直接强制力

法律"帮助"人们变道德的最显而易见的方式就是强制人们按照道德的要求行事。(参见弗雷德·肖尔或埃梅特关于法律与强制的演讲。)如果在某个地区实施的法律在道德上是值得赞美的,但却不激励(或者仅很弱地激励)受其约束的人去遵守它的要求,那么,显而易见,在法律的命令上附加审慎的激励因素是有很大好处的。制裁通过其强制力实现震慑的目的。当然,通过直接强制的方式可以实现的道德价值是有限的,接下来我们将讨论这些限制。

一种可能的反对意见是,在称赞法律制裁的(适格的)工具性价值时,我们不是在称赞法律的工具性价值,而是在称赞国家作为一个高效的法律实施者的工具性价值。如果是这样的话,那么我们刚刚得出的有关强制的工具性价值的观点就偏离了我们的主要问题:法律能否让人们变得有道德。这里要讨论的问题是,通常与法律联系在一起的强制特征究竟是法律概念的必要方面,还是说二者在任何现存的法律体系中的重合仅仅是一个偶然,而不涉及法律的本质呢?毋庸置疑,我们可以抛开法律具有强制的事实来理解法律规则,但是仅仅指出这种逻辑上的可能性并不足以对法律体系的核心部分进行阐明。为了终局性地解决这些与其说是令人苦恼的,不如说是枯燥的术语性问题,我们可以简单地采用哈特的意见,把法律规

---

[21] Postema (1980), pp. 63-90.

则和伴其共存的对不法行为的制裁措施之间的关系视为一种"自然的必然性"。[22]这就是说,尽管我们承认法律和有强制力的法律体系这两个概念可以被合乎逻辑地区分,我们仍支持哈特的主张,即法律与强制力之间的联系不是偶然的。鉴于我们身处的"自然事实与目标的设定",从经验上看,没有制裁措施的法律即使不是不可能存在,也绝对是不太可能存在的,因此在理论上是不相关的。[23]

(二)间接的社会压力和"对法律的尊重"

一个法律体系的存在除了会带来制裁的震慑之外,还会带来一种促使人们服从法律的独特激励性压力。当民众面对法律的时候,这种压力不是来自国家,而是来自拥有众多守法公民的社会。人们普遍认为法律有道德力量,因而遵守它是我们的道德义务。如果当今社会认为在餐厅吸烟是违法的,那么当我们看见有人在餐厅吸烟时,会感到很吃惊。我们内心或许会说:"嘿,那是违法的!"我们甚至会表达我们的反对。(这种观点在美国节目《你会做什么?》中被表演出来。)很明显,法律激励守法行为的一个有效方法就是,让尽可能多的人对潜在或实际的违法者持此种批评态度。的确,对一个想要进行有效控制的政府而言,一个合理的目标便是要达到这样一种程度,即社会上的每个人都将这些批评的声音内化,并且在预见到自己可能违反法律的时候,用它们阻止自己干违法的事。

当谈论到提高一个社会的守法水平时,这种策略的激励功效是毋庸置疑的(尽管对于一个政府而言,其推行这种策略的成功程度是值得怀疑的;因为人们对于法律的尊重程度不是政府可以随意控制的)。然而,十分明确的是,法律的这种激励功效的道德价值仍然取决于我们所服从的法律的内容。保证"法律被尊重"及避免"法律被唾弃"通常是法律和政府官员的首要目标。但是只有当法律本身值得被尊重时,尊重法律才是有价值的。[24]

(三)巩固互惠机制

法律要制裁违法行为的一个最显而易见的理由是,让顽固分子尽可能遵守规则。这就是说,一个强有力的二阶理由是,向其他被激励不论制裁的震慑如何都遵

---

[22] Hart, H. L. A. (1994), *The Concept of Law* (2nd edition), Oxford: Oxford University Press, p. 199.

[23] 对于哈特观点里提及的"自然的必然性"(natural necessity)的作用,参见 Kramer, M. (1999), *In Defense of Legal Positivism*, Oxford: Oxford University Press, pp. 204-206。

[24] 一个有趣的观点,一个人对法律的尊敬本身就能产生使他遵守法律的义务。See Raz, J. (2009), *The Authority of Law* (2nd Edition), Oxford: Oxford University Press, pp. 250-261。

守法律的人保证,他们的守法行为不会被别人利用。我们在第三部分曾谈到过法律的协调功能,但重点是其认知作用而不是其激励作用。尽管只有极少数人出于利他主义的原因天生就被激励着去遵守道德准则,但是更多的人会乐意为了互惠的目的而遵守道德准则,这就是法律的激励功能如此重要的原因。想要充分利用这种道德资源,就需要给那些现在为了他人而做出牺牲的人们一个保证,即在未来他们也将享受到他人(并不一定完全是上句中的"他人")同样的牺牲所带来的好处。[25]

长期以来,法律在巩固互惠机制中发挥的作用都被认为是它最重要的道德价值之一,而且由此形成了社会契约论中国家与法律之正当权威的核心论据。当然,社会契约传统的历史也表明,为何对法律可以为潜在合作者提供保证的能力的认可并不意味着由此产生的合作机制真的是互惠的。霍布斯的下述观点或许是正确的,在文明社会前的"自然状态"下,生命是孤独的、贫穷而肮脏的、粗野且短暂的。但是,如二十世纪的历史所清晰展示的那样,在极权主义政体的统治下,许多人的生活几乎是更糟糕的。

(四) 法律作为激励工具的深层次问题

许多现行法律体系暗含着对人性的悲观主义立场,这体现在两种预设中,第一种预设是人们需要禁令的存在来维持秩序;第二种预设是尽管存在禁令,人们仍会做出格的事情,因此惩罚有其必要性。我们的刑事司法体系越是无孔不入和咄咄逼人,对警察、检察官、法院、监狱的应用越广泛,社会对于人们是否乐意善待彼此的质疑也就越大。[26] 这暗含着我们在上一个部分提到的要点,即法律的道德范例价值的局限性。

然而,当评价法律的激励作用时,它的强制性做法(modus operandi)引出了许多我们尚未论及的深层次问题。首先,法律通常以强制命令的形式存在,这一事实会严重阻碍我们想要变得道德的努力。这其中蕴含着自我疏远、正直感沦丧以及道德愚钝等心理风险,而这正是专制主义者对人们遵从法律的期望。如果法律过多地干预人们的生活,它就会阻碍人们发展自己的推理能力。如果被法律所威胁、所控制,那么人们就失去了反思究竟如何去做的机会。人们失去了培养自己的实

---

[25] 对于互惠性正义的这一(或其他)方面的简短但有启发性的探讨,参见 Gibbard, Allan (1991), "Constructing Justice", *Philosophy and Public Affairs*, 20, pp. 264-279。

[26] Cf. Whitman, James Q. (2005), *Harsh Justice: Criminal Punishment and the Widening Divide between America and Europe*, New York: Oxford University Press.

践推理、良好判断以及意志的机会;而失去这些机会将不利于激励人们对自己的行为负责。㉗

的确,过多的法律命令会带来许多风险,不仅可能让人们的意志变得软弱,而且可能让人们产生对意志的抵触心理。法律总是在命令人们去遵守它,但这一事实本身可能成为人们遵守法律的阻力。如果法律的目标是民众的屈服的话,那么人们将更难遵守法律,即便是好的法律。鉴于这种风险,不让法律拥有绝对优先效力符合任何一个社会的利益,这有利于社会成员磨炼意志、培养责任感、培育普遍服从法律(law-abidance)的能力。㉘

一个更深层次的担忧是,对人们而言,仅仅因为法律的要求而安分守己在道德上是反常的。例如,如果照顾自己的孩子是因为法律的要求而不是因为爱,那么这就是反常的。这种担忧与道德哲学上的一种担忧类似,迈克尔·斯托克称其为现代道德伦理理论的精神分裂症。㉙斯托克认为,我们不应该仅仅是因为履行道德义务而去探望生病住院的朋友。我们去探望她是因为她是我们的朋友并且我们关心她。这种动机问题会把我们带入道德的深渊。一些思想家说,如果我们的行为符合道德要求,那么激励我们的动机就无关紧要了。但是,另一些思想家会赞同上述的例子,他们认为至少在某些情况下,动机是决定一种行为是此行为而非彼行为的关键。想让爱情宣言成为一篇真正的爱情宣言,它一定要出于真正的爱的动机,而不是出于一种义务感,甚至是一种想让另一个人幸福的愿望。

因法律命令的激励而行动也会歪曲我们与法律的关系。如斯托克所言,这是因为不珍视那些促使自己行动的东西是病态的。所以,如果法律是促使我们行动的东西,却不是我们真正珍视的或者应该珍视的东西,那么我们是在受本不应被珍视的东西的促使,从而导致我们与自己的动机渐行渐远。然而,我们或许会认为法律的指令是在帮助我们"伪装直至实现"。也就是说,在我们领会到遵循法律命令的潜在道德原因之前,我们或许只需按照法律所说的去做。

㉗ Postema, Gerald (1980), "Moral Responsibility in Professional Ethics", *New York University Law Review*, 55, pp. 63 - 90.

㉘ 对于服从法律之价值的讨论,参见 Edmundson, William A. (2006), "The Virtue of Law-Abidanc", in *Philosophers' Imprint*, 6:4, pp. 1 - 21。

㉙ Stocker, Michael (1976), "The Schizophrenia of Modern Ethical Theories", *The Journal of Philosophy*, 73:14, pp. 453 - 466.

这些观点加在一起，充其量也不过是能对法律的激励性价值得出一个混合结论（a mixed verdict）。主要的担忧是，法律最终可能会威胁我们的道德感，这种道德感本是可以逐渐培养的，只不过需要摆脱法律那命令式的声音在我们耳边的轰鸣。得出这样一个混合结论之后，我们现在来思考一下法律潜在的内在道德价值。

六、法律的内在价值

当转而讨论内在价值时，我们在文章的开头引入的对抽象意义上的法律和特定法律体系中的法律的区分就尤为重要。一方面，如果抽象意义上的法律拥有内在道德价值，那么就确保了我们的核心问题一定有一个肯定的答案。因为如果抽象意义上的法律是内在道德的，那么任何一个真正法律体系的特定法律都必然会创造道德价值。当然，如果"通盘考量"（all things considered）判断中，这种道德价值可能会被一些对抗性的考量抵消，但我们至少可以确信，法律的存在本身会使某些有价值的东西处于优势地位。另一方面，如果仅是特定法律体系的法律有内在道德价值，那么我们至多可以为我们的核心问题找到一个建立在一定条件之上的答案。我们已经认识到，法律所具有的、能让人们变得有道德的工具性价值是以某些经验性事实为前提的。如果我们不能保证所有事实上的和潜在的法律体系都有积极的道德价值，那么我们必须承认法律的内在价值同样如此。后一个论断——法律的内在价值是建立在一定条件之上的——是我们将在本部分最终证明的。像法律的其他工具性道德价值一样，法律并不一定具有内在道德价值，这取决于被研究的特定法律体系的本质。

（一）道德关怀和对话式回应

如果雅各布·内德勒曼是正确的，即尽我们所能认真倾听别人是一种非常道德的行为，那么法律显示其内在道德价值的一种有趣方式是，通过一些措施，使立法者和执法者能够尽可能地倾听社会成员、访客、朋友和冲突中的敌人的意见。

显而易见，这种符合道德的关怀并不是法律能够轻易效仿的，尤其是当法律对不当行为的反应完全是报应性的时候。例如，想象一下像安东尼·达夫（Antony Duff）一样的沟通理论家（communicative theorist）是如何理解国家惩罚的。根据达夫的观点,惩罚代表着一个自由国家的努力,其试图将违法者带入一场有关其违法行为的道德对话中。在本质上,惩罚可以被看作一种世俗的赎罪方式,它让受惩罚者直面其犯罪的后果。达夫认为,对于惩罚的证成是回溯式的,并取决于对不当行为进行谴责的适当性。[30] 这种观点的问题在于它不给违法者回应的机会。恰恰相反,惩罚要求违法者必须在公众面前道歉,却不考虑他本人对于裁判结果的态度。这样的强制回应没有充分尊重违法者作为一个人的主体地位,也不能满足道德对话所需的互相尊重这一要件。另一个问题是,对于某些类型的违法者,例如知道悔改的违法者和非暴力反抗者,不应该要求他们按照国家规定的正式脚本道歉,因为他们和顽固不化的违法者不同。这些违法者试图让社会加入一场不一样的对话中,但如果惩罚只是回溯过去、给违法者以报应的话,这种尝试就会被忽视。[31]

当然,也有一些关于国家惩罚的其他说法,这些说法否认国家惩罚会阻止社会加入与违法者的对话中。一种关于惩罚的多元沟通理论用一些其他的道德价值,比如关心违法者的福祉,来补充报应性正义,以决定通盘考量使用什么惩罚(如果有的话)在道德上是合理的。原则上,这种方法对违法者的沟通努力更敏感,因此更加接近一个真正的对话。[32] 但是这仅仅表明,在法律的内在道德价值被证成之前,我们必须多么小心谨慎,法律必须多么努力。

(二) 政治义务和法律的概念

让我们回顾一个之前的发现,即人们普遍倾向于认为自己有遵守法律的道德义务。在许多情形下,这种观点貌似是很有道理的。例如,当法律的内容在道德上是有价值的时候,很明显我们有遵守它的道德义务。类似地,当违反法律会带来可预见的消极后果(例如合作计划的失败,甚至是人们对法律之尊重的普遍丧失)时,很明显我们也有遵守它的道德义务。但需注意这些义务源于某些道德考量,且这些道德考量的有效性独立于法律。的确,在有些时候,当我们谈及遵守法律这一道德义务的时候,我们指的是这一义务的这些独立来源;但更多情况下,我们指的完

---

[30] Duff, Antony (1998), "Desert and Penance", in Andrew Ashworth and Andrew von Hirsch (eds.), *Principled Sentencing: Readings on Theory and Policy*, Oxford: Hart Publishing, p. 162.
[31] Cf. Brownlee (2012), ch. 7.
[32] Tasioulas, John (2006), "Punishment and Repentance", in *Philosophy*, 81: pp. 279 - 322; Tasioulas, John (2003), "Mercy", *Proceedings of the Aristotelian Society*, 103, pp. 101 - 132.

全是另一种义务:仅仅因为法律是法律而需去遵守它的道德义务。[33] 这种义务被称为政治义务。

当谈到政治义务,法学家们通常会被分为两派:法律实证主义者和自然法学者。通常,法律实证主义者认为我们的政治义务取决于我们生活的法律体系所具有的某些偶然性质;而自然法学派倾向于认为政治义务来源于法律的某些必要特征。换句话说,法律实证主义者倾向于认为法律本身并没有内在的价值(尽管一些法律制度拥有内在价值),然而自然法学者认为法律本身有其内在价值。

更详细地讲,法律实证主义者认为,法律的存在及内容取决于社会事实而不是道德价值。[34] 法律是进行有效统治的有力工具,既可以为道德良好的政权服务,也可以为道德败坏的政权服务。因此,法律命令人们按照特定方式行事的事实自身并不能保证这样做是有积极的道德理由的。为了证明这样一个积极的道德理由的存在,我们必须证明那样行动是有独立的道德理由的(即独立于我们被迫那样行动的事实之外的理由),或者证明将特定法律制度的命令视为权威是有独立的道德理由的。(例如,回想一下拉兹的观点,即只有当遵循权威的命令是遵循已经适用于我们的独立道德理由的最好方式之时,人们才有义务遵循权威的命令。)根据法律实证主义者的观点,无论如何人们都不能以这样一种方法来解释法律规定所具有的道德义务性,即通过简单地指向法律本身的基本性质。法律之所以有道德义务性,是因为它符合独立的道德标准。[35]

相反,自然法学者将法治视为如同正义或自由一样的内在道德理想(尽管如果将所有因素考虑在内,一些法律制度其实缺乏内在价值)。在他们眼中,否认法律

---

[33] 有关政治义务这一话题的文献是十分丰富的,在政治哲学和法律哲学中都有广泛的论述。早期的重要作品是 Simmons, John A. (1979), *Moral Principles and Political Obligations*, Princeton: Princeton University Press。近期精彩的介绍性文献是 Knowles, Dudley (2010), *Political Obligation: A Critical Introduction*, Abingdon: Routledge。要想了解两位顶尖学者关于此话题的详细辩论,参见 Wellman, Christopher H. and A. John Simmons (2005), *Is There a Duty to Obey the Law*, Cambridge: Cambridge University Press。最后,从法理学视角对这个问题进行的最好论证,参见 Kramer (1999)。

[34] Green, Leslie (2003), "Legal Positivism", *The Stanford Encyclopedia of Philosophy*, Edward Zalta (ed.), http://plato.stanford.edu/entries/legal-positivism. 对于这种观点经典的现代阐述,参见 Hart (1994)。更多近期对法律实证主义的阐述与辩护,参见 Coleman, Jules (1982), "Negative and Positive Positivism", *The Journal of Legal Studies*, 11: 1, pp. 139 – 164; Kramer (1999); Kramer, Matthew (2004), *Where Law and Morality Meet*, Oxford: Oxford University Press; Himma, Kenneth E. (2002), "Inclusive Legal Positivism", in Jules Coleman and Scott Shapiro (eds.), *The Oxford Handbook of Jurisprudence and Philosophy of Law*, Oxford: Oxford University Press, pp. 125 – 165。

[35] See Raz (2004), pp. 1 – 17.

的必然道德价值是一个基本的概念性错误,如同否认正义的道德价值。如果自然法学者是正确的,那么法律的要求就如同正义的要求,自然会为行动提供道德理由。㊱

那么,哪一种关于法律的价值以及我们的政治义务的来源的观点是正确的呢?在我们看来,法律实证主义者是正确的。尽管自然法理论的许多观点十分有趣且富有启发性,我们仍然认为法律实证主义有更好的理论理由及道德理由来支持自己的观点。

对于自然法理论通常的讽刺是,如果按照他们的观点,那么或许没有不正义的法律(因为恶法非法)。这种极端的立场很显然没有什么吸引力,因为坚持有效的法永远不可能是不正义的,就是在否认我们基于正义对法律进行有意义的批评的可能性。㊲ 但是自然法学家们并非都持有这种极端的立场。一个温和一些的观点是,只有理解了法律的基本道德本质,我们才能理解法律实践。只有理解了法律的具有内在价值的本质,我们才能理解为什么法官通常不是通过道德正确性来证成自己的决定,而是简单地援引法律。㊳

是什么为法律带来了内在道德价值?不同的自然法学者给出了不同的答案。约翰·菲尼斯认为,法律代表着适用于共同善的实践理性的要求。他认为,法律的价值不仅在于它是实现有道德价值的公共生活的途径,而且在于它本身就是这种生活的一部分。㊴ 相比之下,奈杰尔·西蒙兹(Nigel Simmonds),追随朗·富勒的著作,提出法的观念代表着一种不受他人权力支配的自由理想。法律的价值不仅在于帮助个体摆脱他人权力的支配,而且在于其本身包含着那种理想。㊵ 罗纳德·德沃金在很多人眼中是一个温和的自然法学者,他认为法律既是对历史上的政治决定(这些政治决定反映了社会的基本道德原则)的记录,也是在这些原则基础上为国家权力的运行进行辩护的手段。德沃金所说的"整全性"是指,一个共同体遵循其法律传统反映的基本道德原则所体现的价值。因此,在德沃金看来,法律的价值

㊱ See Dempsey, Michelle M. (forthcoming), "On Finnis's Way In"; Finnis, John (forthcoming), "Response". 两篇文章均曾提交于 2011 年 9 月 30 日的第六届约翰·F. 斯卡帕年度大会,并向约翰·菲尼斯的工作表示了敬意。

㊲ 对于一个早期(极端)自然法理论的较好论证,参见 Finnis, John (2002), "Natural Law: The Classical Tradition", in Jules Coleman and Scott Shapiro (eds.), *The Oxford Handbook of Jurisprudence and Philosophy of Law*, Oxford: Oxford University Press, pp. 1 – 60。

㊳ Simmonds (2007), p. 170.

㊴ Finnis (1980).

㊵ Simmonds (2007).

不仅在于它可以帮助人们实现整全性,而且在于它本身就是对共同体的整全性的一种表达。[41] 上述自然法理论受到了一系列强有力的批评,我们不能幻想在这里完全公正地对待这些批评。[42] 但是,其中的许多批评为支持法律实证主义重塑了理由,我们想要概述一下。

我们支持法律实证主义的理由,可以追溯到哈特为法律实证主义作出的经典辩护。首先,法律实证主义为特殊的法律现象提供了一种更简洁、更融贯、矛盾更少的分析。更加简洁是因为它避免将道德理想纳入法律分析,从而缩小了要处理的概念的范围。[43] 更加融贯是因为同样的分析被运用到所有典型的法律制度中,无论是道德高尚的还是道德腐化的。矛盾更少是因为它避免将法律的本质建立在任何的实质性道德主张之上。法律实证主义的这种优越的描述性力量伴随着另一个优点,那就是和自然法理论相比,它能更加清晰、更加简单地对实际的或者潜在的法律制度进行道德评价。通过把法律的根基与对它的道德评价相分离,法律实证主义提高了我们分离相关道德考量的能力;并且可以帮助我们在法律面前头脑清晰地作出最合理的行为选择。

这里的要点是,道德与法律不是(或者至少不应该被认为是)两种对立的规范视角。如果我们有遵守特定法律的义务,那是因为道德告诉我们这是我们的义务。而判断道德是否认为我们有义务遵守既定法律的最好方法是,在不预先排除或预设任何相关的道德问题的情况下,搞清楚法律的要求。

七、结论

这篇文章表明我们的问题"法律可以让我们变得道德吗?"的答案充其量是混杂的。原则上,法律有潜力通过其命令、范例及激励性提示在道德上指引人们。在最乐观的情况下,法律也有潜力例示世界上的内在道德价值。但是法律本身并不

---

[41] Dworkin, Ronald (1986), *Law's Empire*, Oxford: Hart Publishing.
[42] See, e.g., Gavison, Ruth (1987), *Issues in Contemporary Legal Philosophy*, Oxford: Oxford University Press; Kramer 1999; Cohen, Marshall (2001), *Ronald Dworkin and Contemporary Jurisprudence*, London: Duckworth; Leiter, Brian (2003), "Beyond the Hart-Dworkin Debate: The Methodology Problem in Jurisprudence", *American Journal of Jurisprudence*, 48, pp. 17–51; Shapiro, Scott (2011), *Legality*, Cambridge: Harvard University Press.
[43] 参见朱莉·迪克森(Julie Dickson)就法律实证主义间接评价性的论述:Dickson, Julie (2001), *Evaluation and Legal Theory*, Oxford: Hart Publishing。

必然是道德的,遵守它的命令并不意味着我们就一定可以道德地行动、承担起我们的道德义务或者提升世界上的道德价值。有一些不可避免的障碍让问题变复杂并且潜在地削弱了法律让人们变得道德的能力,这些障碍提醒我们在评价法律的道德性时要保持警惕,并对遵守其指示的意愿进行反思。

纪念加德纳

导言

2019年7月12日,前牛津大学法理学讲席教授约翰·加德纳(John Gardner)因病与世长辞,享年54岁。加德纳教授的去世引发了国际和国内整个法哲学界的沉痛哀悼,无不念其音容笑貌,叹其英年早逝。除牛津大学法学院官网发布的长篇讣告之外,英国《卫报》(The Guardian)、《独立报》(The Independent)、莱特哲学博客(Leiter Reports: A Philosophy Blog)等知名媒体和约瑟夫·拉兹(Joseph Raz)、朱利斯·科尔曼(Jules Coleman)、斯科特·夏皮罗(Scott Shapiro)、张美露(Ruth Chang)、布赖恩·比克斯(Brian Bix)等当代重要法哲学家都对其离世公开表达了悼念。本期论丛也特别设立纪念专题,向加德纳教授致以深切缅怀与崇高敬意。

加德纳教授一直受教于牛津,师从托尼·奥诺里(Tony Honoré)和约瑟夫·拉兹,时年35岁即接替德沃金任牛津大学法理学讲席教授,成为"牛津法理学派"第三代的中坚力量和卓越代表,并于2013年被遴选为英国社会科学院(The British Academy)院士。卸任讲席教授后,加德纳供职于牛津大学万灵学院(All Souls College),任高级研究员。其一生治学精深而广博,研究领域囊括了法哲学、刑法哲学、私法哲学以及道德与政治理论,尤其是在责任、侵权等议题上有着开创性的贡献。

加德纳教授也一直是本论丛所着力关注的为数不多的法哲学家之一,论丛之前就已刊发过加德纳教授的两篇作品的译文,分别是《法律实证主义:五个半误解》(雷磊译,2007年第2期,总第12期)和《论刑法总则》(毕寓凡、孟媛媛译,2016年卷,总第 21 期)。而就在加德纳教授去世前夕,法哲学与交叉法学研究所下辖的蓟门法哲学研习会还在研读其刑法哲学领域的佳作《强奸何以为恶》("The Wrongness of Rape"),学习他精深的写作技艺和令人赞赏的做(法)哲学研究之方式。

  本次纪念专题由加德纳生前的一篇访谈和北京大学博士研究生刘继烨所撰的一篇有关加德纳生平思想的文章组成。访谈的内容主要是加德纳的治学经历与学术贡献,以及对整个法哲学的性质、研究内容及发展前景的看法;文章则侧重于展开介绍加德纳一生的关注重点与研究兴趣,以及在一些具体议题上特别是刑法领域的具体议题上的基本观点。二者结合起来,将为读者呈现出一个更为完整的加德纳教授治学与为人之形象。①

---

① 更多关于加德纳的学术与个人生活情况,请参见其主页,https://johngardnerathome.info/index.htm。

法哲学五问：约翰·加德纳专访[*]

约翰·加德纳 莫滕·尼尔森 著 张民全[**] 译 叶会成 校

问：您最初为什么会被法哲学吸引？

答：我真的不知道为什么，所以让我告诉你我是怎样被法哲学吸引的。我的父母都是德语学家。当我还是一名学生时，语言就是我的专长。1982年，我被牛津大学新学院（New College, Oxford）录取，学习法语和德语。但是在收到录取通知书后的几天里，我就打了退堂鼓。我在牛津大学面试时遇到的其他语言学者，似乎都以多个语言为母语，都是活跃的世界主义者，而我则是一个明显不活跃的格拉斯哥人，我花了很大气力才让自己的语法准确度达到了得体的程度，好给那些疲惫不堪的高级课程（A-level）考官留下印象。我开始想，我可能更适于学习一门我和我的同学们都是初学者的课程，这样的话，我在开始大学学习生涯时，就不会因处于劣势而沮丧。我在哲学、政治学和经济学之间游移，但最终选择了法学。我厚着脸皮向新学院请求把我转入1983年的法学本科当中，而新学院也没那么官僚主义，同意了我的申请。

事实证明，我很擅长学习法律，并很快就适应了多得令人生厌的案件和制定法。在第一年里，我很幸运地受教于杰出的法学研究者，而我也很快就迷上了这门

---

[*] 本文为丹麦哥本哈根大学讲师莫滕·尼尔森（Morten Nielsen）对前牛津大学法理学讲席教授约翰·加德纳的访谈，译自 Morten Ebbe Juul Nielsen (ed.), *Legal Philosophy: 5 Questions*, Automatic Press/VIP, 2007, Chapter 4。

[**] 张民全，中国政法大学"2011计划"国家司法文明协同创新中心博士研究生。

神秘的技艺。我天生擅长辩护,乐于在辩论中进行逆向思维,我也认为自己会成为一名出庭律师(barrister)。大约一年之后,当尼古拉·莱西(Nicola Lacey)从伦敦政治经济学院转来新学院,接任成为我的法学指导老师和辅导员时,我才开始获得一个对应的(与律师形象相比)、更为学术化的自我形象。她对多个学科都有兴趣,并对学术做出了广泛的贡献,这对我产生了持续的积极影响。作为我的法理学老师,她鼓励我去尝试各种观点。她引人入胜地将我引向了分析法哲学,对此她有着很好的理解;但她也向我提供了其他哲学传统乃至其他学科的有趣观点。在我第三年的一开始,她鼓励我暂时离开法学系一个学期,去往哲学系跟随乔纳森·格洛弗(Jonathan Glover)学习伦理学课程。乔纳森旋即向我展示了他的魔力。跟许多法学学生一样,我是一个地道的道德相对论者。我认为法律在某种程度上比道德更为真实。(在哪种程度上呢?)仅仅四周时间,乔纳森就把我和我的道德相对主义带到了虚无主义的悬崖边上,告诉我在悬崖下面等待着我的是不受质疑的屠夫、无可指摘的强奸犯、不可挑战的种族主义者。然后他又用了四周时间将我从悬崖边上拉了回来,让我彻底改变了原来的看法。从那以后,我再也没有考虑过任何类型的相对主义。乔纳森·格洛弗的这八周教导相当于我这个法学生八周的康复治疗。

1986年,我开启了攻读牛津大学法学学士学位最后一年的学习;此时我依然想当然地认为,我会在这最后一年里接受训练,成为一名法律实践者。但是同样明显的是,与此同时我还需要尽可能多地学习哲学,而我依然还有这个机会。我报名参加了约瑟夫·拉兹、约翰·菲尼斯、托尼·奥诺里以及法学系许多其他法理学大人物的研讨课。我也旁听了隔壁系的哲学研讨课,例如德里克·帕菲特(Derek Parfit)、杰瑞·科恩(Jerry Cohen)以及阿玛蒂亚·森(Amartya Sen)等人的研讨课。这是一个非常棒的时期,可以在牛津接受法哲学、道德哲学和政治哲学方面的训练。虽然山高路远,但美景令人窒息、向导无与伦比。而当时的氛围也令人激动。帕菲特的《理与人》(*Reasons and Persons*)①和拉兹的《自由的道德性》(*The Morality of Freedom*)②刚刚出版,有那么多的新观点需要讨论。我是如此幸运,在拉兹的课堂上提交了我第一篇真正的哲学论文,并享受到了(如果这是一个恰当的词的话)他那经常令人大开眼界、有时又令人痛苦不堪的批评。经过适当修改之后,这篇简短的讨论课文章于1988年发表,这是我发表的首个哲学作品。③ 我也在奥诺里的

---

① Oxford: Oxford University Press, 1984.
② Oxford: Clarendon Press, 1986.
③ "Concerning Permissive Sources and Gaps", *Oxford Journal of Legal Studies* 8 (1988), 457.

课堂上提交了一篇讨论因果关系的论文,这开启了一段持久的合作和友谊:到目前为止,奥诺里和我已经合作为攻读法学学士学位的本科生开设了 18 年的法哲学研讨课。

在最后这一年里,最为重要的可能就是我获得了万灵学院的奖学金。对此我大为吃惊。这些奖学金——持续了七年——是根据一项测试的优秀结果进行颁发的,测试用的试卷由该学院设置,没有什么明确目的,涉及的问题范围广泛得让人不可思议。为了在作答这些试卷时获得成功,考生怎样思考比考生知道什么更为重要。我不知道我思考得是否足够好,但是我确实思考了许多。带着年轻人的傲气,我发现,按要求就足球与法国特质以及家事法与弗雷格(Frege)写些东西,这种想法很是诱人。这只不过是一个小插曲。我很确定,我从未设想它会是我职业生涯的一个转折点。但最后发现,它确实成了这样一个转折点。我在这场竞赛中取得了出人意料的、可以说是意外的成功,这给我带来了压力,迫使我在学士学位考试中取得好成绩,但更为广泛的影响是,这也要求我在对自我进行学术上的评估时坚持高标准。现在,科恩、奥诺里、帕菲特和森既是我的老师又是我的同行,更为糟糕的是,他们也这样对我。他们和其他高年级同学与我热情地讨论智识上的难题并倾听我的看法,好像我知道我正在讨论的是什么东西一样。能够回报这种赞美的唯一方式,就是知道我正在讨论的是什么东西,也即尽可能快速地让我自己变得专业化。

所以我像魔鬼一样工作到深夜,以拓宽和深化我的哲学训练,同时还要跟上法理学和其他相关学科的正式课程。这些都是互补的,我在攻读学士学位的学习上表现不错,同时也开始发展一些我自己的研究观点。尽管我的确在接下来的一年里获得了律师资格——我依然有着一个执业的模糊计划——我还是不可避免地又被吸引回了牛津大学,依旧在万灵学院,开始了法律责任和道德责任博士研究工作。奥诺里和拉兹是我的大学导师(university supervisors),帕菲特是我的学院导师(college advisor),伯纳德·威廉斯和安东尼·达夫是我的博士学位主考官,在他们的支持下,我从那里毕业并有些偶然地成了职业性的法哲学研究者。

我想,我的作品反映了我提到的所有人对我产生的影响。让我仅就其中四个人做进一步说明。托尼·奥诺里帮助我成了一个受到法学教师和法学学生阅读并欣赏的法哲学研究者。他培养了我对法律这门学科的尊重和感情,以及我对法律的技术化运作的持续兴趣。德里克·帕菲特帮助我看到了哲学也是一门有着技术化运作的学科,他还教我不要惧怕反直觉的论点或者意料之外的推论。尼古拉·

莱西帮助我参与到了能够抓住其他学科(尤其是社会科学)研究者眼球的问题的研究之中。多亏了她,我经常在经济学家、心理学家、社会学家以及法学家的作品中寻找其潜在的哲学意蕴。而从智识上看,约瑟夫·拉兹或许是对我影响最大的人。我试着以他为榜样,不让命运做主,并以每个主题所能承受的精确程度来处理它们(以至于我的作品风格会从相当地正式游移到相当地叙事之上)。我还从他那里学到,不要过分拘泥于那些用来构建或界定哲学难题的既定方式。

问:在您至今为止为法哲学做出的贡献中,您希望人们能够记住其中的哪个(些)贡献,以及为什么?

答:我的工作遍布于相当广泛的主题领域。我的一些工作是在所谓的"一般法理学"(general jurisprudence)领域中开展的。它关心法律的性质、法律推理的性质、司法裁判的性质等等。这项工作主要是从我的本科课程中衍生出来的。我不认为它非常具有原创性。它意在处理理解上的裂隙,这条裂隙是由专业哲学家关注的东西与法学学生关注的东西不匹配所导致的。我的这部分工作获得如此广泛的引用,这让我既高兴又担忧。

我更为原创性的工作集中于各具体法律领域中的哲学问题上,尤其是(但并非仅仅是)英美法律体系中的问题。某些对特定法律领域进行理论化的人,对解释(或批评)特定案件的结果感兴趣。为什么原告在 A 案件中胜诉却在 B 案件中败诉?作为一名律师,我也会对这个问题感兴趣;但是作为一名哲学研究者,它却不是我主要关心的东西。在许多上诉案件中,法院可能合理地裁判任何一方胜诉。持异议的法官与持多数意见的法官有着同样多的理由建议采纳他们的结论。哲学上的兴趣不在于支持某个胜出者。它在于给出论证的方式:法官使用的分类与区别技术、他们作出的假设以及他们推论的逻辑。通过聚焦于这些问题,我已经就许多法律领域进行了写作,包括反歧视法、刑法以及侵权法。我想我刑法领域的作品最为众多,关于刑法,我在过去的 15 年里可能已经写作了 20 篇文章。在这里,我最为独特的贡献是正当理由(justification)与免责事由(excuse)的理论。我跟杰里米·霍德(Jeremy Horder)以及其他人一起,努力复兴一种广义上亚里士多德式的思考免责事由的方式,以及免责事由如何区别于(又关联于)正当理由。这项工作已经引发了各方大量的批评和抵制,但我却认为这(即便是那些反对者)表明它在很大程度上是对的。

然而从哲学上讲,我认为我最为有价值的工作并不是在刑法中的这种工作,而是那些表面上聚焦于侵权法的工作。我说"表面上"是因为,它实际上将侵权法作为探讨道德哲学中某些更为宽泛和古老问题的一个工具。我想说的就是我的两个姊妹篇文章《侵权法中的义务与后果》("Obligations and Outcomes in the Law of Torts")④和《获得结果的错误行为》("The Wrongdoing that Gets Results")⑤,在这两篇文章中我探讨了后来被称为"道德运气"问题的某些方面。实际上,在两篇文章中,我都反对用那种攀附式的(arriviste)方式来对这个问题进行概念化,这种方式只能回溯到 30 年前。⑥ 我以一种不那么乞题的方式将它概念化为这样一个问题,即关于行动得以发生的方式具有的理性凸显性(salience)问题。这两篇文章是仅有的两篇我认为自己接近于向一个古老的问题提供了原创性解决方案的文章。第一篇文章受到了托尼·奥诺里对同一主题所做工作⑦的启发,它为下面这个反直觉的主张提供了确证性论证:行动的基础性或范例性理由是旨在成功的理由(reasons to succeed),即实施行动的理由部分地是由这些行动的结果构成的。第二篇文章主张,这些理由也可以是义务的理由,所以存在着旨在成功的义务以及这样一些错误,这些错误部分地由它们产生结果的方式所决定。在这第二篇文章中,我通过批判康德为相反观点提供的那个非常流行却未经审查的论证,来以一种否定式的论证方式展开了论述。

还有一些作品,我对它们感到特别自豪的原因则另有不同。在过去的一些年里,我很幸运地跟许多朋友和同事合作出版了一些书。我想,我与斯蒂芬·舒特(Stephen Shute)的多次合作以及我最近与蒂莫西·麦克勒姆(Timothy Macklem)的合作已经被证实是卓有成效的。当我和斯蒂芬或蒂莫西一起工作时,我们采取的方式是,一连好几天都挤在电脑前,一起斟词酌句。我不是一个喜欢先大致写个初稿然后再通过后续的修改来逐步完善作品的人。所以我不喜欢那种与合作者相互交换稿件的传统做法。相反,我喜欢写好一个句子之后再写下一个句子。在这方面,斯蒂芬和蒂莫西有着同样的想法,所以与他们的合作在智识上要求很高,在组织上却很简单。但他们也以各自不同的方式匡正我。斯蒂芬抵制我的幻想。蒂莫西不喜欢我玩弄哲学形式,他更喜欢文学。总之,我认为我与他们的合作成果极其丰硕。所以我希望人们在记住我独立工作所取得的那些成果(尽管它们不怎么样)

---

④ In Peter Cane and John Gardner (eds), *Relating to Responsibility: Essays for Tony Honoré on his Eightieth Birthday*, Oxford: Hart Publishing, 2001.

⑤ In *Philosophical Perspectives* 18 (2004), 53.

⑥ 它源于伯纳德·威廉斯和托马斯·内格尔在 *Proceedings of the Aristotelian Society Supplementary Volume* 50 (1976), 115 中展开的那场同名辩论。

⑦ 尤其是收录于 Honoré, *Responsibility and Fault*, Oxford: Hart Publishing, 1999 中的那些文章。

的同时,也能记住我有能力与这些具有才能的学者合作。

问:您认为什么是法哲学中最重要的问题?为什么它们是独属于法哲学而非其他学科的问题?

答:我首先要表达我对法哲学特殊性的质疑。法哲学一般被认为是政治哲学的一部分,而政治哲学又是道德哲学的一部分,道德哲学又是实践理性(practical rationality)哲学的一部分,实践理性哲学又是一般意义上的理性哲学的一部分(哲学美学与哲学认识论也属于一般意义上的理性哲学)。然而,这种嵌套式结构中的分区却是多少有些武断的。除非为了设计课程、招收学生以及招聘教师,否则将某些问题划分到法哲学之中还是哲学的其他分支之中一点也不重要。真正重要的是,优秀的哲学家们会以下述方式对深刻的问题展开有趣的研究:他们会对这些问题与其他相关的深刻问题之间的关联保持充分的敏感。尝试划分哲学的不同领域(或者划分任何学科的不同领域,乃至划分不同的学科)面临的一个陷阱在于,它鼓励以一种官僚主义的方式对待学术生活,例如,那些主要从事道德哲学研究的人可能觉得,从"认识论"的架子上借用现成的理论是正当的,而不会为了自己去解决认识论问题。把这些借来的理论穿在身上,让他们看起来非常滑稽可笑,因为他们缺乏原作者对这些理论如何使用和发展的意识。法哲学领域也没能免于这种闹剧。

当我提出法哲学是政治哲学的一部分时,你可能就已经想到了罗纳德·德沃金。德沃金批评了这样一些人(其中也包括我),他们试图以一种不触及政治行动者(包括法官)应当如何行动的方式,来解决关于法律的概念问题。他抗议道,我们将法哲学呈现得过于自治,过于与政治哲学相分离,这种做法是错误的。[⑧] 德沃金坚称,法哲学不能独立于政治哲学;他的这种观点是对的,因为法哲学是政治哲学的一部分。但他的错误在于他关于政治哲学自身的观点。政治哲学并不只是包括(甚至主要包括)关于政治行动者应当做什么的问题。正如认识论包括"什么是信仰?"这一概念性问题,该问题的答案并未决定甚至也不主张任何人应当拥有何种信仰,所以政治哲学也包括众多的概念性问题(什么是立法?什么是国家?什么是选举?),这些问题的答案并未决定甚至也不主张任何人应当做什么。如果我们想要理解概念在其中发挥作用的那些政治原则(例如,"立法应当是最后的手段""国家权力应当是为了共同善而行使""在大选中,所有人都应当投票"),我们就必须回答这些概念性问题。而我们必须先理解这些政治原则,然后才能判断它们中的哪些是可靠的(如果有的话),以及政治行动者应当做什么。在这个意义上,概念性

---

⑧ *Justice in Robes*, Cambridge, Mass: Harvard University Press 2006, pp. 213-214.

问题是优先于规范性问题的。通过否定存在任何这种优先的概念性问题，或者至少否定存在任何这种优先的法律上的概念性问题，德沃金并不是在从事将法哲学整合进政治哲学这么一种更大的工作。他所从事的工作是让我们这些已经将法哲学视为政治哲学一部分的人，改变对政治哲学甚至可能是整个哲学的理解。

这是一个反面教训，说明了为什么我们应该避免在关于什么属于法哲学这种划界问题上产生争端。一个问题属于哲学中的哪个次级学科，这一点儿都不会影响到什么可以算作这个问题的一个成功解决方案。所以我反对这个问题的后半部分（"为什么它们是独属于法哲学而非其他学科的问题？"）。我也对这个问题的前半部分（"什么是法哲学中最为重要的问题？"）不大满意。我不是很确定怎样判断哲学上的重要性，而且在任何情况下，我都不确定这是不是一个值得去追问的问题。就我个人而言，我更关注的是有趣的问题而非重要的问题（尽管我明白，有趣是重要性的一个可能判准）。所以请允许我回答一个不同于这组问题的问题。让我回答一下这个更为人们接受的问题：什么是法哲学中最有意思的问题？

当然，我对这个问题的回答会根据我最近正在从事的工作而发生变化。但是我发现，有两组问题总是非常有趣。在我还是一名研究生时，我就遇到了它们，从那以后我就一直在试图解答它们——虽然还没有取得明显的成功。一组问题关心的是谴责（blame）的道德和法律重要性，以及与之相关联的过错（fault）的道德和法律重要性。你可能会想，既然我已经大量地研究了正当理由与免责事由的理论，这些都是对过错的否定，那么我会知道过错为什么重要。但是我不确定我知道。我不确定我知道，为什么我应当关心某某不幸是由于我的过错，而非只是由于我的做法（不管是不是有过错）。这扭转了我们对此问题的理解，因为它让许多律师都感到吃惊。许多律师认为，为什么我应当关心某某不幸是由于我的过错，其答案是很明显的；但为什么我应当关心它只是由于我的做法（不存在过错）却是让人疑惑的。他们认为，"过错责任"在道德上是容易得到辩护的，而"严格责任"在道德上却是有问题的。我从伯纳德·威廉斯的作品中了解到，真实情况恰恰相反。⑨ 律师们对过错责任感到满意，这主要是因为制度性理由。我们能够更加容易地使过错责任与"合理注意"（fair warning）这一要求相一致，而后者是法治理想的一部分。但是道德并不是由法治限定的。它并不必然、实际上也没有说是合理注意。所以律师们具有的"过错责任某种程度上更为公平"这一本能直觉，并不能帮助解决这个更

---

⑨ 尤其参见前注 6 中的《道德运气》（*Moral Luck*），以及"Internal Reasons and the Obscurity of Blame" in Williams, *Making Sense of Humanity*, Cambridge: Cambridge University Press, 1995。

为基础的问题:除了制度上的合理这个问题之外,为什么我们的做法存在过错是重要的?(你可能会说,一旦这样推敲,那么我们便不清楚,在何种意义上这个问题属于法哲学。我的回答是:谁在乎呢?)

另一组我认为总是非常有趣的问题所关心的是,什么算作我的做法。我已经讲清楚了,我认为最为基础性的理由是旨在成功的理由。它们是部分地由它们的结果构成的行动理由。但是在我的行动对其有因果贡献的那些事件之中,哪个才可算作我行动的结果呢?我们应当沿着(延伸)影响这条线走多远呢?这便是因果责任的问题,而它却经常被人们过于自负地做过于简单化的处理。例如,人们经常假定,如果某个事件的出现是其他某个人行动的结果,那么它就不应当被视为我的行动的结果。但如果是这样的话,就不会存在共犯了。我受哈特和奥诺里作品的影响,认为对于某个可能在某些场合具有道德上或者法律上重要性的事件的出现,我负有不止一种模式的因果责任和不止一种类型的因果关联。尤其是,我认为在作为因果关系模式的主犯与从犯之间存在着一个基本的道德差异。在最近一篇名为"共犯与因果关系"的文章中,我已经试图描绘这种解释。[10] 但是我必须承认,那篇文章只是迈出了最初的几步尝试。因果责任这个更为宽泛的问题依然是我思考的重点。它是道德哲学中最为深刻和困难的问题之一,而且它对每个法律体系都具有长久的重要意义。或许它既重要又有趣?我不想这样说。

问:您认为法哲学与法律实践之间的关系是什么?法哲学家应当更为关注他们的学术成果对法律实践的影响吗?

答:这个问题的后半部分可以以两个非常不同的含义进行询问。某些人可能认为,法哲学家应当更加努力地影响或协助法官、律师、立法者等等。相反,某些人可能认为,他们应当更加努力地避免这种影响和协助(因为它不可避免地会包含对观点的严重误解和误用)。尽管我同意有些人说的,哲学观点注定会被那些想要使用它们的律师和政策制定者胡乱剪裁或删减,但是我倾向于认为,试图影响世界以使其变好和试图避免影响世界以免使其变糟,都是学术中同样具有误导性的虚荣心的表现形式。我对知识分子的政治责任持一种严肃的态度,据此,我们主要负责的是让我们的工作具有智识上的价值,并避免他人对我们作品的那些紧迫的、可预见的和危险的误用。

这种观点的另一种表达方式是,尽管我不喜欢对学术工作做官僚式的划分,但我乐于拥护一种作为一个整体的、关于学术生活的官僚式观念。在我看来,那些想

---

[10] *Criminal Law and Philosophy* 1 (2007), 127.

让学术有意识地、大规模地参与公共生活的人,并未充分意识到反作用这个问题。学者自然像新闻记者、律师那样,在揭穿政治上的虚假言辞和司法中的欺诈哄骗中发挥着重要作用。他们可以成为遏制公共和私人权力过度扩张的重要手段。但是作为一个规则,只有当他们不试图扮演这样一种角色时,他们才能最好地扮演这种角色。最为重要的是,在他们的学术工作中,他们应当以真实的前提、有效的论证、清晰的思考、对细节的关注、避免陈词滥调等等为目标,而不应当为了发展公共政策、世界和平、人类繁荣等等来思考他们工作的结果(如果有的话)。尤其是,他们不应当将自己与竞选人、意见领袖、倡议者或者政府顾问相混淆。对他们而言,为了避免被他们所帮助遏制的那个制度所腐蚀,最好的方式(当然也是最为特别的方式)就是坚守纯粹智识上的目标。

尽管这样说,但我自己也偶尔做一些竞选和改革的工作。像任何其他人一样,我也偶尔会对政府政策或法院裁判感到愤怒,我也不会仅仅因为我是一个哲学研究者就放弃攻击它们或者提出改进措施的机会。但是我认为重要的是,不要在头脑中混淆这两种角色。在我的学术工作中,我对许多政治上的话题都有着相当成熟的了解。作为一个学者,我也能通过许多非常好的渠道发表有关政治辩论的作品。但是当我在写这样一些东西的时候,我很明显不是作为一个哲学研究者在写作。如果你想要政策建议,你会指望那些电话黄页上的"哲学家们"吗?我绝对不会。我会去找那些有着具体的政策建议的人谈谈。在某些问题上,我可能选择跟那些有着法律专业技能的人谈。当然,我自己也有一些那样的专业技能。如果我参与到公共辩论中,那么是我的法律技能而非哲学智慧发挥着更大的作用。

简而言之:作为一个法哲学研究者,为法律机构或者公共权力机构的任何其他部门提供咨询建议并不是我的工作。相反,我所做的是对那些机构和部门的某些相对抽象的方面进行学术研究。我感兴趣于理解它们的性质(好还是坏)以及它们话语的逻辑(精确还是模糊)。同时在我看来,我影响其未来发展的主要方式应当是、实际上也是间接的。我向许多有天赋的法学学生教授哲学。在此过程中,(我希望)我帮助他们磨砺他们的分析技巧,拓宽他们的视野,让他们对其生活和工作思虑得更为周全,珍视他们的人性。他们中的许多人会在之后从事法律实践工作或者其他承载着公共责任的工作。如果他们能够秉持(即使是一些)哲学敏感性于自身,那么他们很有可能会对公共文化发挥一个积极的集体影响,这会远远优于我能够或希望通过我自己那蹩脚的公共参与所能发挥的影响。

问：您最想看到法哲学中的哪个问题或领域在未来获得更多的关注？

答：我对错误行为者的赔偿、道歉、辩解和其他对其错误行为的反应，以及伴随这些反应的态度特别感兴趣。我认为对这些反应和态度的证成一点也没有得到很好的理解，而且几无例外，我也认为近年来的哲学家们并没有真正地体会到它们是多么地复杂和困难。这在一定程度上是由于我格外关注惩罚这种特殊情形。惩罚是一种特殊情形，这是因为，为了回应一个被认定的错误，它有意地向这个世界中添加了一项额外的痛苦。我没有低估证成它的难度。哲学家们在这个问题上也没有多少进展。但是为这样一种明显有悖常理的对错误行为的反应提供证成所具有的额外难度，经常导致哲学家们低估了为没有这种特点的反应提供证成所具有的难度。我经常对他们简单处理问题感到诧异，尤其是将赔偿刻画为径直的和根本的正义而不做进一步的研究这一点。现代许多关于侵权法和合同法中矫正正义的著作大都表现出了这种倾向，尽管这些著作有着浮夸的技术分析。许多私法理论家似乎认为，表明了赔偿原则是矫正正义的原则，就等同于表明了它们是可被辩护的。这很令人疑惑。即便我们知道赔偿原则是矫正正义的原则，我们依然需要知道什么证成了这些相关的矫正正义原则。因为我们都知道，除非能够证明其他的原则是失败的，否则所有的矫正正义原则都是得不到辩护的。

所以我想看到更多这方面的作品，而我也喜欢在这个主题上多做工作。这个主题恰恰能使得法哲学更为直接地参与到一般意义上的道德哲学中某些最为深刻的问题之中。它将极大地帮助我们解决这样一个困难和古老的问题：我们应当采取何种态度来对待我们的过去，以及为什么？我们难道不应当着眼于改善未来而不是停留在过去吗？从根本上说，后悔（以及道歉和赔偿）难道不是非理性的吗，难道不是在为撒了的牛奶哭泣吗？我认为我对这些问题还没有让人满意的回答，但是我愿意相信我们能够找到更进一步和更好的答案，我这一代以及下一代法哲学家会帮助我找到它们的。

约翰·加德纳教授作品选录[11]

Books

Action and Value in Criminal Law，（co-edited with Stephen Shute and Jeremy Horder），Clarendon Press，1993.

---

[11] 访谈出版时间为2007年，现按约翰·加德纳教授生前所有作品做了适时的更新。——译者注

Relating to Responsibility: Essays in Honour of Tony Honoré on his 80th Birthday, (co-edited with Peter Cane), Hart Publishing, 2001.

Offences and Defences: Selected Essays in the Philosophy of Criminal Law, Oxford University Press, 2007.

H. L. A. Hart, *Punishment and Responsibility: Essays in the Philosophy of Law*, (second edition with an introduction by John Gardner), Oxford University Press, 2008.

Law as a Leap of Faith: Essays on Law in General, Oxford University Press, 2012.

Kelsen Revisited: New Essays on the Pure Theory of Law, (co-edited with Luís Duarte d'Almeida and Leslie Green), Hart Publishing, 2013.

From Personal Life to Private Law, Oxford University Press, 2018.

Torts and Other Wrongs, Oxford University Press, 2019.

Articles

"Liberals and Unlawful Discrimination", *Oxford Journal of Legal Studies* 9 (1989), 1.

"Rationality and the Rule of Law in Offences Against the Person", *Cambridge Law Journal* 53 (1994), 502.

"Justifications and Reasons", in Andrew Simester and A. T. H. Smith (eds.), *Harm and Culpability* (Oxford: Clarendon Press 1996).

"On the Ground of her Sex(uality)", *Oxford Journal of Legal Studies* 18 (1998), 167.

"The Gist of Excuses", *Buffalo Criminal Law Journal* 1 (1997), 575.

"The Wrongness of Rape" (co-author: Stephen Shute), in Jeremy Horder (ed.), *Oxford Essays in Jurisprudence, Fourth Series* (Oxford: Clarendon Press, 2000).

"Obligations and Outcomes in the Law of Torts", in Peter Cane and John Gardner (eds.), *Relating to Responsibility: Essays for Tony Honoré* (Oxford: Hart Publishing, 2001).

"Reasons" (co-author: Timothy Macklem), in Jules Coleman and Scott Shapiro (eds.), *The Oxford Handbook of Jurisprudence and Philosophy of Law* (Oxford: Oxford

University Press 2002).

"Legal Positivism: 5 Myths", *American Journal of Jurisprudence* 46 (2001), 199.

"The Wrongdoing that Gets Results", *Philosophical Perspectives* 18 (2004), 53.

"Value, Interest, and Well-Being" (co-author: Timothy Macklem), *Utilitas* 18 (2006), 362.

"Nearly Natural Law", *American Journal of Jurisprudence* 52 (2007), 1.

"The Logic of Excuses and the Rationality of Emotions", *Journal of Value Inquiry* 43 (2009), 315.

"What is Tort Law For? Part 1: The Place of Corrective Justice", *Law and Philosophy* 30 (2011), 1.

"What is Tort Law For? Part 2: The Place of Distributive Justice", in John Oberdiek (ed.), *Philosophical Foundations of Tort Law* (Oxford: Oxford University Press 2014).

"The Negligence Standard: Political Not Metaphysical", *Modern Law Review* 80 (2017), 1.

"The Opposite of Rape", *Oxford Journal of Legal Studies* 38 (2018), 48.

"Damages Without Duty", *University of Toronto Law Journal* 69 (2019), 412.

约翰·加德纳的学术生平与思想述评

刘继烨[*]

前　言

2019年7月11日,约翰·加德纳去世的消息为整个法学界蒙上了一层灰蔼蔼的雾气,他关注的无疑仍然是道德哲学、一般法理学,但引发广泛争论和影响的还有刑法哲学和侵权法哲学。英美刑法学界一直将加德纳作为刑法哲学和侵权法哲学的领军人物之一,他对刑法具体问题给予了天才般的解答,让诸如正当化事由、免责事由、强奸罪、谋杀罪等论域焕发了新的生命力。总体而言,他不像德沃金、凯尔森以法学界的哲学家自居,而像哈特一样,以哲学家钻研法律问题为业,乃至深究更加具体的实践细节。我国有学者密切关注着这位伟大的学者,[①]但并没有系统研究其思想的学者,当然,这也与加德纳的突然离世有关。

加德纳一以贯之的生活态度使其成为"全方位的哲学家",著名法学教授、伦敦政治经济学院的尼古拉·莱西评论道:"他对待工作极其认真……这一态度不仅扩展到工作的方方面面,并且体现在烹饪、设计、文学、音乐等兴趣爱好的方方

---

[*] 刘继烨,北京大学法学院刑法学专业博士研究生。特别感谢张峰铭、毕寓凡、叶会成、吴国邦四位博士生提出的宝贵意见,当然,文责自负。

[①] 早期的介绍性文章和译文如邱昭继:《约翰·加德纳:〈法律的合法性〉》,载许章润主编:《清华法学》第7辑,清华大学出版社2006年版,第274—281页;约翰·加德纳:《法律实证主义:五个半误解》,雷磊译,载郑永流主编:《法哲学与法社会学论丛》2007年第2期(总第12期),北京大学出版社2008年版;约翰·加德纳:《论刑法总则》,孟媛媛、毕寓凡译,载郑永流主编:《法哲学与法社会学论丛》2016年卷(总第21期),法律出版社2016年版。

面面。"②在教学方面,加德纳与学生的关系诠释了"亦师亦友",他的个人网页被众多学生订阅并定期查看,其作品更是法学院学生的"老朋友",苏塞克斯大学副校长斯蒂芬·舒特如是评论:"加德纳的教学方式令学生陷入'谁在教授谁'的困惑之中。"③这种典型哲学家一般的生活方式侧面反映了加德纳的治学态度。

很显然,我们可以从很多角度解读加德纳,可以从纯粹的法哲学建构者与引领者出发,可以描绘他从刑法哲学走向私法哲学与经济法哲学的学术图景,还可以记录他的食谱、乐队生活,或者关注他独特但真诚的教学方式以及待人处事之道。但限于篇幅,本文只能先简单介绍一下他的生平,主要涉及对加德纳其人的同行评价,以展现这位 21 世纪法理学研究者的影响力;接下来对他个人主页中的几篇尚待发表的论文进行简要回顾,加德纳卧病在床期间"超人"的精力与家人的陪伴,成就了他真实的思考;④最后回归到加德纳影响巨大的刑事法领域,摘抄他对于刑法基本问题的思考,突出他对于"责任"概念的理解。显然,加德纳是一位值得深入研究的学者,他对于表面上易于理解的现象的深入思考发人深省,其为数不多但影响巨大的著作也值得反复品读。同时,这些基础性概念,尤其是对日常生活现象的法哲学性思考,在当下的我国不失为一种可提倡的研究方式。

一、21 世纪的牛津法理学讲席

2016 年,约翰·加德纳获选英国学术殿堂的最高荣誉——万灵学院的高级研究员(Senior Research Fellow),同年,他辞去了聚焦所有世界法学人目光的牛津大学法理学讲席教授(Professor of Jurisprudence)一职。20 世纪 50 年代至 20 世纪末,牛津大学法理学逐步占据英美法理学的领军者地位,最为杰出的两位讲席教

---

② Nicola Lacey, "John Gardner Obituary", https://www.theguardian.com/law/2019/jul/22/john-gardner-obituary, last visited 20/1/2020.
③ Stephen Shute and Annalise Acorn, "John Gardner: Academic Who Shone in the Field of Legal Philosophy", https://www.independent.co.uk/news/obituaries/john-gardner-professor-death-academic-legal-philosophy-jurisprudence-oxford-university-a9039641.html, last visited 20/1/2020.
④ See Nicola Lacey, "John Gardner Obituary", https://www.theguardian.com/law/2019/jul/22/john-gardner-obituary, last visited 22/7/2019.

授——哈特和德沃金开启了法理学的新纪元,一个个熠熠闪耀的名字——拉兹、菲尼斯、麦考密克(Neil MacCormick)——令追溯法之本质的学问不断突破人类智识的边界。2000 年,世纪之交,约翰·加德纳作为德沃金的继任者,承袭了牛津大学法理学讲席,他自称的导师(实际上他是拉兹的学生)奥诺里评论道:"(加德纳)的研究兴趣和哲学进路不同于德沃金,而与哈特更为接近。"⑤众所周知,德沃金视野开阔、思维抽象、言辞犀利,他无疑将法理学推到史无前例的宏大背景之中,以寻求"唯一正解";加德纳则回归到了牛津大学法理学讲席设立的初衷,这个自 1869 年便设立的古老职位,从来不是只以哲学目光审视法律,而是促成任何能够有益于法律问题解决的不同学科、方法之应用。

因此,相较于急于宏大叙事或者开宗立派的学者,加德纳展开了大量的对法律具体问题的反思性批判,万灵学院将他的研究兴趣描述为:"关于私法、刑法、公法的哲学,以及一般法理学,也包含邻近的道德哲学、政治哲学、哲学心理学和行为哲学等领域。"⑥其中,私法是加德纳近年来最为关注的领域,他正致力于拼接一块完整的版图,可惜天妒英才、大业未竟;这也就使得刑法成为加德纳最为专精、著作最为集中、研究水平最高、最具有代表性的领域。按照加德纳在采访中的说法:"多年以来,我致力于撰写刑法学的内容(诸如正当防卫与挑衅行为等),直到近年来我感觉只能重复自己的观点去解决刑法问题。"⑦在被问到法理学的重大思潮时,加德纳提到:"我没有发现任何重大思潮,并且这是一件好事。我们应当就具体的、令我们神往的问题展开研究。"⑧

在进一步梳理约翰·加德纳的学术思想之前,我们有必要回顾他致力于学术的一生。1965 年生于格拉斯哥的加德纳本身并没有致力于学术的想法,15 岁进入知名的格拉斯哥学院(Glasgow Academy),1983 年考入牛津大学新学院并分别取得法学学士、博士学位。根据访谈,加德纳此时没有学术兴趣,而是计划做一名律师(Bar)。1988 年顺利取得执业资格的他,作为当时最为顶尖的牛津大学学生,自然也被"高冷"的万灵学院奖学金所吸引。在 6 次考试和 1 次口头测验之后,加德纳出乎意料地获选研究职位。在万灵学院进行了 7 年研究、学习、写作、思考的加德

---

⑤ Oxford Law School, "Some History", https://www.law.ox.ac.uk/research-and-subject-groups/jurisprudence-oxford/some-history, last visited 20/1/2020, 下同。
⑥ All Souls College, "Professor John Gardner", https://www.asc.ox.ac.uk/person/198.
⑦ Oxford Law School, "John Gardner", https://www.law.ox.ac.uk/research-and-subject-groups/jurisprudence-oxford/john-gardner.
⑧ Oxford Law School, "John Gardner", https://www.law.ox.ac.uk/research-and-subject-groups/jurisprudence-oxford/john-gardner .

纳同时接受着如何成为一名教师的训练,在其中他逐步发现了学术带给人的乐趣并决定将其作为一生的事业。毕业后,加德纳先在牛津大学工作了几年时间,在1996年前往伦敦大学国王学院进行法哲学研究。2000年,众望所归的加德纳回到牛津大学,接任德沃金成为新一任的法理学讲席教授,除了与伦敦大学一同举办的、具备世界影响力的研讨班(Seminar)之外,加德纳还在哥伦比亚大学、耶鲁大学、澳大利亚国立大学、德克萨斯大学、普林斯顿大学、奥克兰大学、康奈尔大学等大学承担访问学者的工作。2016年,根据哲学家莱特(Brian Leiter)的报告,因其最为人称道的刑法学研究和其他论域的成果,加德纳被指派为万灵学院的高级研究员。也许受到精通德语的父亲(W. R. W. Gardner)的影响,加德纳在2017年还曾前往卢塞恩大学担任访问学者。⑨

加德纳身边环绕着几乎所有当时法理学界的知名教授,诸如哈特、德沃金、拉兹、麦考密克等法理学巨擘,相信人们已经十分了解。虽然是拉兹的学生,加德纳却将奥诺里作为自己的导师、朋友,并将这位温文尔雅、不计名利的学者仙逝的消息放置在个人主页的首部。奥诺里可谓陪伴了加德纳学术生涯的大部分时间,在决定加德纳从事科学研究的万灵学院奖学金的口试中,奥诺里的一个眼神和一声愉快的叹息给了加德纳信心。从加德纳的撰文中可以看出,奥诺里直接影响了加德纳的写作、教学和研讨风格。"在某种程度上,我的第一位,并且也是我永远的牛津大学老师,是托尼·奥诺里。"⑩受到奥诺里的影响,加德纳在写作时并不刻意运用十分高级的词汇和句式,而是尽可能使用简单的语句去描绘艰深的原理,在2017年亚里士多德学会(The Aristotelian Society)的演讲中,加德纳时时迸现的冷笑话和网络梗为他赢得了满堂彩。而在与学生交流时,加德纳试图以倾听者的身份对引导学生解决自己的疑问,或者点明学生真正的疑问所在之处。⑪

于是,我们可以通过材料为约翰·加德纳作出如下速写:身为新世纪第一位牛津大学法理学讲席教授,加德纳的研究兴趣集中在法律科学的各个领域,在刑法学方面做出了卓越的贡献;一位接受世界最为顶级的教育和训练以及最佳的导师引

---

⑨ 其他经历的细节,可参见 Oxford University, "An Obituary (of John Gardner) by Annalise Acorn", https://www.univ.ox.ac.uk/news/rip-john-gardner/。

⑩ John Gardner, "Tony Honoré as Teacher and Mentor: A Personal Memoir", https://johngardnerathome.info/pdfs/honore.pdf。

⑪ See Oxford Law School, "John Gardner 1965 – 2019", https://www.law.ox.ac.uk/news/2019 – 07 – 12-john-gardner-1965 – 2019。

领的学者;一位言语平实无华、风趣幽默、贴近实际的著作作者。如果我们以严苛的哲学苦行僧的目光映衬加德纳,还可以看到他是一位严肃地审视生活之人,他努力提升自己兴趣爱好的专业水平,对待老师、朋友、学生极其忠诚。

二、未竟之事:回到法哲学与继续私法学

令人惋惜的是,加德纳仍然有大量尚未完成的工作,他写作语言平实并始终笔耕不辍,如他自己所言:"相较于思考者而言,我首先是一名作者。"⑫ 即便如此,完整地构建出加德纳的思想仍然是困难的,原因有二:第一,加德纳认为在当下时代,每个人都想成为一名哲学建构者,但自己更乐意去做一名哲学上的"水管工"(plumber);⑬ 换言之,加德纳自认为自己没有在"盖房子",而只是在"修房子",他在保持现在完整的哲学和法哲学思潮的前提下作出自己的评判和修正意见。第二,对简单问题的复杂思考是加德纳的学术标签之一,⑭ 他认为体系性的思考因为路径的简单性而需要深入的反思,⑮ 因此批判性(至少)是加德纳作品的主要任务,而体系性的建构,尤其是宏大的法哲学体系思考很少出现在他的作品之中;因此,我们可以看到加德纳涉猎范围极其宽泛,然则很少高屋建瓴。在约翰·加德纳的个人主页上附有专栏"正在进行的工作",作为加德纳"正在进行创作的草稿和接近完成的作品",它们没有被癌症剥夺生命,反而延续着这位天才的法学家深邃而璀璨的学术生命。从论文标题中,我们可以看到加德纳就法哲学问题展开的思索和批判,分别涉及与凯尔森的对话、正义、理性人、合法性、民主、因果关系、私有化等论域,可以看到加德纳在道德哲学、政治哲学、法哲学、法律逻辑等各个方面游刃有余。加德纳往往借助刑法的具体问题表达自己的哲学立场,但一经创作便会在法哲学界和哲学界引发轩然大波,乃至他自己认为,虽然自然法和法律实证主义的分野不是他的原创,但他的成就经典到只需要在

---

⑫ Oxford University, "An Obituary (of John Gardner) by Annalise Acorn", https://www.univ.ox.ac.uk/news/rip-john-gardner/.

⑬ See Oxford University, "An Obituary (of John Gardner) by Annalise Acorn", https://www.univ.ox.ac.uk/news/rip-john-gardner/.

⑭ See Oxford Law School, "John Gardner 1965-2019", https://www.law.ox.ac.uk/news/2019-07-12-john-gardner-1965-2019.

⑮ See Nicola Lacey, "John Gardner Obituary", https://www.theguardian.com/law/2019/jul/22/john-gardner-obituary.

这个问题上引用他自己的作品即可。⑯当然,作为法哲学的研习者,加德纳仍然积极参与本学科的学术论坛与会议,他的"未竟之事"也基本上由自己的发言整理而成,以下所要介绍的"正在进行的工作"由于尚未正式出版,无法正式引用,只做介绍与纪念之用。

《规范性》("Normativity")⑰是加德纳在2018年国际法哲学和社会哲学大会德国分会(2018 IVR German Section Conference)上的发言,本次大会的主题是"凯尔森的纯粹法理论:概念和谬误"。他从晚近凯尔森对休谟法则的态度转向入手,与亚里士多德式地坚持休谟主义的塞尔(Searle)进行对比,追问"'是'与'应当'是一体两面的吗?"。凯尔森认为"你应当给我买晚饭"已经足够使"你给我买晚饭"的命题为真,但塞尔认为"你应当给我买晚饭"的另一面则是"你承诺给我买晚饭"。但加德纳并没有分析太多,而是小小地"回归"了一下牛津引以为傲的语言分析:"规范性"是一个不可数名词,从形容词"规范的"而来,但是"规范的"却是从可数名词"规范"而来。这也就使人遐想,"规范性"是"规范的"东西们的属性,东西们是"规范的"只有在东西们本身是"规范(们)"时才可成立;他与极少用"规范性"概念的凯尔森达成了一致。当凯尔森视"规范(们)"的世界与"应当(们)"的世界等同时,"规范性"也就成了"应当(们)"的属性。但结合凯尔森对规范的分类(强制型、授权型、许可型),上述预设就发生了变化,在"应当(们)"的世界里,"应当"仅对应命令(强制型),"能够"对应授权,"可以"对应许可。与批判者们不同,加德纳认为凯尔森极度限缩了"应当"的外延。凯尔森认为一个特定行为被判定为有价值时,意味着该行为符合规范内含的义务,是"应当"的内容;加德纳则认为,一个行为被判定为有价值时,该行为应当是符合规范内含的义务或者是被规范所许可的。加德纳以哲学上的"超义务行为"(Supererogation Act)为例证,⑱指出需要修正凯尔森的模型,尽管凯尔森会以道德上的义务去解释超义务的"强制性";但凯尔森显然没考虑多原因的超义务行为,尤其是对于一些承认决定性进行超义务行为的原因不是道德上的"强制性"义务的学者而言,是需要一个答案的,加德纳也在此列,因为有

---

⑯ See Oxford Law School, "John Gardner", https://www.law.ox.ac.uk/research-and-subject-groups/jurisprudence-oxford/john-gardner; Oxford Law School, "Some History", https://www.law.ox.ac.uk/research-and-subject-groups/jurisprudence-oxford/some-history.
⑰ 参见 John Gardner, "Normativity (in Kelsen and otherwise)", https://johngardnerathome.info/pdfs/kelsen-normativity.pdf, last visited 2/2/2020,下同。
⑱ 所谓超义务行为,是指道德上正确但并不被严格要求的行为。See David Heyd, "Supererogation", https://plato.stanford.edu/entries/supererogation/.

一个普遍的原则,即道德上的"强制性"义务与原因之间存在界限。回到原因的问题上来,凯尔森作为义务论者(与功利主义者相对),认为一个命题为真的判断和一个行为是"良善"的判断一定存在某种意义上的相似性,但后者是价值判断;加德纳认为,这一论断虽然有正确性,但是仍然遗留了一个困难,即所谓的认知/信仰形成的原因的问题,以及原因的论域的问题。换言之,凯尔森的基本预设——限缩的"应当(们)"的世界和"规范们"的世界是等同的——实际上将三个不同的范畴"应当、原因、价值"整合了起来。在探寻了凯尔森的错误之后,加德纳又论证了诸如规范性何以可能、预设的(先验的)合理性、道德上的认知原因优先性等问题。

2018年国际法哲学和社会哲学大会德国分会以凯尔森的理论为大会主题,加德纳准备的发言尽到了他与会的职责。我们可以看到,加德纳的评论可能对于德语区的学者而言是十分"新颖的",他没有就凯尔森的理论出发点——基础规范进行讨论,也没有对凯尔森的新康德主义者身份进行溯源;然而有意思的是,本次大会为加德纳准备了专门的刑法主题——"辩护事由"或者"归因、归责",[19]加德纳仍然对凯尔森展开了批判。虽然这些评论也并非完全来源于英美逻辑学界,但这些观点依然代表了英美哲学界对于理性的探寻和对自由的尊重。某种意义上,加德纳似乎也在为凯尔森晚年的态度转变背书,[20]他正试图拉近英美世界和德国世界的距离。

《司法正义和顽皮的公平》("Legal Justice and Ludic Fairness")[21]是即将刊登在法哲学顶级期刊 Jurisprudence 上的论文,本文中他力图解析"正义"和"公平"两个术语之间混用所引发的问题。他以分配正义入手,指出法院的裁判行为本质是分配法律权利、义务、权力、许可等,确定当事人谁多得、谁损失以及找出原因,因此,法院的角色可能使得法律和正义之间的联系成为"伪造的概念"。根据现行法律,法院以及其他能够作出有效力的裁判的司法机关在这一方面具有垄断性地位,只有法院有权力适用法律。支持这种安排的观点有二:其一,法律能够更好地实现正

---

[19] 大会详情见:https://ivronlineblog.wordpress.com/2018/03/13/freiburg/。

[20] 关于凯尔森研究后期对纯粹法理论态度的转变,参见 Stanley L. Paulson, "On Transcendental Arguments, Their Recasting in Terms of Belief, and the Ensuing Transformation of Kelsen's Pure Theory of Law", *Notre Dame Law Review*, 2000, 75 (5), pp. 1775 - 1795。与加德纳从理论内部的批判路径不同的可参见 Peter Langford, Ian Bryan, "Hans Kelsen's Theory of Legal Monism", *Journal of the History of International Law*, 2012, 14, pp. 51 - 86。

[21] See John Gardner, "Legal Justice and Ludic Fairness", https://johngardnerathome.info/pdfs/justicefairness-madrid.pdf。

义;其二,司法正义就是另一种正义(第四种正义)。后一观点的深层依据在亚里士多德关于实践理性的论述中。[22] 亚里士多德指出正义和法治之间存在不可避免的紧张关系,据此,仲裁是对法院裁判的一种修正,因仲裁员并没有遵循现存法律的特定义务,加德纳认为正义与法治之间不可避免的矛盾属于分配正义的范畴(权利和义务是否被包含在内),但意见相左者则认为权利和义务才是主要问题。以酷刑为例,后者认为酷刑客观上就是不正义的范畴,但加德纳认为酷刑并不当然不正义,它只是不人道;在加德纳看来,分配正义是"区分性的先占范畴",如果将酷刑纳入其中,是被考量、被惩罚、被修复的,而只能作为一个不正义本身。还有另外的反驳观点认为,加德纳的理解方式将不当地扩大人们对分配正义的困惑,[23] 加德纳回应说,这一现象确实存在,但不在"正义"项下,而在"公平"项下,原因在于"公平"会考虑得失,"正义"则不会计较得失。基于同样的思考方式,法律规则从不被提及有失"公平"而常被批评为不够"正义",因此法律规则的践行者才被纳入"公平"的讨论中,法律规则本身则是"正义"的探讨范畴。至此,加德纳完成了法院的角色问题是一个分配正义问题的论证,并没有另一种正义——司法正义(第四种正义)的存在,从而回归到了本文的主题,因为"公平"顽皮地混淆视听,导致学者们析出了新的概念。

  加德纳十分注重道德上各个价值的序列,在论文中我们经常读到"公平"试图僭越价值阶梯而想要影响"正义"的说辞,加德纳也称其为"正义"放低自己的道德身段;他把司法世界比作一场游戏,以游戏规则、规则的运用和游戏的赏罚贴切地回应了抨击者。

  通过以上两篇最新的论文,一个十分典型的"加德纳"研究风格呈现在我们面前:他力图促成不同法系学者之间的对话,从最为普遍性的问题入手,还创造性地从日常行为出发反思法律问题,并思索不同的研究方法;[24] 他并没有刻意展开拗口的哲学论证,而是用生活化的语言去揭示深刻的道理;他十分看重概念本身的固定性,对于试图挑战古典哲学者以"四两拨千斤"的方式浇灭他们的"策反之心"。尚

---

[22] 具体部分为《尼各马可伦理学》第五章第十节。See Aristotle, *Nicomachean Ethics*, W. D. Ross translated, Kitchener, 1999, pp. 81-82.

[23] 本文所涉及的批判性意见,参见 Beever, *Forgotten Justice: Forms of Justice in the History of Legal and Political Theory*, Oxford University Press, 2013, p. 286; Tom Angier, "Review: Reason, Morality, and Law: The Philosophy of John Finnis", *Philosophical Quarterly*, 2014, 64, p. 318。

[24] See John Gardner, "Tort Law and Its Theory", http://ssrn.com/abstract=3108535, last visited 28/2/2020.

未发表的剩下 5 篇论文中,《理性人标准》("The Reasonable Person Standard")㉕对侵权法哲学中时常使用的判断工具——一般理性人——进行了讨论,目前的理性说(理性人一直做理性之事)、期待说(理性人做法律在当时情景下期待的事情)是失败的,不能为一般人提供指导,加德纳支持道德人说(理性人实施行为基于不违反道德准则的各色理由)并阐述了什么才是不违反道德准则的理由。《法治薄暮》("The Twilight of Legality")㉖反思了近年来抬头的"(极端)法制化"(Juridification)和式微的"法治"同时存在的奇怪现状,因为法律的强制性,我们无法逃离法律的世界,法律体系庞大无比,以至于我们知道自己可能已经触犯了法律但仍不知自己如何违背法律,为此我们更加倚重公权力判定违法与否,而对那些违法者选择性的视而不见——我们并不能保证他/她确实在违法!这种"(极端)法制化"和"法治化"并存的现象是客观存在的,基于公众的信任和依赖促成了公权力机关的以暴制暴、以不法应对不法。在康奈尔大学法学院的演讲中,加德纳抛出这一问题,意在强调法律职业尤其是律师对社会的作用,唤醒他们的职业道德。《"民主性正当"之质疑》("Doubts about 'Democratic Legitimacy'")㉗一文中,加德纳认为"民主的"一词虽然具有价值表述功能,但并非语义学意义上的(semantics),而是语用学的(pragmatics),因而也无法展开分析(analytically),只是承认它的典型(typically)意义;这也是当下就民主的立法进行讨论的哲学家海因策(Eric Heinze)所犯的错误,他将民主的立法作为一个分析哲学意义上"良善"的概念加以使用。其后,加德纳就海因策的书《仇恨言论和民主的公民》(*Hate Speech and Democratic Citizenship*)㉘进行了全面的评价(批判居多)。加德纳指出,虽然特朗普当选总统、英国脱欧在某

㉕ See John Gardner, "The Reasonable Person Standard", https://johngardnerathome.info/pdfs/reasonableperson-iee.pdf, last visited 2/5/2020. 对于同一命题更深层次的思考,参见 John Gardner, "The Many Faces of the Reasonable Person", http://www.law.nyu.edu/sites/default/files/upload_documents/The%20Many%20Faces%20of%20the%20Reasonable%20Person.pdf, last visited 2/5/2020。本文中,加德纳除了对理性人标准本身进行思考之外,还思考了理性人与法律的关系,理性人标准与法治原则的关系,对该议题进行了政治哲学的批判。可以说,两篇文章从不同的侧面出发解读了这一侵权法上的基本议题。

㉖ See John Gardner, "The Twilight of Legality", https://johngardnerathome.info/pdfs/twilightrevised.pdf. 关于本文的翻译问题,似乎在加德纳看来,合法性问题并不是现在"(极端)法制化"所考虑的问题,只有法治主义的支持者认为应当考察合法性问题,因此从"合法性的黄昏"意译为"法治薄暮"。

㉗ See John Gardner, "Doubts about 'Democratic Legitimacy'", https://johngardnerathome.info/pdfs/heinzetalkfinal.pdf, last visited 2/2/2020.

㉘ Eric Heinze, *Hate Speech and Democratic Citizenship*, Oxford University Press, 2016.

些人看来是民主的失败,但他们与海因策一样将民主作为承担良善价值的分析性概念。大多数情况下,民主是有效的,但特定情景中,大众作为乌合之众并不理性,为民主埋下潜在的、不合法的种子。因此,特朗普总统当选、英国脱欧并非没有补救的余地,而是可以借助服务概念(Service Conception)加以修正,并承认仇恨言论是"认识论上的独裁"以否定通过民主选举出现的不良倾向(如特朗普具有霸权主义倾向的发言)。

此外,剩余3篇"未竟之事"就法律的具体问题进行了解读。《私有化之恶》("The Evil of Privatization")㉙来源于加德纳在华威大学(University of Warwick)工作坊工作时的评论。针对阿龙(Alon)站在国家中心主义立场上对私有化发表的一系列工具论评述,㉚加德纳认为其是站不住脚且自相矛盾的:私有公司并不是为国家付税、提供工作岗位,而是为了自身的利益。相反,诸如特朗普等将国家私有化的行为却是与自由主义背道而驰,相较之下,罗尔斯的道路可能是更为可取的。因此,加德纳支持当前北欧的部分福利国家的政策。《法律上的因果关系》("Causation in the Law")㉛是对哈特、奥诺里以降因果关系相关研究的整合,虽然被收录到了论文集中,㉜但整体来看更像是英美教科书章节一般的写作。《侵权法及其理论》("Tort Law and Its Theory")㉝对晚近50年来的法经济学和道德哲学的侵权法研究进路进行了反思,他通过具体问题指出,虽然道德哲学的部分批判显得"尴尬",但法经济学对侵权法进行的工具论思考确实应当添加一些价值判断。

约翰·加德纳还有一本侵权法的专著《侵权与其他错误(不法)》(*Torts and*

㉙ See John Gardner, "The Evil of Privatization", https://johngardnerathome.info/pdfs/privatization.pdf, last visited 5/2/2020.

㉚ See Alon Harel, *Why Law Matters*, Oxford University Press, 2014, p. 78. 这些工具论评述主要是针对法学理论和政治哲学理论意图借助正义、安全等价值论观念正当化国家的法律制度,但基于公众的想象,法律只是为了统治者自身的便利而存在的。本书中,作者首先建立了权利的价值是实现个人自治,其次将公共制度的价值界定为部分原生、部分对公众有益处,最后认为宪政并非统治者的工具而是公民个人的工具。

㉛ See Tony Honoré, John Gardner, "Causation in the Law", https://johngardnerathome.info/pdfs/causationinthelaw.pdf, last visited 2/5/2020.

㉜ See C. Bernal and J. Fabra (eds.), *La Filosofía de Causalidad en Derecho*, Cambridge University Press, 2019.

㉝ See John Gardner, "Tort Law and Its Theory", https://johngardnerathome.info/pdfs/torts-cambridgeencyclopedia.pdf, last visited 2/2/2020.

Other Wrongs)㉞行将出版,受限于无法获得手稿,便不再赘述。从这些成果来看,加德纳已经逐渐将视野和重心放到私法的哲学性思考方面,而很少进行刑事法层面的考量。在教学上,他在2018年分别开设了"刑法和政治哲学""私法的概念""反歧视法的哲学分析""法律和国家"4门课程,涉及法律科学从宏观到微观的多个领域,不得不令人赞叹。

三、学术之巅:只得重复自己的刑法学研究

如前文所述,加德纳认为他的刑法学研究无法再度创新,只是进行反复,因此转换了工作重心;但是他在访谈中,探讨刑法研究仍是他开展其他研究的基石,是自己研究水平最高的领域,尤其是关于责任的分析,几乎逢分析之处必然引用。因此,相较于最近加德纳的研究重心——侵权法和经济法,刑事法可能更能够体现加德纳的部分思想。莱西撰写的纪念文指出,责任(Liability)的概念贯穿于加德纳研究的始终,㉟又如达夫(R. A. Duff)指出,刑事责任是法律的一般问题,㊱加德纳早期对刑事责任进行了详尽的研究,㊲并成为他串联研究的一条线索。不难推断,目前加德纳在刑法学领域的研究较为成熟,且对后期的研究具有一定的推动作用。得益于刑法学领域的重要贡献,约翰·加德纳为哈特最重要的著作之一《刑罚与责任》(*Punishment and Responsibility*)2008年第2版创作序言,他与这位可能是有史以来最著名的牛津法理学讲席教授跨越时空对话,毫不回避地表达了自己不同的观点。

㉞ See John Gardner, *Torts and Other Wrongs*, Oxford University Press, 2019. 本书收录了《侵权与其他错误(不法)》《侵权法的目的是什么?矫正正义的位置》("What is Tort Law For? The Place of Corrective Justice")、《侵权法的目的是什么?分配正义的位置》("What is Tort Law For? The Place of Distributive Justice")等论文。加德纳认为这些话题虽然关涉侵权法,但仍然是法律的基本问题,可以与私法学者在更广泛的层面上对话。

㉟ See Nicola Lacey, "John Gardner Obituary", https://www.theguardian.com/law/2019/jul/22/john-gardner-obituary.

㊱ See R. A. Duff, *Intention, Agency & Criminal Liability*, Blackwell Pub, 1990, p. 1.

㊲ See John Gardner, Heike Jung, "Making Sense of Mens Rea: Antony Duff's Account", *Oxford Journal of Legal Studies*, 1991, 11, pp. 559 – 588; John Gardner, "The Mark of Responsibility", *Oxford Journal of Legal Studies*, 2003, 23 (2), pp. 157 – 171.

(一) 与哈特的对话

哈特在1967年出版的《刑罚与责任》第2版所收录的最后一篇论文中,直言自己仅仅作出了几处小修改,增加了附录。2008年加德纳在序言中指出第1版的过时之处,并盛赞按照当下的标准,本书已然成为经典,当然,这是在进一步修正和添加了序言之后。加德纳按照哈特创作论文涉及的主题,分别对这位伟大的思想家进行了总结和回应。

1. 犯罪与刑罚

因为报应主义的野蛮和粗糙,哈特被划归到了功利主义阵营之中,并且认为刑罚的正当性来源于面向未来的前瞻,而不能来源于对过去的报应,更不能来源于对被害人及其家属内心邪恶的施暴欲望;使犯罪人遭受痛苦必须满足"一般正当化目的",即需要将刑罚的内在利好最大化。加德纳在其中区分了报应主义、后果主义和功利主义,前两者是为哈特所否认的,虽然哈特以面向未来的利好为刑罚界定了功利主义式的回答,但加德纳认为他仍然忽视了使犯罪人遭受痛苦本身就是不道德的,有时候为了追寻这种利好可能是更不道德的。[38]

2. 有罪和无罪

对于功利主义者而言,哈特和边沁都面临着如何区分有罪和无罪的问题,尤其是他们都回避了"对无罪者实施的刑罚"这一核心问题,哈特指出这是一种矛盾的修饰法,因此只是在定义上进行了一番"定分止争"并迅速转移到其他话题上。加德纳指出,哈特将其作为道德上应当回答的问题,回避了这个实践上的问题,因此进一步忽略了为什么我们仍然在实践中保留刑罚,即便它存在如此大的风险的问题;尤其是,这一问题还极大地影响了刑罚的内在利好,违背了"一般正当目的",按照哈特的立场这就出现了逻辑错误。罗尔斯的观点某种程度上可以修复哈特的逻辑错误,但是哈特却忽略了罗尔斯,从而——按照加德纳的说法——彻底失去了完善自己理论的可能性。[39]

3. 被忽略的线索

我国的学者经常混淆后果主义和功利主义,加德纳也指出,各位读者可能会陷入错误置放价值的泥淖之中。当一个行为被自由地实施,该行为发挥的是内在价值而不是工具价值,因此行为的价值评价实际上并不依赖于它所带来的结果;因

---

[38] See John Gardner, "Introduction (to *Punishment and Responsibility*)", in H. L. A. Hart, *Punishment and Responsibility*, Oxford University Press, 2008, p. xvi.

[39] Ibid., p. xvii.

此,某种程度上,如果要将功利主义和后果主义等同起来,那么哈特也有一些报应主义的特征——他承认行为的内在价值。这一条被忽略的线索,在加德纳看来,违背了哈特关于刑罚本质的立场,原因在于哈特只注意到了刑罚道德上的作用,而忽视了逻辑上的地位,以至于"行为具有内在价值——对内在价值进行否定的刑罚"并不能有效地被搭建。加德纳进一步强调,也不能将哈特认定为新报应主义论者,这种仅因一个点就忽视了哈特基本立场的做法不可取:他依然强调对新的刑罚政策进行评估,并意图反思他们。⑩

4. 意图的影响(本身的影响)和副作用

与功利主义者一样,哈特也认为刑罚属于某一错误行为所带来的副作用,如果该行为实现了它本身的影响(例如杀人后果),也应当承担行为的副作用。加德纳对此产生怀疑,因为这一论断的预设前提是:行为本身的影响和副作用之间的道德界限是显而易见的。这种预设是人工实现的,自然应当接受批判。⑪

5. 心理要件(mens rea)和法治

在意图的影响和副作用的区分项下,可预见和不可预见的影响会对犯罪人的刑事责任产生限制作用,哈特并不否认这一点,并且用自己的语言描述了从自愿行为到不自愿行为的多种不同的心理状态。神奇的是,这也与哈特忽略的有罪与无罪的界限产生了关系,加德纳称之为法治原则的影响,那些对缺少心理要件的行为的惩罚,是有违法治原则的。如此来看,哈特对于法治和自由关系的理解有些简单,刑事司法系统避免惩罚无罪之人能够最大化公民的自由,但忽略了那些活在强权和压制之下的公民也远不够自由。顺着这条线索,加德纳给哈特提出了几个问题:第一,为什么有罪和无罪的界限只与刑罚的后果有关?有些赔偿、恢复的民事责任可能对于犯罪人来说更加痛苦。第二,哈特的区分规则进一步构成了对"一般正当化目的"追求的限制。⑫

6. 免责的问题

哈特对犯罪心理要件的讨论同样引发了对免责和减责事由(英美刑法承认部分责任的概念)的思考,哈特承认,规定心理要件将会"鼓励"公民将自己的犯罪解释成过失犯罪;但是另一方面,基于法治的要求——责任原则,法律能够更为准确地界定犯罪人。加德纳指出,虽然从法治意义上哈特已经推导出了应当承担刑事

---

⑩ See John Gardner, "Introduction (to *Punishment and Responsibility*)", in H. L. A. Hart, *Punishment and Responsibility*, Oxford University Press, 2008, p. xxiv.

⑪ Ibid., p. xxxii.

⑫ Ibid., p. xxxv.

责任的心理要件,但是他忽略了能够阻却心理要件的消极事由和不能作为(减)免责事由的界限,即便外观表现上都是"我刚刚没有想么做"这样的辩解;哈特更为强调免责事由的作用,在他看来,阻却心理要件的消极事由和免责事由在逻辑上没有什么区别(加德纳:哈特可能这么认为?);因此,哈特关于法治原则的讨论能够覆盖两者,既包括心理要件的消极事由(例如蓄意的否定、明知的否定、预见的否定等),也包括免责事由(强制、防卫过当等)。加德纳指出,哈特可能过分扩张了法治原则的界限,并以强制为例指出了法治原则并不能完全提供免责的基础,因为法律不可能完全授权以允许人在强制之下进行犯罪。[43]

7. 刑罚的政治德行

国家的刑罚权应当首先是合乎普遍道德原则的吗?哈特在《刑罚与责任》第1章作出了否定性回答,他认为刑罚是范式化的法律实践,是对犯罪的反应;而私人实施的各类惩罚(如上司的训斥)则是次级的活动,与刑罚存在本质上的区别。哈特机敏地发现了刑罚应当符合道德一般原则的三个重点:第一,基于法律作出的刑罚比私人惩罚有更广泛的影响力;第二,法律应当提供合法的指导,并且要求对意图违法之人进行严肃的警告;第三,决定、实施刑罚的机构官僚化、组织化,影响到了刑罚的道德性。哈特的路径正确地影响了20世纪后期对刑罚的思考,尤其是第三点,通过政治哲学和道德哲学的对话分析刑罚本身是十分天才的举动。但加德纳依然敏锐地发现了哈特的漏洞——谁来实施惩罚?这在哈特"刑罚是范式化的法律实践"这一预设之下就失效了,这一问题可以进一步延伸为单位是否能够犯罪、具体的行为(如扒窃)是否应当犯罪化等。加德纳指出,虽然上述问题可以通过法治原则进行回答,但是又面对刑罚是否应当被法律或者其他国家工具所垄断的问题。

以上就是加德纳对哈特《刑罚与责任》一书的讨论,他用最新的刑法哲学和刑法学成果反思了20世纪末期英美刑法学领域影响最大的思想,指出了其中的逻辑矛盾,并将其上升到了新的高度。整体而言,这也是加德纳刑法思想的一个集合,他让我们发现,某种程度上哲学以"终极"自居,但当多个维度的"终极"碰撞时,某一个问题总会迸发出新的火花。事实上,结合加德纳针对哈特的另外一篇论文《哈特论合法性、正义和道德》("Hart on Legality, Justice and Morality"),我们可以清晰地将加德纳对他的态度描绘出来,本文主要是针对西蒙兹指出,与哈特协作以验证

---

[43] See John Gardner, "Introduction (to *Punishment and Responsibility*)", in H. L. A. Hart, *Punishment and Responsibility*, Oxford University Press, 2008, p. xlv.

法律与道德存在"不必要的联系",加德纳则认为法律某种意义上能够被道德标准所判定;其重点为哈特强调对正义的追求可回溯到"合法性"这一术语,其中加德纳认为"合法性"需要满足的所有条件中必定包含道德条件,因此,加德纳确定了这样一条逻辑链条"法律↔合法性或者法治原则↔正义↔道德性",这一逻辑链条所引发的思考在《刑罚与责任》的导论中暴露无遗。㊹

(二) 刑法总论:追问无往不在

加德纳的论文《论刑法总则》("On the General Part of the Criminal Law")㊺表达了英美刑法对成文法世界的疑惑,即为什么要区分总论和分论。英美刑法大家、迄今英国对实务极有影响力的教科书编著者威廉斯(Glanville Williams)引入这一界限时,㊻加德纳表示总论和分论虽然有一条理论上明确的区分标准,但是双方仍然有灰色地带;学者对总论表现出更高的兴趣,意图创设更多的原则使其更加前后一致和逻辑圆融能够解释更多的犯罪相关的问题,这与弗莱彻(George P. Fletcher)在《新的法院,老的教义学》("New Court, Old *Dogmatik*")㊼一文中对教义学所下的偏颇的定义不谋而合(与巴特[Barth]的《教义学概论》[*Dogmatik im Grundriss*]不无关系!),外观上说明了英美和德国对刑法的研究趋势的趋同。可见,即使读者不懂德语也不了解教义学,加德纳的思想仍然能给我们诸多启发。然而还是需要提醒,我们并不能单纯地站在教义学的角度去理解加德纳。他在《法律的合法性》("The Legality of Law")开宗明义地引用导师拉兹的话:"哲学不是词典编纂!"㊽加德纳进一步阐释说,我们需要对法律的本质和逻辑作出解释,即便这种对法的理解大多数还是基于本国法。因此,外观上我们可能看到教义学和加德纳刑法哲学的一致性,但本质上双方还是不同的。

回到总论的问题上,加德纳认为区分总论和分论只是一个修辞学上的问题,对待刑法的任何问题都应当是合理的和基于一定的原则的,刑法作为人类社会的某

㊹ See John Gardner, "Introduction (to *Punishment and Responsibility*)", in H. L. A. Hart, *Punishment and Responsibility*, Oxford University Press, 2008, p. xlix.

㊺ See John Gardner, "On the General Part of the Criminal Law", https://johngardnerathome.info/pdfs/genpart-final.pdf, last visited 2/28/2020. 中译本可参见约翰·加德纳:《论刑法总则》,孟媛媛、毕寓凡译,载郑永流主编:《法哲学与法社会学论丛》2016年卷(总第21期)。

㊻ See Dennis Baker, *Glanville Williams Textbook of Criminal Law*, Sweet & Maxwell, 2015, p. 3.

㊼ 弗莱彻认为,刑法教义学就是建立体系性的刑法学理,将基本的刑法学原理与具体的刑事个案结合起来。See George P. Fletcher, "New Court, Old *Dogmatik*", *Journal of International Criminal Justice*, 2011, 9, pp. 179-190.

㊽ Joseph Raz, "Legal Principles and the Limits of Law", *Yale Law Journal*, 1972, 81, p. 823.

一部门能够被改革和修正,因此它在某种程度上是实践理性的产物;加德纳的总论一般谈论以下问题:良善(合乎自然法的)生活的构造、道德性的本质、道德主体、刑事责任的概念等;加德纳强调,他在讨论总论问题时不是站在工具论的维度,而是站在理性的维度加以探讨的。

1. 总论的前置知识

加德纳指出,刑法总论是由原则(doctrines,或者更加时髦一些——"教义")构成的,原则不只有一面,且承担着多个功能。加德纳将这些原则划分为三个部分:(1)关于辅助角色(auxiliary)的总论部分,当一个特定的行为被犯罪化时,总论部分也将与本行为相关的活动犯罪化,例如某一行为被犯罪化,力图实施行为的、教唆、帮助他人实施该行为的也将被犯罪化;(2)关于监督性/指导性(supervisory)的总论部分,以对新的刑事立法的创制、解释、适用提供指导,例如罪刑法定原则;(3)关于定义性的(definitional)总论部分,刑法定义是高度抽象的,这也就遗留了刑法原则如何适用于不同的场景的问题,也就需要定义对具体的场景进行抽象化,例如蓄意(犯罪故意)等。

2. 原则与政策之间

将原则与政策的论证放到哲学之中讨论的最著名人物是德沃金,原则的讨论适用于法官,政策的讨论适用于立法者,用以批判现在法官过度依赖政策的问题。加德纳也指出,艾什沃斯(Ashworth)关于政策和原则分野的观点是别具一格、十分详尽的。在讨论两者之后,加德纳认为,关于原则的讨论,是高度抽象的、建立在对当下趋势进行概括的基础上;关于政策的讨论,则是在具体的犯罪认定和阻却方面限制高度抽象化原则的适用,使其能够标准化。总论部分包括原则和政策,在当下,关于原则的高度抽象化讨论已经成熟,为了更好地塑造刑事司法体系,关于政策的讨论被人为地加强了。

3. 行为和结果

为了实现标准化的刑事犯罪认定,我们需要对工具性的和非工具性的考量进行区分,其核心观念在于:工具性的成果指向我们行为的结果(犯罪化的或非犯罪化的),非工具性的成果与行为本身的品质有关。为了解释这两者的界限,加德纳引入了"行为原因"(action-reason)和"结果原因"(outcome-reason)的概念,前者是指为什么一个特定行为不应当被实施而不论结果为何,后者是指不能实施任何促成某种被禁止的结果发生的行为。这两者有时候会产生教学上的混同,例如"杀人"和"实施某些行为——任何行为——具有导致他人死亡的结果"本质上似乎没有区别;但是刑法只是禁止"行为原因"而非"结果原因",即刑法只是禁止"杀人";但在未遂和共同犯罪的场合,刑法似乎在某些意义上使用了"结果原因"的概念。加德纳最后指出,借助这一工具只能得到部分真命题,即所有的非工具性的原因是"行为原因",但反之则不成立,因为行为可能包含在其他行为的结果之中。加德纳最后抛出了一系列问题,并没有作出正面回答,但是这也显然为我们提供了新的分析工具。

4. 道德主体

行为原因通常都是原则意义上的原因而非政策意义上的原因(参见原则和政策部分),根据加德纳归结的可能性,休谟及其后来的功利主义路径主张,人性向利,因此我们更加关注行为原因而非结果原因(按照张明楷教授的说法,行为功利主义)。然而加德纳认为,刑罚作为某些人为了追求利益实施行为的对应结果,对于人的理性而言还是难以接受的,即对于他们而言,在欠缺不可能实现的完全解释的情况下,不具有充足的理性力量认知到这个结果;即便要求进行完全的解释,也不可能站在全人类的角度以放弃自己的利益。因此,加德纳仍然支持将刑法意义上的人认定为道德主体,遵从一般的道德原则;为了解决行为原因和结果原因,尤其是结果原因在修正的犯罪形态和共同犯罪的疑惑之中,加德纳建议采纳狭义的道德主体的定义,这也确实是康德的路径。

5. 道德主体作为一般原则

康德"绝对命令/定言命令"(The Categorical Imperative)的基础是个人的意志自由,这能够解答部分行为原因有效性所面临的挑战,加德纳也同意其躲避了理论自相矛盾的地方。康德将道德的重点置放在个人的意志上,因此意志能够解码行为原因,它遵从终极的道德原则,统领着所有行为的检验和判断工作;根据这一论断,没有一个人的行为能够归属到毫无道德性的领域;另一方面,聚焦自由意志也能从多样的行为原因中挑选出符合道德目的的那一个。加德纳借助康德,论证了一个基于自由意志的行为是一个道德意义上的行为,遵从终极的道德准则,从而自由意志行为和实际发生的行为在逻辑上是相互独立的,因此行为原因在逻辑上也是独立于结果原因的。当然,加德纳也注意到了最近道德哲学的一些新的变化,但是他依然坚持以下结论:"所有的非工具性的原因都是原则性原因,所有的行为原因是道德原因,所有的道德原因都是原则性原因。"然而,加德纳也并没有考察近来对康德的结论依赖心理学的验证路线的批判,因此得到这一结论虽然很有说服力但并非极其稳固。

6. 一个可选择的出发点：“积极的”福祉

因为康德拥抱了理性的概念，他并没有将重心放到如何验证人类的福祉这一问题上，加德纳则站在广义的亚里士多德的意义上，开始审视福祉，并指出康德的理论实际上并没有挑战所谓"积极的"福祉。与之相比，休谟主义者将福祉作为次级的角色，因福祉在于"成功"地实现自己的价值，因此次级的性质就表现在"成功"所（不是工具性地而是构成性地）依赖的关键因素的存在。但是加德纳认为，这就像爬山一样，到达山顶需要过程但并不意味着山顶是过程之下的次级目标，因此福祉概念仍然支持行为原因的决定性地位。加德纳进一步展开：（1）关键是"活动"（activities），活动是一系列复杂行为的合集，行为是复杂的、可替代的、承载（活动的）价值的，因此关键行为独立的邪恶性可能就决定了活动的邪恶性；（2）什么才算是"独立的"（independent），对于行为及其承载的价值而言，"独立的"是否就是"决定性的"，加德纳指出，没有"独立性"就会导致广义的亚里士多德陷入康德主义的漏洞之中，这里的"独立的"既可以是脱离于行为人本人的品格和技能，也可以是价值和承载价值的行为之间的独立。借助这一概念，加德纳十分有把握地得出了行为原因现在已经毋庸置疑的结论。

7. "成功"的标准

加德纳在论证福祉时将"成功"描绘为休谟主义者对广义的亚里士多德的价值颠倒之攻击，我们先停止继续论证加德纳的理论，对此进行一个梳理和"大白话"式的翻译：加德纳认为，刑法的关键在于行为而非结果，那么行为仍然需要实现自由意志意义上（终极道德意义上）的某种东西，这种东西并不是现实的结果，而是价值上的独立的内容，那么这就涉及"成功"；换言之，行为+"成功"就成为刑法上加以认定的基础公式。

加德纳指出，不同活动"成功"的标准不一，目前并没有一个抽象的、统一的标准；"成功"不必回溯到康德主义者设计的终极道德价值，因为那是由所有的活动才能构成的；"成功"的标准不需要经过所有原则的检验，"成功"的检验只是部分原则的合作检验而已。

8. "成功"计划阶段和基于错误的"失败"

相对于犯罪的典型样态，加德纳指出，所有指向"成功"的行为在异常案件中可能是合乎逻辑的充分条件，但不是必要条件。在这样的案件中，行为人只能说："我努力去达成这件事情。"那么该命题的否命题便是："我甚至都没有尝试过。"由于这一对命题的异常性，蓄意犯罪达成的条件变得扑朔迷离，成为亚里士多德和康德中间地带的一个问题。加德纳认为：首先，蓄意要件不应该与所有的心理要件混淆，蓄意是"成功"的要件；其次，蓄意要件事实上往往伴随着不充分的动机，但是"成功"还要求行为人至少是开心地、持续地实现它，因此譬如激情犯罪并不能被纳入此列；最后，概率在亚里士多德那里属于事实的范畴，不论概率大小，均不影响价值层面的蓄意的判断。

从客观来看，一个行为的"成功"有三个方面：（1）有价值的事件；（2）不（太）情愿地参与了有价值的事件；（3）无价值或者最为基础的事件。加德纳认为，第3项与其说是"成功"不如说是"失败"；此种"失败"如果要被认定为犯罪，则也同样需要蓄意要件。

9. 刑事责任

如果说，所有的法律都是将人作为一般的道德主体看待，刑法的特殊性就在于还需要对人在自治领域的范围内作出评估，加德纳一再强调，刑法是针对个人的，"刑法强调的是个人，而不是社会生活"。因此，刑事责任是区分刑法和其他部门法的关键所在，刑法最大限度地将人作为人看待。这可以对话康德，作为康德主义的代表人物，艾什沃斯强调只有遵从自己的自由意志实施犯罪行为的，才能够对此答责；但是，过失杀人（manslaughter）的出现以及世界范围内普遍地对此进行惩罚，动摇了艾什沃斯的基础和极端康德主义原则。加德纳认为，自由意志并不能直接适用于具体个罪的认定，从刑事责任的角度看，应当追问"行为人是否应当在道德上负有答责？"（并非大陆法系的道义责任论）这一问题，这一方式虽然不像艾什沃斯那般严格，但是在当前生活中更加灵活，因为它考虑了行为人在当下生活中所扮演的社会角色——行为人的结构性作用。

10. 共同犯罪

前文已经说明了加德纳在共同犯罪领域所持的基本立场，他认为共同犯罪属于结果原因的一部分，需要进行严格的判断。在2002年的《合作的阐释》（*Reasons for Teamwork*）中，加德纳进一步揭示了蓄意和其他心理要件背后法理的不同，但是这一法理会在多主体类型的案件中陷入困境，因为不同人心理要件的程度是不同的，且缺少一套标准化的判断程序，但是加德纳从共同犯罪的团队之中的心理联系找到了突破口，分别对教唆犯、直接实施行为人、帮助犯等角色进行分析，对他们的心理要件进行了认定的改进，并强调以客观上的有效合作、无效合作加以确认。

某种程度上，加德纳的研究成果对于中国的读者而言是能够理解的，甚至如果翻译得当，将其替换为德国刑法教义学的成果以增进理解也未尝不可。但是需要注意的是,加德纳采取的是纯粹的哲学思辨,与德国刑法教义学的亲缘性也止于刑法哲学上在古典哲学的契合,至于现代哲学部分则完全不同,具体问题的处理上也是以英国法为主。本文并没有列明加德纳在刑法领域的最高成就《犯罪成立和阻却:刑法哲学文选》(*Offences and Defences: Selected Essays in the Philosophy of the Criminal Law*),这本文集在英美法系引发了巨大的争论,它不只是加德纳的集大成之作,而且将正当化事由、犯罪化等部分内容展延到了新的深度,如若可能将另行撰文详述。另外,在本部分简要引用但没有列明的文献有:《对不道德的禁止》("Prohibiting Immoralities")、《刑法及刑法学理之运用:对莱茵的回应》("Criminal Law and the Uses of Theory: a Reply to Laing")、《基于结果认定的不法:摩尔的经验论》("Wrongdoing by Results: Moore's Experiential Argument")、《弗莱彻论犯罪成立和阻却》("Fletcher on Offences and Defences")、《理性和侵犯自然人犯罪中的法治》("Rationality and the Rule of Law in Offences against the Person")、《摩尔论共犯和因果关系》("Moore on Complicity and Causality")。对于他在法哲学、侵权法领域的其他论文,此处便不再赘述。

(三) 刑法分论:反柏拉图式的性侵害认定

加德纳在个罪认定上也颇有建树。先前,我国就有学者对加德纳的三篇论文进行研读,并形成了《约翰·加德纳论强奸何以为恶》[49]一文,对加德纳的基本预设进行了探讨。其中,关于同意原则作为构成要件的道德哲学层面探讨已经相当充分。然而,沃尔(Jesse Wall)在《性犯罪和一般的"同意"阻却》("Sexual Offences and General Reasons Not to Have Sex")一文中,却注意到了加德纳对同意原则一般认定规则的漏洞,因他只是例证式地将击败理由作为不同意的认定条件之一。当然,不结合具体案例认定同意原则是相当困难的,加德纳也承认,即便结合了具体案例,竭力寻找证据去证明妇女的心理活动和认知状态也是基本不可能的。《约翰·加德纳论强奸何以为恶》分别引用了三篇文章,分别是加德纳自己的《强奸何以为恶》("The Wrongness of Rape")、《对〈强奸何以为恶〉的合理回应》("Reasonable Reactions to the Wrongness of Rape")和斯塔特曼(Daniel Statman)的《加德纳论强奸何以为恶》("Gardner on the Wrongness of Rape"),这些文献基本围绕强奸罪以及具体问题展开,加德纳在其中略微提及了他的哲学思辨,但尚有其他文献支撑他的论断。

---

[49] 参见刑法哲学前沿:《约翰·加德纳论强奸何以为恶》,https://mp.weixin.qq.com/s/SQ7E-rktsmE4cIr2NH3Bag,2020年2月28日。

首先,《论她的性(别)理据》("On the Ground of Her Sex[uality]")一文系正值思维活跃、思想开放的青年时期的加德纳所创作的极富创造力的论文。他在其中指出了社会性别和自然性别的区分,从而对同意原则的一般认定模式(以自然性别为主保护女性)进行基于自治原则的反思,其中区分了"恒定状态"(immutable status)和现有的条件,从而分别为强奸罪的认定、反歧视等问题做出了贡献。他认为,"恒定状态"虽然听起来是不可改变及不可选择的,但是自治原则可以保证在"恒定状态"的条件下最有解释力的内容就是个人的选择;个人的性别是"恒定状态"之下选择性行为对象的一个重要的砝码,但是个人的性别包含乐观情绪和不良情绪,分别左右着他/她的选择是同性还是异性;这种选择的验证条件之一就是被害人所可能作出的选择对他/她而言是有价值的,价值决定了选择的有效性以及选择是否借助个人自治原则突破"恒定状态"。这种论证模式在上个世纪末是相当新颖和天才的,加德纳的这篇论文不仅发展了强奸罪的相关研究,还促进了同性恋等方面的研究。

其次,《强奸的反面》("The Opposite of Rape")一文发展了加德纳一以贯之的观点:"强奸罪侵害了公民对'良好性爱'的享受。"加德纳认为,从"良好性爱"到强奸至少要经过两个大的步骤:第一,需要对客体性的外在表现;第二,被害人缺少同意。他要求对强奸罪中的同意予以更多关注,相较于其他未经同意的犯罪类型而言,这也就促使他对于强奸罪和性犯罪的刑事法律体系进行评估。加德纳自认为,"良好性爱"包括多个方面,除了在《论她的性(别)理据》一文中所提及的扩展到同性恋和异性恋之外,他还主张对性爱的质量、性癖好、工具的使用、性试验、性药剂等问题均进行考量,从而尽可能客观化什么是"同意"和"不同意"。在文章的最后,他强调,女权主义法学过分依赖于实证研究,虽然就统计而言确实是女性容易受到侵害,但是从"良好性爱"的角度出发,女性和男性均享有获得符合道德准则的性体验的权利;他希望人们不再把目光放在政策上、防卫上,而应花费更多的理念重塑思想,以防止某种样态的集权以星火燎原之势吞噬现代法治的成果。

四、结语

中国几乎没有学者将目光投向约翰·加德纳,对于法理学者而言,他的论文散见在各个主题,难以统合,并且在很多问题上仍然站在哈特、拉兹等人的立场上,为他们的光芒所覆盖;对于刑法学者而言,他又是如此遥远,鉴于刑法学界以德日为师,而英美刑法学者又更多地关注美国学者关于具体问题的细致探讨,很少如此高屋建瓴;对于其他部门法学者而言,加德纳的私法学研究又刚刚起步。但是,他宛若古希腊的先贤派遣的使者,冷静地观察着康德、黑格尔的拥趸解释世界,不时的提醒总能减缓一方闷头前冲的脚步。

研究加德纳应该是一生的志业,有时候我们会在他身上看到德沃金,有时候又会看到哈特,但是他拒绝站队,而是致力于强调具体法律问题的研究,延续着牛津大学法理学讲席的精神。当我们试图再度迈向虚无,耳畔总会响起约翰·加德纳在《近乎自然法》("Nearly Natural Law")中的低语:"这,我已经提醒过了,是一个错误的举动。"[50]

---

[50] John Gardner, "Nearly Natural Law", in his *Law As A Leap of Faith*, Oxford University Press, 2012, p. 176.

如何成为一位法理学者？*

范立波**

今天我要讲的题目是"如何成为一位法理学者"。对于在座的很多同学来说，这个题目或许有点大，与自己的关系有点远。我知道很多同学将来想从事法律实务，而不是法理学研究。但这并不重要。我也没有期待诸位将来都成为法理学者。国内的法理学者有点多了。但我认为诸位既然选择了法学专业，在未来的三年里，要卓越地完成自己的学业，就应该了解法理学者是如何思考的。我相信一旦你真正理解了法理学，就会发现这是一个特别迷人的领域，投入进去不仅会让自己的硕士生活变得充实而有趣，从中获得的法理学素养，也会对未来的法律实务大有裨益。

今天我主要讲三个问题。第一是要确定自己的法理学观，也就是你对法理学的具体理解；第二是要知道你所理解的法理学是如何思考的；第三是我们该从何处下手，向一流的学者学习做法理学研究；最后做一个简要的总结。在进入主题之前，我想先做几点说明。首先，大学课堂上没有"一定之见"或"唯一正解"，有的只是不同学者的不同见解。我也只能结合自己的经验和体会，展示一种做法理学的方法。我认为法理学就是法哲学，这是我的法理学观，因此我讲的实际上是"如何

---

* 本文是我给中国政法大学2018级硕士生授课内容的文字记录稿。中国人民大学法学院2017级硕士研究生徐舒浩主动录音并整理出初稿，中国政法大学法学院2018级硕士研究生于婷补充和校正了部分内容。我在两位同学提供的文稿基础上做了修改和补充。特此感谢两位同学的美意和辛勤工作。

** 范立波，法学博士，中国政法大学法学院法理学研究所副教授。

成为一位法哲学家"。其他老师的法理学观可能和我不同，做法理学的方法也会存在很大的差别，由他们来讲就会是另一种内容。但我想各种法理学观深层的原理应该是相通的，这也是我选择"如何成为一位法理学者"而不是"法哲学家"作为本课主题的主要考虑。其次，我讲的都是一些基础性的东西，而不是前沿的知识。理论前沿当然重要，但对于研一的同学来说，打好学术基础更为关键。基础的东西能够为入门提供基本的指引，甚至能决定你在学术之路上能攀登到的高度。如果学术根基不牢，就去盲目地追逐各种理论热点和前沿问题，终究只能随波逐流，不但无法走得更远，还可能将时间、精力和激情消磨殆尽，毁了自己的学术生涯。

一、确定自己的法理学观

（一）一个基本问题："什么是法理学"

对于"什么是法理学"这个基本问题，学界一直存在很多争议。在今年九月份"法学的科学性"学术研讨会上，舒国滢教授将法理学定义为"研究法理的学问"。这个定义是非常宽泛的。法理有很多种类，也可以从不同的角度去研究。法社会学、法人类学、法文化学、法经济学，甚至部门法学，都会研究"法理"，按照宽泛的定义，也都有资格被称作法理学研究。不少学者都支持对法理学的这种宽泛理解，也就是将法理学看作"对法律的理论研究"。我们可以将这类相对宽泛的法理学定义称为法理学的概念（the concept of jurisprudence）。但这一概念共识是非常单薄的，对法理学学习和研究无法提供具体的指引。

首先，作为理论学科的广义法理学，实际上是一个杂货筐，凡是与法律有关又可以被称为理论研究的东西，几乎都可以装进这个筐子。但这个筐子本身却不能告诉我们，与其他法学学科相比，法理学的学科差异是什么。而不理解法理学的学科差异，我们就无法知道法理学的学科优势在哪里，也无法建立起自己的学科自信。据我所知，不少同学是因为对报考其他法学学科不自信，"退而求其次"而报考法理学的。但"相对好考"不是法理学的优势，更无法确立起你的学科自信，自然也就难以激发起你对法理学的学习激情。激情只能来自于你对法理学学科性质的真正了解，对法理学为何是一门美好而有尊严的学科的真切认知。

其次，广义的法理学概念不能告诉我们法理学研究的努力方向和下手之处。在大学本科阶段，广泛的涉猎是必要的；学术兴趣只有在广泛涉猎的基础上才能确定下来。但到了硕士阶段，就应该深入地学习。而深入的学习需要确定清晰、明确的努力方向。所以，你就会面临一些现实的问题：如果我打算深入学习法理学，我该往哪个方向努力？又该从何处下手？宽泛的法理学只是一个筐子，无法回答这两个问题。要回答它们，就要从作为抽象理论学科的法理学，下降到更为具体的学科定义。例如，确定你要研究的法理学是法哲学，还是法社会学或法律经济学等。我把对法理学的具体理解称为法理学的工作定义，或者法理学观（conception of jurisprudence）。各个具体的法理学观都有自己的学术传统、研究目标、研究方法和成功标准，可以告诉我们做什么，怎么做，达到什么标准才算是做得好。

在选择具体学科前，透彻了解每一门学科的性质是重要的。宽泛法理学筐子里的各具体学科之间，在学科性质方面存在很大差异。例如，规范性问题就是哲学的问题，社会学回答不了这个问题，或者只能根据它的学科目标，将这一问题转化为它可以回答的问题。宽泛的法理学概念将各种学科传统收纳在一起，反而容易让人们忽视学科间的差异，也引起了许多无谓的争议。例如，这两年很热闹的社科法学和教义法学之争，就因忽视了学科目标的差异，而常常陷入自说自话的尴尬境地。教义法学关注的是一个法律命题的真值条件，并且将其工作限定在现行有效的法律之内。而社科法学未必关心这一问题。所以，教义法学的支持者会委屈地抗议，他们并不否定从社会科学的角度研究法律的意义，但社科法学所处理的问题不是他们的问题。一门学科的学者要介入另一门学科，必须理解他所想要介入学科的问题和理论目标。只有指向共同问题的争议才是真正的争议。

在我看来，只有在承认学科性质差异的前提下，社科法学与教义法学之间真正的争议点才能显现出来。例如，社科法学可以承认法律命题的真值条件是一个重要的问题，但主张真值条件不能单纯从法律内部来确定，因为从法律内部来确定就必须要尊重立法者的权威，但立法者可能作出错误的决定。所以，对立法者的判断还需要进行评价，而评价就需要依赖一个独立于立法者判断而可得到辩护的标准。或许社科法学者还可以进一步论证，任何法律实践都包含了一个目标，就是要让某个法律体系成为法律的最佳个例。所以，法律命题的真值条件就应该根据这一目标来确定。假设法律的目标是促进社会的整体福利，判断一个法律命题是否为真，就要看它能否最佳实现社会整体福利。这一攻击指向的是教义法学的根本假定，在我看来还是相当重要的。不过，这类争议已经超出了社科法学和教义法学，进入到了法哲学领域。因为这种争议指向的是"法律是什么"或法律的性质这一基本问题，只能通过哲学的方式加以回答，社科法学和教义法学本身是无法回答这类问题的。

或许可以趁此机会说说我对跨学科研究的看法。不少同学喜欢采取多学科的研究方法。在一篇不长的论文中，综合运用哲学、社会学、经济学甚至历史学等各种学科的研究方法，看起来很炫。我同意多学科研究确实有其独立的价值。西方有句谚语："如果你有的只是一个锤子，那么所有的东西看起来都像一个钉子。"①这句话的意思是，习惯了某个视角的人，就是手上只有锤子的人，眼里看到的都是钉子。但是，我也赞同韦伯所说的，专业化是学术的必然趋势。如果缺乏足够的专业化，你提出来的主张，可能连自己都没有信心。多学科研究实际上也是以精通一门学科为基础的，而且对其他学科也要具有相当精深的修养，还要能够融会贯通，所以多学科研究是一种很难达到的境界。在硕士阶段，我主张还是要将精通一门学科作为学习重点，但同时可以对其他学科保持兴趣。不先精通一门学科，可能到最后会哪一门都不精通。或许有同学担心过于专业化的不良后果，这就涉及博与专的冲突。"博"要求我们什么都懂一点，而"专"要求我们专注于一个方向。但我认为这不是一个学术问题，而是一个规划问题。比如说，我所理解的法理学就是法哲学，那么我的努力方向就是做好法哲学，但也可以分配一些时间读一些法史学、法社会学等方面的论著。做学术最怕的是没有方向，东看西看，结果都停留在专业门槛之外，所谓的多学科研究就成了多学科的肤浅拼凑。

我也想接着谈谈一个有趣但可能有争议的问题——是否存在独立的法学学科？我认为不存在。法学与广义的法理学一样，都是一个杂货筐，只能根据研究对象来加以定义。而决定一个学科独立性的，是它的理论目标、方法论和成功标准。法学并不具有这些构成独立学科的核心要素。教义法学算吗？我的观点是不算，因为教义法学其实只是教义学在法学中的运用。教义法学的目标、方法、成功标准和其他理论预设，都是由教义学这门学科界定的。就我粗浅的理解来看，所谓的法学学科都是"交叉"学科，是法律与其他学科的结合：法律与哲学结合就产生法哲学，法律与社会学结合就产生了法社会学，法律与历史学结合就产生了法史学。尽管这些学科的名称中都包含"法"的概念，但是它们作为某个学科的目标、方法论以及成功标准都不是来自法学，而是来自其他学科。

对法学非独立性的说明有什么意义呢？在往年的硕士毕业论文答辩时，我曾经问过一些令答辩者难堪的问题，其中之一就是："你凭什么说自己提交的是一篇

---

① 也被称为"工具定律"或"马斯洛的锤子"，参见亚伯拉罕·马斯洛：《科学心理学》，方士华编译，北京燕山出版社2013年版。

法哲学论文?"我想如果坐在答辩席上的是一位社会学家或经济学家,他们也可能要求答辩同学说明,他的论文在何种意义上是一篇社会学或经济学论文。造成这种状况的原因很多,但其中一个主要的原因,就是对学科性质缺乏透彻的理解。按照我的理解,法哲学是哲学的一个分支,是对法律的哲学研究。因此,法哲学论文首先必须是一篇好的哲学论文,其次才是一篇好的法哲学论文。我质疑提交答辩的论文不是一篇合格的法哲学论文,其实是质疑他没有提交一篇合格的哲学论文。同样,一篇法社会学论文首先是一篇好的社会学论文,一篇法经济学论文首先是一篇好的经济学论文。

换个角度说,如果我们注意到法哲学是哲学的分支,就能更清楚自己的努力方向。从事法哲学研究,首先必须具有专业而精深的哲学素养。就像考夫曼所说的:"法哲学是法学家问,哲学家答,因此,一位训练有素的法哲学家必须兼通法学与哲学两门学问。"[2]许多从事法哲学研究的学者,似乎都忽视了法哲学是哲学分支这一学科性质,不太肯在哲学上努力。他们没有自己的哲学,只能在不同议题上依赖不同哲学家的研究成果;或者只拥有一种坏的哲学,所以法哲学家在哲学家中通常很难赢得认同。一些法哲学学者似乎根本不懂什么是哲学论文,所谓的法哲学论文甚至根本没有"哲学味"。如果你只读法哲学家的著作,碰巧又只读过一些坏的法哲学研究,就很难培养自己的学术品位,也就写不出有哲学味的论文。因此,要做好法哲学,不能只是阅读法哲学家的著作,还要去关心哲学家的工作,去了解哲学研究本身的要求,去考察什么是好的哲学研究,去学习和思考卓越的哲学家是怎么思考和论证的;先成为一位好的哲学家,再成为一位好的法哲学家。当然,上述原理也适用于法理学大筐内的其他学科。

(二) 一个工作定义:法理学就是法哲学

我把法理学视为对法律的哲学研究。这是我的工作定义,也是我的法理学观。将法理学看作是法哲学,基本上是一种比较正统的观点。从词源上说,中文的"法理学"一词来自于日本,是穗积陈重教授对英语单词"jurisprudence"的日译,该词本身就是法哲学的意思。那么穗积陈重教授为什么又要弄出一个"法理学"来呢?其中的一个重要原因,是当时日本法哲学受黑格尔的法哲学影响太深,而黑格尔的法哲学是出了名的晦涩难懂,所以法学院的学生对法哲学望而生畏,以法哲学之名开

---

[2] 阿图尔·考夫曼:《当代法哲学和法律理论导论》,温弗里德·哈斯默尔主编,郑永流译,法律出版社2002年版,第3页。

课不受学生欢迎。从英国留学归来、曾师从梅因的穗积陈重教授于是创造了"法理学"一词,来翻译"jurisprudence",与传统的"法哲学"相区别。当然,穗积陈重教授这么做,不只是为了吸引学生,还有更深层次的考虑。英国的法哲学和黑格尔的法哲学,在研究的侧重点和风格方面也不一样。穗积陈重引入"法理学",或许还有要改变日本法哲学研究模式或风格的良苦用心。这一点我们在这里无法展开,但 jurisprudence 本身也是指对法律的哲学研究。

我们也可提出更多资料来论证"法理学就是法哲学"。比如 jurisprudence 是由 juris(法律/权利)和 prudence(明智)组合而成的,所以韦恩·莫里森也认为法理学就是"寻求法律的智慧,或者寻求对法律的明智理解的学问"[3]。波斯纳在《法理学问题》中,虽然先提出法理学不可能有一个确切的定义,但接着又说:

> 所谓法理学,我指的是关于法律这种社会现象的最基本、最一般和最理论化的分析……法理学所涉及的问题,所使用的视角,大部分与法律实务者的日常关心相距甚远……它超越了时间和民族界限……我们还将根本性问题的分析称为"哲学",因此,传统将法理学定义为法律哲学或哲学在法律中的运用,这显然是恰当的。[4]

当然,我们也不必过度主张,法理学只能是法哲学,其他研究不是"合法的"法理学研究。争论什么是法理学的"正统"或"唯一"的模式,不会有结论,意义也不大。与之相比,我认为关注如何透彻地理解自己选择的法理学观,并思考如何做好它,更为重要,也更有意义。正如我们已经说过的,在广义的法理学的杂货筐里,各具体学科都有自己的价值。我们应该鼓励从不同角度研究法律。我之所以主张法理学就是对法律的哲学研究,是出于以下考虑:一方面,每一个进行法理学思考的人,都不能满足于广义的法理学概念,都要有他自己的法理学观,作为法理学学习和研究的工作定义。如果我们对法理学的理解只停留在"对法律的理论研究"这个抽象共识层面,而没有具体的法理学观或工作定义,我们在"如何成为一名法理学者"这个问题面前就会茫然无措,法理学的学习和研究也就难以富有成效地展开。即使你试图成为一位百科全书式的学者,也需要一门学科一门学科地学习,要知道

---

[3] 韦恩·莫里森:《法理学——从古希腊到后现代》,李桂林、李清伟等译,武汉大学出版社 2003 年版,第 2 页。
[4] 理查德·A. 波斯纳:《法理学问题》,苏力译,中国政法大学出版社 1994 年版,"序言",第 1 页。

当下自己在做的是什么,还要做什么像什么。另一方面,当然也是更重要的理由,是从哲学的角度研究法律,本身也有独立的重要性。有些问题只能通过哲学的方式进行探讨,而哲学探讨不论是对问题本身,还是对其他学科的研究,都具有重要的意义。

当然,法哲学并不是哲学知识在法律领域的单向运用。法律自身的特点也可能对哲学研究提供新的视野,产生新的、富有启发的成果,甚至反过来会影响乃至重构既有的哲学理论和研究模式。例如,在法理学中,意志和理由的关系是一个突出的问题。一方面,法律看起来是意志的产物:要么是立法者的意志,要么是法官的意志。另一方面,法律作为一种行为规范,也要给出行动理由。由此就会出现一个比较棘手的问题:如果立法者或法官的意志表达了真正的规范性理由,而该理由的存在是独立于他们的意志就可以确定的,意志表达对实践推理来说就是多余的,因为不管立法者有没有要求,我们都应该去做某事;而如果立法者意志表达的理由是错误的、不道德的,就不可能给出行动理由。在这两种情形下,立法者的意志都没有创设理由。要回答这个法哲学问题,就要先回溯至哲学,一般性地分析行动理由的内在结构,特别是意志与理由的关系。这些反思可能会改进哲学家对理由的理解,也可能在一般理由理论中取得重要的突破。所以,法哲学的研究需要在哲学和法哲学之间反复流转,相互诠释,才能发展出上下融贯的理论成果。法哲学的研究依赖于好的哲学,也可能贡献出好的哲学。

二、哲学思考的一般特征

在确定法哲学是我们的法理学观之后,我们就要考虑进一步的问题:法哲学研究具有哪些特征?我们该如何做法哲学?前者关注的是法哲学的学科性质和定位,后者聚焦于做法哲学的实践技艺。要从事法哲学思考,必须了解哲学思考的一般特征,然后才能像哲学家一样思考。我认为哲学思考具有三个基本特征:(1)反思性;(2)根本性与普遍性;(3)融贯性或体系性。在这一部分,我将逐一解释它们的具体含义,来帮助诸位初步理解哲学思考的性质,明确法哲学的学科差异和学科优势。在第三部分,我将说明如何像法哲学家一样思考。

(一)反思性

众所周知,哲学是反思性的学问。"反思"(reflect)词义上就是回过头去看。哲学反思回过头看的是观念和思想,所以哲学反思也就是"对于思考的思考"(reasoning about reasoning)。但哲学反思不是一般的反思,而是追求彻底性的反思,也就是要不断地对思考进行追问。这就导致它看似与日常关切拉开了距离,甚至被认为是一门书斋里的概念游戏。但这是对哲学的误解。哲学反思的重要性在于我们的行动都是受观念指引的。拥有什么样的观念,我们就会采取什么样的行动,过上一种什么样的生活。如果你细心观察,就会发现,在每个人的生活观念中,都包含一些基本的原则,这些原则就构成了一个人的哲学。没有人不拥有自己的哲学。只不过大多数人的哲学都是习得的,是在无意识中经由教化而被灌输的。所以,不重视自己的生活哲学是危险的。因为我们习得的哲学观念可能是错误的,而错误的哲学会指导我们过一种错误的生活。

当然,如果幸运的话,我们持有的哲学观念可能是对的,我们过得很幸福,但这种生活依然不是我们的生活,因为指导我们的生活观念不是我们的观念,而是社会或他人的观念。根据这些并不属于我们的观念而生活,甚至可以说我们从来没有活过;我们只是代社会或他人生活而已。苏格拉底说,未经省察的人生是不值得过的。这句话的意思不仅是说要过正确的生活,而且还要求我们知道它为何是正确的。只有知道某种生活方式是正确的,并且因为它的真理性而选择和坚持它,这种生活方式才能成为我们自己的生活方式。在这个意义上,哲学反思不仅仅是为了避免错误,更是为了成为一个真正自由的人。真正的自由依赖于哲学反思,也就是运用自己的理性,给自己的生活立法,成为自己生活的作者。

法哲学是对法律性质和重要的法律观念进行反思的学问。法律以广泛而深刻的方式影响着我们的选择。德沃金说,当代社会是一个"法律的帝国",我们都是法律帝国的臣民,法律使得我们是其所是(make us what we are),也因此具有"伦理上的首要性"。⑤ 德沃金说的伦理就与我们该过什么样的生活有关。我们能过什么样的生活,在很大程度上依赖于法律,为法律所支持或限制。对法律问题的哲学反思,在与"活得好"这一根本关切相关联的意义上,就变得非常重要。如果我们未能认真思考自己所信奉的法律观念,特别是法律与活得好之间的关系,就很难坚持自己的法律信念,更不要说在正确法律观念的指引下,选择和坚持一种好的生活。

举个例子,法学院学生大多将正义视为一种重要的美德,并将守护正义视为自己的当然之责。然而,很少有人认真思考过正义的一些基本问题,例如:什么是正义?如果说正义是好的,那么是什么意义上的好?正义的人会不会活得不好呢?

---

⑤ Ronald Dworkin, *Law's Empire*, Harvard University Press, 1986, Preface, p. vii.

柏拉图在《理想国》里,借格劳孔兄弟之口提出了这些严肃的问题。格劳孔设想了一个"古格斯之戒"的例子,讲一个牧羊人获得了一枚魔戒,转动戒指就可隐身。因此他可以谋杀国王、骗娶王后而不会被人发现。那么他还会不会正义地行动呢?格劳孔还举了很多例子,说正义行动的人一般都会活得很惨,所以真正信奉正义是不明智的。要想活得好就只能人前假装讲正义,背地里男盗女娼。所以,如果正义不能让人活得好,当活得好和正义相互冲突时,我们就会为了活得好而放弃正义。不少法学院毕业的人,最后进了监狱,不是他们忘记了法律和正义。他们很多时候也会讲法律和正义,但当法律和正义与他们"活得好"的观点产生冲突时,他们选择了"活得好"。当然,进了监狱之后他们也会后悔,因为监狱外的生活再坏,也比蹲监狱好。他们想要活得好而损害正义,最后却活得更差。但有的人也能够逍遥法外,那么他们活得好吗?到底什么是活得好?

在每个学期的法理学导论课上,我都会向法学院新生提同样一个问题:公民有没有守法义务?得到的回答基本上是肯定的。然后我会讲一讲苏格拉底的故事。苏格拉底被雅典人错误地判处死刑,他是有义务遵守裁判还是应该逃走?不少同学认为苏格拉底有守法义务,不该逃走。但是,当我问及如果你是苏格拉底,会选择慷慨赴死还是逃走,不少同学选择了逃走。为什么会这样?道理也很简单。因为逃走至少可以让自己活下去,而活下去是人的本能。但活下去是人生的唯一目的吗?在苏格拉底要被处死的当天早上,他的朋友克力同去狱中请求苏格拉底离开,苏格拉底没有马上答应他的请求,而是邀请他一起思考重大的人生问题。在苏格拉底看来,人生的意义不仅是活下去,还要活得好。毕竟有些活法是生不如死。那么,到底什么是活得好?法律对活得好是重要的吗?活得好要求我们遵守法律吗?

不难看出,上述问题都不是抽象的思辨,而是想要活得好的人都应该认真对待、严肃思考的问题。苏格拉底认为只有正义的人才能活得好,为了守法而死也是活得好。我们可以不同意苏格拉底的看法,但至少要认真想想法律与活得好之间的关系。亚里士多德说,只有当一个人认真地对待自己的幸福时,才可能具有实践智慧。这是一个非常重要的观点。我们关心法律,不是因为它是一种重要的制度,而是因为我们关切个人福祉。法哲学的思考也应该从个人福祉开始。从某种意义上说,对哲学和法哲学缺乏兴趣,在很多时候反倒是漠视个人福祉的一种体现。每个人都想活得好,这是最坚固、最强大的愿望。如果守法和正义不能让我们活得好,这些信念就是不稳固的。我们随时会为了活得好而放弃法律和正义。知行合一之难,很重要的一个原因是我们知之不明,知之不够透彻,甚至未能考虑到真正的难题,所以遇到问题就很难坚持。

哲学反思对于社会也是同等重要的。每个社会都会有一些主导的观念,这些观念有对有错。当一个社会的主导观念错误时,对于社会而言就是灾难性的。法律是社会中最重要的规范体系之一。作为一个未来的法律人,我们要以法律为志业,也必须审慎而严格地反思自己的法律观念。法律到底是什么?它是某些人的意志行为的结果吗?法律与正义会不会存在冲突?如果会,什么是正确的解决方案?说法律是权威的到底是什么意思?法治是形式的还是实质的?法律是工具还是具有内在价值?法律的优势和局限在何处?法律干涉个人自由的边界在哪里?公民有没有守法义务?这些问题对法律而言具有高度重要性,对于身处法律帝国之中的法律人和一般公民,也都是至关紧要的问题。对于回答这些问题的概念、观念和原则,我们必须坚持一种批判反思的立场,去审查它们的精确含义究竟是什么、是否有根据以及根据是什么等等。将这些对我们自己和他人具有高度重要性的观念和原则,建立在任何未经考察的地基之上,对个人和社会而言都是充满风险的。

(二) 根本性与普遍性

哲学反思的是根本性的问题,追求的是普遍性的知识。这两个特征都需要解释。根本性的问题是为了解决具体问题,在反复追问之下得到的问题。例如,哲学家关心的不是这个人怎么样,也不是男人或女人、中国人或外国人怎么样,而是关心"人"是什么样的;由此获得的就不是关于这个人或那个人的特殊知识,而是关于人的普遍知识。所以,哲学提问的经典方式是"X 是什么"或者"X 的本质是什么"。相应地,法哲学会问"法律是什么"或者"规则是什么""权威是什么"等等。通过这种提问方式,可以将表面的、外在的、偶然的因素清理出去,揭示事情的本质。古希腊人说哲学就是"爱智慧",而智慧是很难拥有的,就在于智慧是针对根本性问题的普遍知识。

法理学问题的根本性特征,也带来了许多误解。很多人都会同意波斯纳所说的,法理学研究与法律实务人的日常关切相距甚远。但这一观念是经不起推敲的。举两个例子。同性婚姻该不该合法化?对这个问题的回答,不能诉诸个人好恶和社会传统,而是要直指"婚姻是什么"或婚姻的本质。牛津大学的自然法学家菲尼斯认为生殖繁衍是婚姻的本质属性。按照这种观点,同性婚姻在概念上就是不能成立的。而许多支持同性婚姻合法化的人,则诉诸个人的意愿,只要两个成年人愿意就可以结婚。但是,意志说不仅支持同性婚姻,也会支持很多在道德上难以接受的婚姻类型,例如,一夫多妻、一妻多夫、多夫多妻,成年父女、成年母子乃至成年的爷爷和孙女、奶奶与孙子。关于婚姻的这些主张看起来都还缺乏说服力,需要我们更深入地反思婚姻到底是什么。如果我们说,婚姻是一项权利,婚姻是什么就与另一个更根本的问题关联在了一起:我们依据什么来判断公民拥有一项权利?假如我们说"X 是公民的一项权利",是在保护他们的某种利益,还是尊重他们的意志?或者是别的什么?而最根本的哲学的反思,则是有关人性和福祉的。我们说婚姻是好的,因为婚姻是个人福祉的重要构成因素,所以我们才会用权利来保护婚姻。但是,什么是个人福祉?人又是什么?对同性婚姻合法化问题的回答,取决于对一系列深层问题的反思,要求我们在每一个层次都持有稳固的看法,否则对同性婚姻合法化这一相对具体问题的看法就缺乏理论支撑。当然,最重要的还是对根本性问题的看法。如果根基不稳固,理论就如同沙上之塔,一触即溃。

富勒教授提供了一个生动的例子,来解释根本性反思与具体法律实务的关系。"洞穴奇案"是富勒教授根据真实案例改编的一个案例。案件事实简单而无争议。五位洞穴探险爱好者被困于一个洞穴之中,无粮无水,处境危急。其中一位探险者提议,采取抽签的方式选出一个人,杀死他,其他人可以通过分食他的尸体,保命待援。四位探险者通过这种残忍的方式活了下来,等到了救援。但被救出之后,活下来的四人又面临刑事指控,因为该国法律规定,故意剥夺他人生命的构成谋杀罪。本案的初审法院认定谋杀罪成立,但判决结果引起了极大争议,然后本案一直上诉,最终送到了最高法院的五位大法官面前。富勒教授为负责审判该案的五位法官写出了五份判决书。其中,特鲁派尼法官出于遵守法律条文的理由判决有罪,然后寻求行政特赦;福斯特法官认为法官适用法律时,应尊重立法精神,判决无罪;唐丁法官陷于法律与道德的两难而放弃判决;基恩法官主张维持法治传统而判决有罪;汉迪法官以常识为依据判决无罪。

那么,这是一种什么性质的争议呢?很显然,它首先是一个关于特定案件应该如何裁判的争议,也是关于如何正确解释法律的争议。这些都是具体的法律实务问题。但如果你仔细考察五位大法官的争议,就会发现看似具体的裁判争议,实际上都指向了一个法理学的根本问题,也就是"法律是什么"。而争议的根源就在于,每一个法官对"法律是什么"的看法,都不能满足普遍性的要求。例如,特鲁派尼法官认为法律就是法律条文的显白含义,但福斯特法官提出法律也包括立法精神和目的。或许你读完五位大法官的判决后,觉得各有道理,想出来一个"综合性"的解决方案,主张法律既包含法律条文的显白含义,又包括立法精神,还要考虑常识或民意。但这种"综合"只是表明你还没有能力理解此种争议,还没有触及争议背后隐含的真正的、根本性的难题。在缺乏理解争议的能力的时候,我们总是很容易给出一些看似合理的答案。但是请记住,太容易给出的答案往往没有任何理论价值;它只能败坏思考。

对根本性问题进行反思,是法理学者的基本使命,也是他的贡献和荣耀所在。为什么这么说呢? 北大的苏力教授曾经有一个重要的追问:什么是你的贡献? 这个问题直指根本。但我们该怎么来回答这个问题呢? 我曾冒昧地把学者区分为两类。一类是理论消费者,一类是理论生产者。理论消费者在根本问题上依赖于其他学者的理论。例如,一谈到法治,就是亚里士多德怎么说,柏拉图怎么说,哈耶克怎么说;一说到法律与道德的关系,就是哈特怎么说,德沃金怎么说,波斯纳怎么说;或援引他们的理论,来论证我们的某个具体法律实践问题应该如何处理。这些研究无疑是重要的,在某种意义上也是一种理论贡献。但我对这些研究总是有些不满意。因为这些研究是应用性的,依赖于他人的理论,是用中国法律实践来检验或者证明别人的理论是普遍真理。总之,一切研究都只是为了证明他人是对的。

在我看来,真正的法理学者应该致力于成为理论生产者。理论生产者要直面根本的、真正的难题,作出自己的分析,并提出独到的看法,而不是动不动就援引其他学者的观点,也不是在介绍各家理论之后,不痛不痒地评论几句,例如,A 如何说,B 如何说,C 如何说,最后是"浅析""简评"或我如何看。我以前也是这样写作的,但严格来说,这种国内流行的论文八股不是真正的学术研究,更不要说做出理论贡献了。真正的理论贡献应该是生产理论,也就是要对根本性问题提出一套替代性的理论,跟德沃金与波斯纳等人竞争,超越甚至取代他们。一流学者与二流学者的区别也就在这里:一流学者很少在根本性问题上依赖于另外一个学者;二流学者缺乏在根本性问题上进行分析的意识或能力,所以在根本性理论问题上,只能依赖于一流学者的研究成果。

普遍性也是哲学思考的一个关键性质。普遍性要求一个哲学命题能够适用于所有可能的个例。按照亚里士多德的说法:"如有一物不明,就不能说是普遍性的。"⑥这也给我们提供了一个检验知识普遍性的标准。例如,强制是不是法律性质的一部分,就要看它能不能解释所有被称为"法律"的个例。此处我们需要注意的是,普遍性不仅要求我们提出的命题,能够解释曾经存在的和正在存在的法律个

---

⑥ 亚里士多德:《形而上学》,吴寿彭译,商务印书馆 1981 年版,982a—982b(边注)。

例,还要能够解释人类社会未来可能存在的法律,甚至要能解释即使未来未必会真实存在、但可以合理想象的或可能的法律。所以,即使人类社会曾经存在和现在存在的法律都包含了强制,未来存在的法律也可能包含强制,法律强制理论仍然可能不能满足普遍性的要求。正是因为要追求知识的普遍性,哲学家常常通过思想试验的方式来展开思考。例如,拉兹就设想了一个圣徒社会,他们也需要立法,出现了纠纷,也要法院作出裁判,但是只要是法律上的决定,他们都会遵守,而不需要强制。很显然,如果拉兹设想的"一种完全无强制的法律"是可能存在的,法律必须包含强制的命题就不是普遍的,因为尚有"一物不明"。

从普遍性的角度,我们也可以更好地理解法理学与部门法学之间的区别与联系。部门法学本质上是一种教义法学,是在某个既定的法律部门内部来工作,很少超越法律部门,更不要说超越现存有效的法律体系,去追问普遍性的问题。而部门法与法哲学的分工,用考夫曼的话来说,就是"法学家问,哲学家答"。这句话是什么意思呢?它的意思就是,如果一个法律问题是法学家自己能够解决的,它就不是法哲学研究的问题。具体的法律问题可以分两个阶段来回答:第一个阶段在教义法学内部展开,依赖于一国现行有效的法律体系;第二个阶段超出了教义法学,直指一般性的问题。后一个阶段才是法理学的专属疆域。具体来说,法哲学与部门法主要有以下两种沟通形式。

第一,法哲学处理部门法中特有的根本性问题。例如,如果问"三人聚集在一起从事性行为是否构成犯罪",刑法学家就会考察他们所在的法律体系,是否存在将这种行为规定为犯罪的法律规范。根据我国《刑法》第 301 条,刑法学者会认定上述行为构成聚众淫乱罪。他们也会去考察法律将这种行为规定为犯罪的理由。由于该条规定在"妨害社会管理秩序罪"的分类之下,所以,将聚众淫乱认定为犯罪的理由,就是该行为妨害社会管理秩序。这些问题都是刑法学家自己能够回答的,不是法理学家要去研究的问题。但如果我们进一步问:为什么两个人的性行为是美好的事,再加上一个人就成了犯罪?这就超出了一国现行有效的法律体系,而进入普遍性的层次了。因为我们问的实际上是"什么是犯罪""把一种行为规定为犯罪的根据到底是什么"。这些问题不只是中国刑法的问题,而是所有刑法的问题。牛津大学的前法理学教授加德纳写过一篇《强奸何以为恶》[7]的论文,讨论强奸究

---

[7] John Gardner, "The Wrongness of Rape", in Jeremy Horder (ed.), *Oxford Essays in Jurisprudence: Fourth Series*, Oxford University Press, 1998; reprinted with minor changes in John Gardner, *Offences and Defences*, Oxford University Press, 2007.

竟在何种意义上是邪恶的,为何强奸罪的既遂会采取特定的标准,也属于对刑法根本问题的普遍性研究。此外,什么是意思自治?推崇意思自治的理由是什么?合同约束力的终极来源是什么?什么是婚姻?这些就属于民法的根本性问题。部门法学者基于学术分工,或出于学科性质的约束,一般很少去反思这类问题,或必须接受现存有效的法律观点。而法理学者却可以提出这些根本性问题,对其中预设的观点进行批判性的反思。因为哲学唯一承认的,只有理性的权威。由于研究层次更为根本,法理学者的研究如果卓有成效,会为部门法学者提供理论资源来改进他们的研究。

第二,法哲学研究各部门法中普遍存在的问题。例如,部门法学者都要确认什么是一国现行有效的法律规范。而他们确认的标准通常是形式性的。在成文法国家,判断什么是一国现行有效的法律,通常依赖于立法者颁布的刑法典或民法典。但他们不会问为什么刑法典或者民法典是一国范围内有效的法律规范。如果非要追根究底地问这些问题,他们或许最终会搬出"宪法"和"立法法"。但这一回答对法理学者来说显然是不充分的。因为我们还可以说,宪法也是某些人或机构制定的,进而将宪法的效力追溯到某些历史事件。但是这种回答必然会面对休谟难题,即我们如何从"是"推导出"应当"。也就是说,某些人制定或颁布宪法的事实,为何就使得宪法对我们具有了规范性约束力?这一问题是所有部门法都面对的问题,但问题的性质决定了部门法自身既不会去反思,也无法作出回答,而必须诉诸法理学。

再比如说,部门法学者都会承认法律的规范效力。但说法律是有效的,到底是什么意思?是指法律具有约束力吗?约束力又是什么意思?一种回答是,法律的约束力是指违反法律会遭到制裁,但这是一种糟糕的回答,陷入了法律的强制理论。另一种回答是,说法律是有效的,可以解释为法律对法官有约束力,也就是法官有义务依据法律作出裁判。但是这个说法到底是什么意思呢?如果某些刑法是极度不正义的,法官还有义务适用吗?如果法官有权不适用极度不正义的法律,我们怎么解释刑法规范的约束力呢?因为承认法官有不适用极度不正义的法律的权利,就等于承认,法官是否适用法律不是由某个规范是法律这个事实所决定的,而是最终取决于法官对什么是正义的看法,以及他对法律不正义程度的判断。但这也就是说,法官仅仅负有正义地行动的义务,而没有适用法律的义务。此外,所有的部门法学者都会面对法律解释的问题。那么,到底什么是解释呢?哪些解释方法是正确的呢?判断某个解释方法正确与否的标准到底是什么?这些都是在且只能在法哲学领域内处理的问题。

打个不算特别恰当的比喻,法哲学与部门法的关系,类似于法典中总则与分则的关系,总则部分是要确定分则部分所共同拥有的概念、原则和原理。没有总则来对法律的根本性或普遍性内容进行预先规定,分则部分的内容便很难建立起来,即使拼凑起来也是相互矛盾的。法哲学承担的便是总则的任务,即对所有法律共有的性质加以规定。更进一步说,法理学的重要性,在于它对于法律实践具有根本性。法理学的最根本的问题是"法律到底是什么"。立法者制定法律、法官依法裁判、行政机关执法、公民守法都依赖于对"法律是什么"的理解。我们对法治和法律解释的观点最终也取决于对法律性质的理解。我们甚至可以说,所有的法律实践都要服务于一个总体目的,就是按照法律的性质来建设法律,使得每个特定的法律体系都成为法律的最佳个例。显然,这种总体事业离不开对法律性质的哲学理解。

(三)体系性或融贯性

体系性或融贯性要求我们尽量消除相互冲突的观念。假设一个人既接受判断A,又接受判断B,但A和B是相互矛盾的,他就持有了一组相互冲突的观点。人们对不同问题都会持有自己的观点,但很少反思他所持有的观点到底是什么意思,而是放任这些观点处于相互冲突的状态而不自知。例如,我们会听到同一个人在某个场合主张"公民拥有守法义务",但另一个场合则主张"极度不正义的法律不应当被遵守";或者一会儿主张形式法治,一会儿又主张法治要保护人权,但后者已经不自觉地转移到实质法治观上去了;或者他对法律持工具主义立场,却又主张法律至上论,但是,一种工具怎么可能会拥有超越目的的至上权威?还有人既强调"法官应依法裁判",又认为"法官应实现正义"或"法官应尊重民意"等等。那么,当法律规定、正义、民意相互冲突时,法官应该怎么办?相互冲突的观点不仅对解决问题没有帮助,还会在理论和实践中产生无穷的困扰。

不融贯性的来源是复杂的。粗略来说,不融贯性大致是由以下几种情形造成的。第一,就像我们前面所指出的,每个人的观念都是从不同途径习得的。然而,观念的习得来源既不会对观点的真值(truth)提供担保,更不会将观念自动整合成一个融贯的体系。而我们对这些观念的确切含义和根据,往往缺乏省察的意识和能力。例如,伯尔曼说:"法律必须被信仰,否则它将形同虚设。"[8]这句话总是被很多人引用。但法律为什么要被信仰?人类社会存在很多不正义乃至残暴的法律,

---

[8] 哈罗德·J.伯尔曼:《法律与宗教》,梁治平译,中国政法大学出版社2003年版,第91页。

值得信仰吗？法律的有效运作真得要依赖于信仰吗？再比如，很多人认为公民有守法义务，却不深究守法义务是什么意思。在讨论公民是否有守法义务的课堂上，当我阐明了守法义务是指只要是法律，我们就有义务去遵守，而不需要考虑法律的内容正义不正义时，很多支持公民有守法义务的同学，就转而支持哲学无政府主义了。

第二，不融贯性也与一些错误的思维模式有关，尤其是某种"既要……又要……"的辩证法。这是一种在国内学界和教科书中非常流行的观点。在遇到两个相互冲突的主张时，采取"既要……又要……"的辩证法似乎可以兼顾各种好处。例如，法官既要满足合法性的要求，又要实现正义；既要遵守民意，又要保持司法独立；既要尊重形式法治，也要兼顾实质法治。法官在解释法律时，既要运用文义解释，又要运用目的解释，还要"综合运用"历史解释和比较解释。但在《洞穴奇案》中，我们已经注意到，法律解释方法的合理性最终取决于我们对"法律是什么"的看法。所以首席大法官支持文义解释，而福斯特法官支持目的解释。他们的法律观不可能支持"既要……又要……"的辩证法。这种辩证法不是一种解决问题的有效方法，反而是没有能力理解问题导致的虚幻的理智自负。因为这一思维模式没有注意到，两个主张之所以相互冲突，是因为支持冲突主张的深层原则是不可通约的。不解决深层原则的不可通约性，只是在技术上和稀泥是不可能成功的。没有原则的"既要……又要……"，实际上是放弃了理论家的使命，将冲突随机性地交给环境和具体的行动者，不仅不能解决问题，还会带来严重的实践后果，就像钱锺书先生所说的，最终会"在两个凳子的间隙里坐了个落空"。

第三，不融贯性不只是一种知识上的缺陷，也表明我们在心智或经验感受能力上的不成熟。波斯纳说，根本性的问题看起来与一般实务者关注的具体问题相距甚远。但波斯纳钦佩的霍姆斯大法官说，法律实务者不能理解抽象问题，往往是因为对实践问题的理解不够深入。不融贯的观点看似能够解释一些我们熟悉的现象。例如，人们信奉公民有守法义务，就是因为在日常生活中，我们确实是在遵守法律并将遵守法律当作一种义务。但是这些印象同时也表明我们缺乏对守法活动的深刻理解。假设在一片视野极佳、人迹稀少的平坦草原上，交通部门每隔百米就设置红绿灯，但没有设置任何监控设施，也无交警现场执勤，我们会不会遇到红灯就停下来，并将其视为自己的义务？或许你会反驳说，我这是在考察一个命题在所有可能世界中能否成立，而这是一种需要训练才能具有的才能。我们不能要求所有人都具有这种能力。但我也可以继续举出身边或历史上很容易被注意到的诸多反例，例如，某些法律是严重歧视女性的，我们如何主张女性有义务遵守极度歧视她们的法律？我们有义务遵守一个任意剥夺我们财产的法律吗？犹太人有义务遵守屠杀他们的法律吗？等等。

发现自己的观点自相矛盾，通常会让人陷入深深的困惑。但困惑是上帝的恩赐，也给法理学的反思提供了契机。融贯性要求我们消除观念之间的矛盾，而消除矛盾一般有两种策略。第一种策略是对相互冲突的观念进行反思与省察，发现某种主张是错误的，然后放弃错误观念。但是一般来说，被普遍接受的观点，即便是错了，也会包含一些合理的要素，所以我们很难通过彻底放弃一种观念来消除冲突，而是要上升到更高的哲学层次，通过一种更好的哲学来保留冲突各方的合理要素，避免不合理的部分，这是第二种策略。通过哲学反思来促进诸多法律观念的融贯性，可以帮助我们获得对世界和法律的整体性理解，而且我相信整体性的理解大致上更接近正确而非谬误。更重要的是，融贯性也能够改善我们的心智。因为在很多时候，只要我们更细心一些，更敏感一些，知识面更广泛一些，想象力更多一些，对世界的多样性给予更多的关注，对法律经验和人类遭遇保持足够的敏感和同情，就可以注意到某些主张之间不一致的现象。

往更深处说，融贯性要求思想的体系化，而体系化需要某个或几个组织性的理念或原则，将各种概念和判断组织成为一个相互支持的体系。康德说哲学是一种建筑术，而理念和原则则是基本的框架，只有凭借基本理念和原则，我们才"能够在知性的四处游移的运用上确切地规定一类特殊知识所占有的份额、它所特有的价值和影响"⑨。亚里士多德也提到了组织性观点的重要性。他说，哲学是一种最精确的知识，就是因为哲学特别重视基本原理。基本原理比具体知识更精确，也只有拥有基本原理的人，才能真正理解个别知识，清楚地界定各种看似杂乱和相互冲突的知识，给它们指派一个适当的位置。⑩ 所谓"提要钩玄""纲举目张"，强调的也是这个意思。亚里士多德还说，运用较少原理的哲学比运用较多原理的哲学要好。原理多了，通常意味着我们还没有找到最具普遍性的原则，也很难将知识整理成一个融贯的体系。⑪

拥有组织性理念是学者成熟的基本标志。缺乏组织性理念的知识是杂乱的，就像康德所指出的，没有原理的杂乱知识首先"会在别人那里遭到蔑视，甚至在他们自己那里都遭到了蔑视"⑫。我们在评价一个学者时，也可以从这两个角度去判

---

⑨ 伊曼努尔·康德：《纯粹理性批评》，邓晓芒译，人民出版社2004年版，第636页。
⑩ 亚里士多德：《形而上学》，吴寿彭译，商务印书馆1981年版，981b—982b（边注）。
⑪ 同上。
⑫ 伊曼努尔·康德：《纯粹理性批评》，邓晓芒译，人民出版社2004年版，第637页。

断:首先,他是拥有自己一以贯之的组织性理念,还是一遇到不同问题,就采取不同的原理?其次,他的组织性原理是更简单还是更复杂?国内一些学者蔑视概念,认为是一种语言游戏,鼓吹多研究具体问题。但哲学化的核心就是概念化。伟大的学者都拥有自己的组织性理念,并且也是因为这些组织性观点而名垂青史。我们说起边沁和奥斯丁,就会想起法律是一种命令;提到哈特,则会想起法律是两种规则的结合;提起德沃金,则会想起建构性诠释;提起拉兹,则会想起权威。学者总是通过某些概念来组织其思想。学者的重大荣誉或理论贡献的标志之一,就是能给学术共同体贡献基本或重要的概念。缺乏通过概念化来组织思想的能力,其实是哲学不成熟的标志之一。

通过阐明哲学思考的三个特征——反思性,根本性与普遍性,体系性或融贯性——我们可以将法理学界定为,通过对法律现象中根本问题的反思,获得体系化的普遍性知识的一种学问。这一界定突出了法哲学的特殊地位,同时也确定了它的限度。法哲学确实不直接回答具体的法律问题。但其学科优势和重要性在于,具体问题的解决,最终依赖于我们对法律的根本性问题的普遍而融贯的看法。但正如我们所强调的,哲学不只是一种学术,更关乎如何生活。我常常讲,学术不是做出来的,而是活出来的。对根本性问题的思考和回答,应该被看作是人格自我成熟的一个重要方面。因为哲学培养的是一种彻底的反思精神。对于受各种习俗化观念束缚的人来说,哲学思考是一个自我解放的过程,能够促使我们从错误的观点和思维模式中解放出来,开启一种智慧的、自由的和有尊严的可能生活。而这种精神背后,则是一种责任,对自己、他人和社会的责任。法律人要以法律为志业,就必须透彻地理解自己所从事职业的性质,这样才能清楚自己在做什么,为什么做,如何做好,也才能够在面对各种冲突时,寻找好的解决方案,而不至于陷入相互矛盾、进退无据的尴尬境地。只有当我们尽到了自己作为一个法律人的责任,才能善尽我们作为法律人的社会责任。

三、如何成为一位法理学者

(一) 做哲学

如果我前面说的是正确的,那么在研究生阶段研习法理学,其实是一件相当幸运的事。无论是对部门法的学习,还是对未来的法律实务来说,哲学化能力都是非常重要的。美国最伟大的大法官霍姆斯就说:"只有借助对抽象和一般性的法律问题的反思,法律人才能成为业界翘楚。"⑬但是,法学院的课程大多是教义学性质的,重点训练的是在现存有效的法律体系内部解决问题的能力,哲学化训练相对较弱。而如果没有长期和系统的训练,哲学化能力是很难拥有的。在研究生阶段学习法理学,就让我们有机会用相对较长的时间系统而严格地训练我们的哲学化能力。

一旦明确了哲学思考的性质,我们就大致明白了努力的方向。但我们该于何处下手呢?我在这里介绍一种由康德提出并由罗尔斯继承和发展的观念:哲学是学不来的;我们能够学习的是如何做哲学(doing philosophy),或者学习哲学化(philosophize)。这一观点看上去有些奇怪。因为我们在课堂上学习法理学,课后阅读法理学著作,难道不是学习法理学吗?要理解康德的这一观点,不妨先看看他的原文:

> 哲学就是一个有关某种可能的科学的单纯理念,这门科学永远也不被具体地给予,但人们却从各种不同的道路去试图接近它,直到那条唯一的,被感性的草木所壅蔽了的小路被发现,而迄今错误的摹本在命运赐予人类的范围内成功地做到了与蓝本相同为止。直到那时以前我们不可能学到什么哲学;因为哲学在哪里?谁拥有哲学?而且凭什么可以认识哲学?我们只能学习做哲学研究,即按照理性的普遍原则,凭借某些正在着手的尝试来锻炼理性的才能,但却总是保留着对那些原则本身在其来源上进行调查、认可和抵制的权利。⑭

康德的话比较晦涩,我用大白话翻译一下。他的意思大致是说,哲学不是现成的,而是一种理念或理想,是一种有待我们去发现和完成的事业。哲学家们总是从不同的角度去接近哲学理想,试图做出真正的哲学来。但到目前为止还没有人找到真正的哲学。在真正的哲学被找到之前,我们便无法学习哲学,因为我们不知道哲学在哪里,谁拥有哲学,凭借何种标准我们可以确定某个东西是哲学。但这不等于说,我们只能等待真正的哲学出现。哲学终究是人做出来的。既然哲学是根据理性的普遍原则获得的思想体系,我们可以暂时地依赖某些原则来做哲学,提高自

---

⑬ 奥利弗·温德尔·霍姆斯:《法律的道路》,载《霍姆斯读本:论文与公共演讲选集》,刘思达译,上海三联书店2009年版。
⑭ 伊曼努尔·康德:《纯粹理性批评》,邓晓芒译,人民出版社2004年版,B886(边注)。

己的理性能力,通过人类集体的努力来接近真正的哲学。

当然,对初学者而言,直接尝试自己做哲学是比较困难的。所以,我们还要先学习怎么做哲学。康德提出的是一些原理性的思想,不易下手,而罗尔斯的建议就更具有可操作性。罗尔斯同意哲学本身是不能学习的,但是我们能够通过一些榜样来学习做哲学。罗尔斯说:

> 我们通过学习一些榜样来研究道德哲学和政治哲学——实际上是哲学的任何一个部分,这些著名人物在哲学上曾经做出值得重视的各种努力;假如我们足够幸运,我们将找到一条超越他们的路径。[15]

罗尔斯的意思很清楚,虽然我们初学者不知道什么是哲学,也不懂得怎么做哲学,但可以假定某些伟大的学者懂得什么是哲学,并且做出了好的哲学,那么他们就可以成为我们学习做哲学的榜样。学术榜样呈现出做哲学的一条道路,可以使我们接近真正纯粹的哲学,同时也可以确定我们的努力方向。

学习做哲学,大致包括两个方面。第一个方面是通过阅读伟大哲学家的作品,考察他们如何发现和接近真正重要的问题,根据哪些基本原则发展和建构了他们的思想体系,他们的努力中包含着哪些深刻的关切和令人拍案叫绝的高超技艺。在这个过程中,我们就能逐渐领悟哲学是怎么做的,好的哲学是怎样的,逐步培养出自己的哲学品味,掌握某些做哲学的基本原则和实践技艺。这是学的部分。

第二个方面是"学着做",也包含两个有意思的阶段。首先,面对要探讨的问题,假定自己就是要模仿的学术榜样,想象他在面对这个问题时会如何思考。这个阶段要求我们把学到的东西"用"起来,争取做到"学谁像谁"。只有通过运用和反复地练习,我们才能更深刻地理解学术榜样的基本原则和研究技艺。对于初学做研究的人来说,依赖一个成熟理论来做哲学,远比自己胡思乱想更容易入门。其次,有了一定基础之后,就可以运用自己的理性能力,去"调查"不同学者的原理和方法,"认可"他们的合理洞见,"抵制"我们暂时不能接受的部分,逐步确定自己的目标、原理和方法,并运用自己的哲学方案去"做"哲学,在反复的实践中发现问题,不断补充、发展和完善自己的哲学方案。这部分的目标是要确定自己的学术独立性。

需要提醒的是,如果我们学习的是真正伟大的学者,那么追赶和超越他们从来

---

[15] 约翰·罗尔斯:《道德哲学史讲义》,张国清译,上海三联书店2003年版,"编者的话",第9页。

就不是一件容易的事,甚至连读懂他们也远比我们想象的要困难得多。我们可以保留康德说的"调查、认可和抵制"的权利,但是作为初学者,在学习时一定要慢一些,慎重一些,把自己当成是一个"笨人",多下一些笨功夫;还要有一些敬畏,要明白榜样的境界是不容易达到的,学习榜样是一个艰难的自我提升过程。在这个阶段,我们要特别小心,对自己轻易就读懂了一个学者要保持高度警惕。因为轻易的"懂"很可能只是把作者拉低到了自己的水平。如果还总是急切地想着提出批评,来显示自己的高明,就完全失去阅读的意义了。罗尔斯在这方面为我们做出了榜样。对于伟大著作中一些看似明显的错误,罗尔斯建议我们应该"千方百计地去理解"⑯。因为学术榜样总是比我们聪明得多,不可能在重要事务上犯如此明显的错误;或者他们已经注意到这个错误,在其他地方做了处理。那么就要去考察他们的解决方案,而不是轻率地提出自己的解决方案;即使作者的观点确实错了,我们也要想想,是不是能在他们的体系中修正这些错误。只有完成了最后一步,学习才是自我提升的。

(二) 学习做哲学:以哈特为例

1. 寻找伟大的作者

做哲学需要阅读大量的文献,但一定要注意选择。不要把时间和精力浪费在二流或不入流的作品与学者身上。初始学术品位的养成是非常重要的。当你决定精读一本书时,不要草率,不能简单地相信开卷有益;很多时候开卷也有毒。一旦养成了坏的品味,将来要纠正就非常困难。古人说,取法于上,仅得为中,取法于中,故为其下。要想做出高水平的学问,必然要取法于上。所以,一定要寻找伟大的作者,去阅读伟大的作品,培养自己纯正的学术品味。

当然,伟大的作者有很多,他们做学术的风格和模式也存在深刻的差异。所以,学习做哲学还存在一个如何下手的问题。我自己的经验是先暂时性地将某个与自己性情最切合的学者当作自己的榜样,将他的著作读懂,而不是一开始就想着要博采众长。古人做学问时,强调先要一门深入,是很有道理的。一门深入类似于打井,一旦选定了位置,就要坚持到打出水来。而所谓的"博采众长",则有点像在这个位置上挖一个坑,再换另一个位置挖一个坑。坑虽挖得多,但没有一处是能够出水的。一门深入还有一个好处,就是你不但可以精通一个体系,而且在精通的过

---

⑯ 参见约翰·罗尔斯:《道德哲学史讲义》,张国清译,上海三联书店2003年版,"编者的话",第8页。

程中可以获得深入和体系化思考的体验和能力。还是拿打井做比喻。在地面上浅浅地挖坑,是无法体会和培养出打井技艺的。真正的打井技艺,只有深入到一定的地方才能感悟得到。一旦你真正打成了一口井,你就能打很多井。同样,你真正读懂了一个学者,就比较容易读懂其他的学者了。

那么,如何来确定自己的学术榜样呢?在我们没有能力评判作品的内容之前,可以暂时依赖一些别的标准。例如,可以将我们的信任权重分配给一些值得信赖的人,参考他们对本领域学者的评价。在法哲学领域,哈特无疑是一位伟大的学者。许多文献和评论可以帮助我们确认哈特是不是真的伟大,伟大在何处,为什么伟大。例如,哈特的传记作者莱西在《哈特的一生:噩梦与高贵之梦》中评价说:

> 人们已经公认,他几乎是凭一己之力,……在某种程度上彻底改造了法哲学,复活了英国实证主义与功利主义传统,并将法哲学与现代语言哲学的洞见结合起来。在这个领域,他的影响相当于维特根斯坦对于整个哲学的影响。总而言之,哈特是二十世纪英语世界杰出的法哲学家。⑰

《法律的概念》第二版的编者前言也说,该书的出版改变了"英语世界和更多地方理解法理学的方式"(the way jurisprudence was understood)⑱。即使是哈特终生的批评者德沃金也说:"在法哲学的几乎任何一处,建设性的思想必须从考虑他的观点开始。"⑲这些评论不仅让我们知道哈特是一位伟大的学者,也能让我们理解哈特为什么伟大。他的伟大之处不是他对法哲学的某个基本问题提出了难以驳倒的稳固看法,而在于他开辟了一条新的法哲学道路,并且影响至今。这种划时代的或者说是"界碑性"的学者无疑是最值得我们当作榜样来学习的。在阅读哈特的著作时,我们就可以扭住他的这一贡献用力,学习伟大作者为何伟大。当然,就像罗尔斯所说的,我们向榜样学习,不是为了追随,做一个粉丝,而是在充分理解的前提下,努力超越他们。

2. 两种阅读方法:知识获取型和实践技艺型

学习做哲学的第二个关键,就是掌握一定的阅读方法。我把阅读方法区分为

---

⑰ Nicola Lacey, *A Life of H. L. A. Hart: the Nightmare and the Noble Dream*, Oxford University Press, 2006, Introduction.

⑱ H. L. A. 哈特:《法律的概念》,许家馨、李冠宜译,法律出版社 2006 年版,"编者前言"。

⑲ H. L. A. 哈特:《法律的概念》,张文显、郑成良等译,中国大百科书出版社 1996 年版,第 289—290 页。

两种,一种是捕捉和获取历史的知识,我称之为知识获取型。比如,作者讨论了什么问题,其观点是什么,包括哪些论证步骤等。获得这些知识是重要的,但很多人读过了很多书,还是不知道怎么写一篇论文,或围绕某个问题展开有创造性的思考,原因就在于他忽视了第二种阅读方法,我称之为实践技艺型。实践技艺就是作者做哲学的技艺。徐光启在《几何原本杂议》中说,昔人云"鸳鸯绣出从君看,不把金针度与人",而他"反其语"说,几何学是"金针度去从君用,不把鸳鸯绣与人"。知识获取型的阅读就是"鸳鸯绣出从君看",而实践技艺型的阅读则是"金针度去从君用"。有了金针在手,我们才可以绣出自己的作品来。

康德区分了两类知识,可以用来解释这里提到的两种方法。一种是历史的知识,另一种是合理的知识。历史的知识,又称为出自事实的知识。比如哈特说了什么,德沃金说了什么,菲尼斯说了什么,这些都属于历史的知识,是他们在某处或某本书里说过的。合理的知识,是指在理性上能够得到支持、证成和辩护的知识。历史的知识中包含了一些合理的知识,但历史的知识不等于合理的知识。历史的知识也不能告诉我们什么是合理的知识。因此,学习哲学就需要一种能力,去判断或鉴别什么是合理的知识。但初学者往往缺乏鉴别合理知识的能力,看到哈特,觉得哈特说得太对了;看到德沃金,又觉得德沃金说得太对了。可哈特和德沃金在学术上是一生之敌,他们两个不可能同时对。对错需要根据理性原则来判断,所以我们要去理解他们是如何做哲学的。由于做哲学总是依赖于某些理性原则,判断对错就需要我们对学者所依赖的理性原则进行严格的"调查、认可和抵制",并在这个过程中,发展自己的理性能力。

当然,做哲学是复杂的,不同学者做哲学的方法也存在相当大的差异。成熟的哲学家会对如何做哲学持有清晰的思考,并根据这些思考,来确定努力的方向,并自我判断理论努力是否成功。例如,作为理念的哲学,在康德那里包含了三个要素:确定的目的、可靠的准绳和需要采取的道路。[20] 这些说明对如何做哲学提供了一个抽象指引。目的是指学者要回答或解决的根本问题。好的哲学研究一般都是"问题驱动式"的。一个明确、重要且深刻的问题,就像灯塔一样指引着思想前进的方向。但要实现目的,必须依靠某种可靠的准绳或原则。而需要采取的道路就是接近目标的具体技艺或策略,它使得思考能够展开,组成一个融贯的知识体系,并获得重大的理论成果。

学习做哲学,就是要注意到隐藏在历史知识背后的基本原则和哲学技艺,不仅

---

[20] 伊曼努尔·康德:《纯粹理性批评》,邓晓芒译,人民出版社2004年版,第637页。

要知道作者说了一些什么,还要知道他为什么这么说,并且能够在内部判断他说得对不对。目的是判断一个人哲学好不好的终极标准。因为哲学的好坏最终取决于问题的深刻程度。许多深刻的问题,都是哈特所说的与我们持久纠缠的问题,因此,哲学家之间的差异,很多时候反而体现在他的研究准绳或原则,以及具体采取的道路上。但在此我们也要记住罗尔斯的提醒,虽然抽象地看,哲学家处理的看上去是同一个问题,但他们思想的背景框架是不一样的,所以在基本目标上也会存在微妙而重大的差异,这会影响到哲学家们提出问题的方式,还会影响到他们关注这些问题的理由。例如,很多人为自由主义辩护,而罗尔斯的不同就在于,他关注自由主义的特殊背景,是合理分歧的普遍存在。所以罗尔斯会认为,自由主义的最大难题,是自由主义者不能以与自由主义不一致的方式,将自己的主张强加给非自由主义者。这一质疑背后的理由既是时代的,也以某些特殊的方式与人类的普遍命运和根本关切深刻地联系在一起,亦即如何以一种相互尊重的方式来实现社会合作。[21]

3. 学习做哲学:以《法律的概念》为例

哲学研究的好坏,取决于两个关键环节:(1)如何提出有价值的问题;(2)如何能让思考展开和继续下去,并能够获得重要的理论成果。下面我就暂时依据康德的看法,以哈特《法律的概念》为例,简单地展示一种我对这本书的实践技艺型的阅读。解读的具体观点未必对,但也算一种读法。我将努力指出,只有深入哈特的实践技艺层面,我们才能够真正进入《法律的概念》的深层结构,欣赏哈特高超的法哲学技巧,理解其深刻和伟大在何处,以及他是如何做出重要的理论贡献的。最后我会结合自己的习作,简要地说一下我是如何运用这本书中的实践技艺学着做哲学的,或许也可以给诸位提供一些启发。

在《法律的概念》中,哈特关注的问题是"法律是什么"或法律的性质。这是他的理论目标,但这个理论目标相当抽象。学者可以通过各种方式接近这一问题。哈特接近这一问题的准则或基本原则可以如此表述:法律是一种独特的社会现象;而不同的法律体系之所以都是法律,就在于它们共同具备某些本质属性,这些本质属性使得我们可以将某个制度称为法律制度,并将法律与其他的社会现象区分开来。由此哈特就进一步界定了本书的目标,就是要确定"法律的本质属性是什么",并"促进对法律、强制与道德的理解,这些社会现象虽不相同但相互牵连"[22]。为实

---

[21] Christine M. Korsgard, Rawls and Kant, "On the Primacy of the Practical", in *Proceedings of the English International Kant Congress* (Memphis, 1995), 1 (Part 3), Marquette University Press, 1995, pp. 1165 – 1174.

[22] H. L. A. 哈特:《法律的概念》,许家馨、李冠宜译,法律出版社 2006 年版,"前言"。

现这一目标,哈特采取的路线是说明性的,而不是规范性的。不难看出,哈特的问题是根本性的,追求的也是关于法律的普遍知识,而不是某些法律体系的特殊知识。所以,本书属于法哲学的范畴。

目标、准绳和路线构成了哈特法理学的底层逻辑,它们指导哈特做哲学,同时也是评价哈特哲学好坏的根本标准。根据这一准绳,我们就大致可以推断,哈特会如何批评强制理论和自然法。而哈特理论的成败,也就要看(1)他确定的法律属性是不是所有法律都具有的,以及(2)这些属性能不能成功地判断某个制度是法律制度,并将法律与道德和强制区别开来,且合理地说明三者的联系。法哲学的深层争议,大多都是在准绳和路线上展开的。例如,德沃金就主张法律不是"在那里"等待我们确认的外在社会事实,所以他反对说明性的法理学,主张对法律是什么的解释依赖于评价和规范性的考虑,并因此提出了另一种阐明"法律是什么"的诠释准绳和路线,也就是把法律视为一种建构性诠释活动。这里我们就不展开说了。

还是回到哈特。由于法律、道德、强制都是很抽象的概念,法哲学思考如何展开仍然是一个难题。哈特的高明之处,就在于他提醒自己,人们之所以无法合理地回答法律是什么,是因为过于急切地给出答案,而没有认真地想清楚困扰我们的究竟是什么。如果我们不知道困扰的根源究竟在哪里,就不可能理解这一问题的真正难点在何处,更不要说提出合理的看法。为什么强制和道德不会和万有引力纠缠在一起,却总是在回答"法律是什么"时反复出现呢?

哈特认为,法理学的争议与法律自身的一项显著特征有关。哈特的原话是:"法律的存在意味着,某些类型的人类举止不再是任意的,而是在某种意义下具有义务性的。"[23]一旦确定了法律的义务性,法律和道德的纠缠就比较容易理解了。因为义务也是道德的重要概念。当然,法律和道德的纠缠不只是因为它们共享了很多概念,关键还在于它们都是通过施加义务的方式来指引行动的,因此在性质上会存在某些内在联系。那么,法律为何会与强制纠缠在一起呢?看上去这个问题也不难理解。因为至少到目前为止,人类社会的法律制度都规定了强制的经验事实,所以我们也可以说,强制也是法律的"一项显著特征"。哈特当然不会注意不到人类社会法律制度中事实存在的强制,但他不会采取这种解释。存在两项显著特征会让理论过于复杂。哈特试图抓住的,不是显著特征,而是本质特征。他采取的策略,是将强制置于义务的概念之下。具体来说,哈特认为义务性才是法律的本质特征,而强制只是外在或偶然的东西。但由于法律本质上是义务性的,法哲学就必须

---

[23] H. L. A. 哈特:《法律的概念》,许家馨、李冠宜译,法律出版社2006年版,第6页。

解释义务的性质。许多道德哲学家和法哲学家注意到,义务性包含了非任意性,也就是说义务的存在不再允许人们按照自己的意愿来行动,而且违反义务通常会受到制裁,所以,他们就运用制裁来解释义务,因此强制理论也被用来解释义务性的法律。如此理解才算透彻。

通过法律的义务性,哈特合理地解释了法理学家们为何总是从强制和道德的角度来思考法律的性质。这并不是偶然的,而是因为法律自身具有的义务性特征,像万有引力一样吸引着不同的学者从强制和道德的角度来考虑法律。强制和道德各自抓住了法律义务性的某个面向:强制性抓到了法律义务的非任意性一面,而道德则更多地抓住了法律义务的应当性。正因如此,它们才都具有合理性。但是,从强制和道德的角度思考法律的义务性都是片面的,所以二者都无法解释,究竟是什么使得一个制度成为法律制度,并将法律与道德和强制区别开来。但它们的错误是不同的:强制理论的错误在于它不是一个合格的义务理论,所以也不适用于法律的应当性,不能区分法律与大写的强盗情境;而道德理论则无法解释法律的独立性,可能会导致法律的规范性被道德的规范性所吸收。所以,它们相互竞争,但任何一个都不可能胜出。

于是,我们可以澄清一个普遍的误读。不少学者认为,哈特最重要的贡献是将法律的义务性和规范性置于法理学的核心。按照这种理解,似乎哈特的前辈理论家们的主要问题就是不重视法律的义务性。但如果上面的分析是对的,哈特与前辈学者的区别,就不在于是否重视法律的义务性,而在于如何理解义务的性质。这一点在方法论上也具有重要的启示。伟大学者的贡献总是开创性的,但开创总是相对于传统而言的。哈特也继承了前辈学者的许多合理观点。例如,哈特认为义务的基础是规则。当我们对他人提出一个义务主张时,就需要援引一条规则。而对某人为何负有某个法律义务的说明,就需要援引一条有效的法律规则。由于法律的义务性针对的是法律的义务,无法根据法律规则来加以说明,只能诉诸独立于法律的某种规则。思考到这里,哈特其实还没有超越凯尔森。此外,哈特对一个社会如何从前法律社会向法律社会过渡的论述,与洛克在《政府论》下篇中,对自然社会向政治社会过渡的讨论也具有深刻的一致性。但继承并不妨碍他的伟大,关键在于我们要准确地理解哈特的前辈学者想到了哪一步,遇到了哪些深刻的难题,才能知道哈特的推进在何处,贡献在哪里。因而我们也就能够理解,哈特为何转向对社会规则的讨论,以及他的承认规则为何是一项重大的理论成就。

正是通过不断地澄清问题,哈特才最终确定了"法律是什么"这个问题令人困扰的真正根源。而这一根源也让哈特更深刻而清晰地界定了问题,也就指出了思考的方向、重点难点和成功标准。哈特所面对的不再是"法律是什么"的一般提问,而是转化之后的更具体的问题,也就是要解释法律的义务性或规范性的含义及其来源。只有当他能说明法律是义务性的,法律才能够与强盗秩序区分开来;而只有当他能够说明法律的义务性不同于道德的义务性,法律才能够与道德区分开来。由此我们也就更深刻地理解了哈特对《法律的概念》这本书的结构安排。例如,对强制理论的批判更多地是进攻性和摧毁性的。因为只有摧毁了从强制来解释义务或规范性的合理性,哈特才能够开辟解释义务和法律规范性的新路线;而对法律与道德的区分则是防御性的,也就是要防止对法律义务性或规范性的解释落入道德的范围。

确定了问题和难点,接下来就要寻找接近问题的方法,并展开富有成果的思考。哈特无疑也是这方面的高手。我们可以看看他是如何思考社会规则的。哈特反复强调,当我们问规则是什么,不是要给它们下一个定义,而是要思考它们的本质。然而,"什么是规则"这一提问,仍然是相对抽象的,我们很难找到一个下手处,去接近这一问题。而哈特则通过重新界定问题,将其转述为一个能够接近的问题。具体来说,哈特要把"什么是规则"这个抽象问题,转变为下述相对具体和可展开思考的问题:如果存在受规则指引的行动,那么,该行动会呈现出哪些特征?[24] 而一旦完成了问题的转化,思考就可以很顺利地展开下去。

哈特的问题转换还有一个优点,就是他不是从学术史的角度去援引各家权威性的理论,然后去评价哪种规则理论更合理,而是从实践本身来获取规则的真理。从学术史上澄清规则的最佳理论当然也是有价值的,但那只不过是对他人理论的再解释。哈特的方法是通过问题的转换,直接面对规则实践本身,然后通过实践解释的方法,特别是要参照他所说的对待规则的内在立场,来阐明受规则指引之行为的特征,提炼出规则的内在面向与外在面向、对待规则的内在立场和外在立场等富有独创性和深刻洞见的观点。而基于内在立场的解释方法,也是哈特在方法论上重要的和开创性的贡献。

顺便说一下,哈特解决问题的尝试似乎没有成功。哈特并未充分注意到,不论是法律义务还是以其他方式要求他人以不愿意的方式行动,本质上都是一个道德问题。正如夏皮罗指出的,法律主张在财产、人身等重大事务上干涉人的生活,"只

---

[24] 参见 H. L. A. 哈特:《法律的概念》,许家馨、李冠宜译,法律出版社 2006 年版,第 16 页。

有道德概念有资格做出如此严肃的主张"[25]。如果某种义务在道德上得不到证成，就很难具有真正的规范性或义务性，脱离道德来谈法律的义务性困难重重。所以，后来的法律实证主义者都反对被哈特视为理论基石的法律与道德的分离命题。但哈特开创了一条从内在的或实践的立场来解释规则和规范性的思路，并清晰地阐明了法律规范性这一问题的背景框架，从而引起了法理学的重大转向，激发出了法理学的活力。哈特的追随者不断尝试通过其他方式，重新思考法律与道德的联系，同时又与道德保持区隔。而自然法等各种非实证主义理论，也从哈特的法哲学中吸取了重要资源。例如，菲尼斯将哈特的内在立场解释为实践观点中的焦点情形，并以此作为其自然法的基本方法论，而德沃金提出的建构性解释，本质上就是一种实践诠释学，而其要点也可以说是从某种更纯正的内在立场来解释实践。由此我们多少就能够理解，德沃金为什么说建设性的思想必须从考虑哈特的观点开始。而当代英美法理学在哈特的激发下也呈现出波澜壮阔的智识新境界。

学习做哲学，只学当然不行，还要跟着做，学着做。通过学着做，我们也可以更好地检验自己的学习成果，将它们内化为自己的能力，慢慢地就能做一点法哲学，然后就会熟能生巧，形成自己的风格。到了最后这个阶段，就能做一点自己的法哲学，慢慢体会到杨振宁教授所说的"独来独往之趣"。在一篇习作中，我就运用哈特的"澄清困惑"的方式来分析哈特的深湛洞见。我所讨论的是法律的规范性，所以我先问，困惑我们的究竟是什么。不过我在分析时，也采取了黑格尔所推崇的"历史-逻辑统一"的方式。因为历史上的各种理论太多，我们该选择哪些理论来检讨，就需要运用逻辑，也就是根据问题的性质，尽可能考虑到各种逻辑上可能且有重大意义的选项。

我首先考察了一种常识性的回答，说一个法律是规范性的，是因为它是由某个立法权威制定的。但是，常识性回答会引起更进一步的问题。因为我们还会继续追问，为何立法权威制定的法律对我们具有规范性？答案似乎又要依赖于另一个效力等级更高的规范，最终可能会追问到宪法。但宪法的规范性来自何处呢？这是部门法学者止步的地方，却是法理学思考真正开启的地方。由此我们可以考察几种逻辑上可能的解释。其一是诉诸事实，例如习惯性服从；其二是再回到规范。前者是边沁、奥斯丁采取的路径；后者是凯尔森的路线。诉诸规范似乎更合理，但会陷入"鸡生蛋、蛋生鸡"的无穷回溯难题。凯尔森试图提出基础规范来终止这一

---

[25] Scott J. Shapiro, *Legality*, Harvard University Press, 2000, p. 114.

回溯,但基础规范是一个逻辑假设,而逻辑假设不能够产生真正的义务,所以这条路与其说是解决了问题,不如说是要阻止我们追问真正的难题。那么法律的规范性能不能直接来源于道德呢?也不行,因为这样会导致法律被道德吸收吞并,失去自身的独特性。通过对既有理论的讨论,我们就会产生一种百思不得其解的绝望感,才会最终明白哈特的"承认规则"为什么是一个伟大的理论贡献。

在一篇关于权利的论文中[26],我也尝试着通过转换问题来接近问题。我关心的是权利的本质,这是一个根本性的问题,但也是抽象的和难以接近的问题。因此,我将问题转述为:在什么情形下,我们必须动用权利来为某个行动辩护?于是我们可以设想一些典型情形,例如,如果你试图伤害我的身体,我可以有两种方式阻止你。第一种是诉诸实质性的道德理由,也就是无故伤害他人是错误的。第二种是诉诸我的身体健康权。但我们会注意到,在这种情境下,权利不是必需的。因为实质性道德理由已经足够阻止一个伤害行为了。如果权利与实质性道德理由在功能上没有差别,那么,权利的好处就是有限的。例如,权利为我们提供了一个简便的理由。毕竟动用实质道德理由不仅费时费力,还需要一定的道德思考和论辩能力。但对权利的这种理解,也很难解释权利在当代社会特别是多元社会的重要性。所以,我就进一步将问题表述为权利的独立性,也就是:权利是否具有独立于实质道德论证而为行动提供辩护的规范性力量?如果有,权利独立的规范重要性是如何可能的?而要回答这一问题,我们就必须去寻找某些典型情形,在这种情形下,实质性道德理由无法为某个行动辩护,所以我们必须动用权利。做错事就属于这种情形。错事是没有实质理由为之辩护的,但我们通常会说自己有做错事的权利。那么,真的存在这种权利吗?如何解释它?这些思考都是直接面对权利本身的,而不是简单地援引其他学者的理论,因此如果幸运的话,我们可能会获得一些比较重要的理论发现。

四、结论

总结来说,任何要从事法理学学习和研究的人,都必须确定自己的法理学观,理解自己所选择的法理学的思考方式,并掌握法理学研究的实践技艺,也就是要懂

---

[26] 范立波:《权利的内在道德与做错事的权利》,《华东政法大学学报》2016年第3期。

得法理学家是怎样思考的,并向榜样学习做法理学的问题意识和思想技艺。判断法理学素养趋向成熟的一项重要标准,是我们的大脑里起码要装着几套伟大哲学家做哲学的高超技艺,能对他们做哲学的方式如数家珍,也能够相当娴熟地运用它们。这样,当我们面对某些根本性的问题时,就能够迅速地接近问题并给出独到的见解。

当然,向榜样学习的过程注定不是轻松的。维特根斯坦甚至说,哲学写作和思考不是一个智力问题,而是意志问题。学习做哲学需要强大的意志力。对于如何坚持下来,先入门,再到登堂入室,我也想不出太高明的道理。我只有一点朴实的体会分享给诸位。我从来不认为我是一个很聪明的人,我刚开始读哈特、拉兹时,读不明白,我觉得那是再正常不过的事。只有自认为很聪明的人,才会因为读不懂而产生挫折感。对我来说,最怕的是读不懂却以为自己读懂了,然后以作者的知音自诩。所以,如果一次就能读懂,反而会让我感到严重不安。对于好的著作,我们要保持一种敬畏感,要想真正读懂它们是很难的。读的过程中,可以多问问自己:我真的读懂了吗?什么算读懂了?读懂的标准是什么?一些表述看似矛盾,甚至看起来是明显的错误,是不是我误读了?实在读不懂,就做一个朱熹说的"呆人",整天抱着读,"捱来捱去","捱"得久了,就会突然明白。

当然,意志也需要理由支持。关键是要真正想明白两个问题,第一个是 why jurisprudence? 第二个是 why me? 第一个问题我们讲得比较多,而第二个问题就只能由各位自己回答了。我自己学习法理学的动机相当单纯,用亚里士多德的话来说,就是"每自愧愚蠢"[27],痛恨自己不能自由。因为愚蠢的人不可能是自由的,而是经常"为物所惑",受习俗和意见所支配。所以我很认同亚里士多德所说的,哲学是一门为自由的学问,不需要依赖任何实用的目的。[28] 当然,法学通常被认为是"经世致用"之学,我不反对这个观点,但我想补充的一点是,如果我们不先努力让自己脱离愚蠢,一腔热情想要经世济民,结果可能不但会造成社会和他人的悲剧,更会造成自己的悲剧。所以,不让自己那么愚蠢实在是法律人的第一要务。维特根斯坦说,哲学是自我清算和自我救赎,虽然我们不必将法理学看得如此悲壮,但不妨将法理学看作法律人的为己之学、自由之学。只有当你不能忍受自己不明法律之故,在何为法治或有无守法义务等重大而根本性的问题上没有定见,对存在复杂争议的裁判无力作出判断时,你才会真正开始法理学的学习。而在这个过程中,我们

---

[27] 亚里士多德:《形而上学》,吴寿彭译,商务印书馆1981年版,982b(边注)。
[28] 同上。

还必须具有维特根斯坦所说的抵抗肤浅、愚蠢和错误的强烈意志。这在根本上还是取决于一个人对自我成长的渴望,对身为法律人所负责任的明确认知和自觉承担。

或许我们还可以进一步说,哲学起源于困惑,也致力于消除困惑。但困惑是很难彻底消除的。我们必然要带着困惑而生活,最终也会带着困惑离开这个世界。那么,哲学的意义又在哪里呢?或许其意义就在于,我们对自己和世界还保持着一种深刻的关切。因为关切,所以困惑。而思考困惑则是一种爱和责任:因为爱,所以我们希望自己和这个世界能够变得更好;因为责任,所以我们主动承担思考的艰辛和痛苦。而智慧就是困惑馈赠给我们的珍珠。每一个人的思考,就像一颗颗小小的珍珠,虽照亮不了太多、太远的地方,但多少会给人温暖和希望。而当珍珠积累多了,人类追求智慧的持续努力连接起来,就会在无边的无知黑幕里,构成一道奇异的光明历史和璀璨的文明星河。这是最值得骄傲和自豪的人类奇迹。所以,诸位同学少年,请一定要努力!

稿约

《法哲学与法社会学论丛》创办于1998年,为法哲学与法社会学专业性出版物。《论丛》每年出版一期,兼采中、英、德三种文字。采取专题研讨、论文、评论、译文、研讨会记录、访谈等形式,展示本领域最新研究成果,以期为法哲学与法社会学同好提供一个研讨平台,共同推进法哲学与法社会学研究。

《论丛》诚挚邀请海内外学者惠赐稿件。稿件无题材和字数限制,但应与法哲学或法社会学研究相关。录用稿件以文章质量为唯一标准。投稿可发送电子邮件或邮寄打印文本。来稿一经刊用即敬奉稿酬及样书。

电子邮箱:cuplluncong@163.com

邮箱信息:北京市昌平区府学路27号中国政法大学中欧法学院法哲学与交叉法学研究所(国际交流中心 A434) 邮编 102249 郑永流收

电话/传真:010-58909557

网址:http://www.cesl.edu.cn/ecslresestruhomepage.asp

Contribution

Archives for Legal Philosophy and Sociology of Law was founded in 1998, as an academic journal. It is published once a year, in Chinese, English and German.

Through symposium, thesis, comment, translation, discussion record, interview and so on, we expect to reveal the latest achievements, aiming to provide an exchange platform for researchers of this domain and promote the research of Legal Philosophy and Sociology of Law.

We are sincerely calling for articles. There is no limit about subject and word count, but it should be related to Legal Philosophy and Sociology of Law. The quality of articles is the sole standard of adopting. Articles can be delivered through E-mail and post. We will present the remuneration and stylebook once adopted.

E-mail: cuplluncong@163.com

Address: Prof. Dr. Yongliu Zheng, China-EU School of Law at China University of Political science and Law, Room A434 in Zhengfa University Trade Center, NO. 27 Fuxue Road, Changping District, Beijing, 102249.

Tel/Fax: 0086-010-58909557

URL: http://www.cesl.edu.cn/ecslresestruhomepage.asp

来稿规范说明

1. 来稿论文应包括题目、内容提要(200字左右)、关键词(3—5个)、作者简介、正文等。

2. 引用文献、对正文的注释性文字说明,一律用脚注。外文文献不译成中文。

3. 参考文献的书写格式分完全格式和简略格式两种。

4. 参考文献第一次出现时,应用完全格式。完全格式的构成:

4.1 著作:作者、著作名、出版者、出版年、页码

① 朱光潜:《变态心理学派别》,商务印书馆2015年版,第35页。

② J. Lacan, *Écrits*, Éditions duSeuil, 1966, p. 53.

③ Ronald Dworkin, *Taking Rights Seriously*, Harvard University Press, 1977, pp. 6-7.

④ Ronald L. Cohen (ed.), *Justice: Views from the Social Sciences*, Plenum Press, 1986, p. 31.

4.2 译作:作者、著作名、译者、出版者、出版年、页码

① 耶林:《为权利而斗争》,郑永流译,商务印书馆2017年版,第47页。

② 孟德斯鸠:《论法的精神》上册,张雁深译,商务印书馆 1961 年版,第 91 页。

③ S. Freud, *Two Case Histories* ("*Littles Hans*" *and The* "*Rat Man*"), Trans. by Anna Freud, Assisted Alix Strachey and Alan Tyson, The Hogarth Press, 1955, p. 100.

4.3 文章

4.3.1 期刊/报纸中的文章:作者、文章名、书名或杂志名、年代、期数

① 张千帆:《从管制到自由》,载《北大法律评论》第 6 卷第 2 辑,北京大学出版社 2005 年版。

② 贺卫方:《"契约"与"合同"的辨析》,载《法学研究》1992 年第 2 期。

③ 贾林男:《银商与中国银联商号之争》,载《中华工商时报》2007 年 5 月 23 日。

④ Heath B. Chamberlain, "On the Search for Civil Society in China", *Modern China*, vol. 19, no. 2 (April 1993), pp. 199 – 215.

4.3.2 编辑作品中的文章:作者、文章名、主编人、编辑作品名、出版社出版年、页码

① 陈弘毅:《从福柯的〈规训与惩罚〉看后现代思潮》,载朱景文主编:《当代西方后现代法学》,法律出版社 2002 年版,第 223 页。

② H. L. A. Hart, "Positivism and the Separation of Law and Morals", in H. L. A. Hart (ed.), *Essays in Jurisprudence and Philosophy*, Clarendon Press, 1983, pp. 57 – 58.

4.4 网络资源:作者、文献名、访问日期,网址

① 杨德明:《西双版纳的傣家斗鸡》,2015 年 11 月 2 日,http//xschina. org/show. php? id = 10672。

② The Council of Australia Governments, *Water Reform Framework*, available at http:// www. disr. gov. au/science/pmsec/14meet/inwater/app3form. html, last visited 21/07/2003.

5. 参考文献在文中第二次及其后出现时,可采用如下两种简略格式:

① 只写作者、书(文)名、页码(文章无此项),这几项的写法同完全格式,如:

朱光潜:《变态心理学派别》,第 35 页。

J. Lacan, *Écrits*, p. 53.

Robert J. Steinfeld, "Property and Suffrage in the Early American Republic".

② 紧接同一条文献,中文只写"同上。"字样,西文只写"ibid."字样。

6. 翻译作品注释规范保留原文体例。